# 北京手記

王受之◎ 著

藝術家

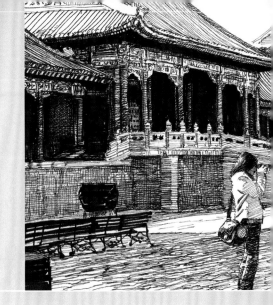

content

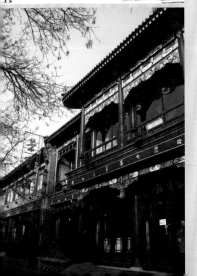

巨變北京

這些年來，北京城市發展帶來的巨大變化的確讓人震驚，從我第一次來北京到現在，已經半個世紀過去了，前三十年中，有好多國家機關建設了「大院」型的社區，在1959年為慶祝建國十周年建造了十大建築和改造了長安街，但是整個北京的變化不算大。至於在「文化大革命」的十年中，則基本沒有什麼建設。1978年改革開放以來，北京開始迅速發展，近幾年來，特別是獲得奧運會舉辦權以來，北京的建設速度可謂世上絕無僅有，高樓林立，道路伸延，公共建築越來越宏大，城市的改造也越來越快，變化的速度讓整個世界震驚。

要看北京建設的速度，首都機場可以算個很好的標本。我第一次坐飛機來北京，還是從那個最舊的航站樓進出的，那個候機室在首都機場359路公交總站附近，一眼望見的一座蘇式建築靜靜地矗立著，現在是辦公樓。那個航站樓和跑道是在1955年開始建設的，當時耗資 7900萬元，1958年3月正式啓用。那個航站樓是當時北京唯一的民航候機室，前後用了20年。這個航站樓的建築面積為10138平方米，高峰時，每小時也可以接待旅客230人。而如今，首都機場年旅客吞吐量已經超過了5000萬人次了。

北京東方君悅大酒店

老航站樓裡其實沒有多少航站樓的內容，不過就一個候機廳而已，登機廊橋都沒有，旅客需要走出候機室，登上樓梯進入機艙。不過那個時候修建的主跑道至今仍在為首都機場服務。1965年，首都機場進行了第一次擴建，將原跑道延長至3200米、並增添了無線電通信導航等設施，局部改建了候機室、新建了貴賓候機室。我在1970年代第一次乘飛機去北京，在那個候機室進出的。當時乘坐的是蘇制的伊爾－18型四個螺旋槳的客機，飛機降落後，還要等地面人員將梯子推過來。那時候首都機場一天沒幾個航班，安靜得很。機場小小的，候機室的牆上掛著名畫家的大幅國畫，候機室有茉莉花茶喝，進城的機場路兩邊的白楊樹給我留下很深刻的印象。

1970年代後，坐飛機的人多了起來，這個舊航站樓已經難以應付不斷增加的乘客和貨運量了。中國開始對外開放，而國際上已普遍採用大型飛機和新式旅客登機橋、自動人行步道、行李轉盤等設施，舊樓都沒有，因此開始建設新航站樓，就是現在南方航空公司用的那個首都新機場航站樓，叫做一號（T1）航站樓，還建成了第二條跑道。

事實上，這個一號航站樓即使在建的時候，已經不是先進的設計。該航站樓的建設方案，是民航部門派一個考察團到到法國和荷蘭機場實地考察後形成的，回國之後，考察組提交了《關於修改首都機場國際候機室及其附屬工程修建方案的報告》。報告提出，要修建一座新的國際候機室和一條西跑道，增建先進的航行指揮設施和通信導航系統等，使首都機場遠景規劃達到高峰小時能起降80架次飛機。在國家計委的批復中，工程的確定投資為6600萬元人民幣。T1航站樓採用了衛星式的停機坪方案，這是從法國機場模式來的，但是當時這種設計其實已經不先進了。因此，這個努力要做到先進的候機室，其實在概念開始的時候已經落伍了。當時的規劃，是準備在10年至15年之內，這個航站樓年旅客吞吐量350萬人次。但是乘機的人數劇增，遠遠超過這個數字，因此這座航站樓就一直處於不斷的改造之中。T1航站樓的三次擴建，使它的年旅客吞吐量保障能力提高到800萬人次。然而，到1991年，首都機場旅客吞吐量已經達到了869.97萬人次了。

1979年畫家袁運生為北京機場大樓繪製的壁畫〈潑水節——生命的讚歌〉，因出現裸露的人體而引起軒然大波。

這座航站樓給我印象最深刻的是壁畫事件，在藝術界鬧得沸沸揚揚的。因為袁運生畫的一張反映雲南傣族人過潑水節的壁畫上有女性裸體，我第一次經過的時候，看見整張壁畫被用三夾板封上了，之後據說鄧小平親自批准，才開封。那

北京機場第二航站樓

時候航班也不多，但是已經用波音飛機了，感覺那座樓也現代化多了。

　　一號航站嚴重超負荷運作，國家不得不另外設法建造新的航站樓和設施。1992年國家計委批復建設二號航站樓（T2）可行性報告，1995年T2區域開工建設，早期有人提出建設24萬平方米，但是有關部門說太大了，砍掉了一半面積。民航方面認為建成之後，隨著急劇增長的乘客量，很快會超負荷的，這樣才又維持了原定面積。這個T2航站區自建成就開始超負荷，因此不斷地擴建，根據2005年的航空運輸量作為擴建的依據，擴建靜態投資72億元，動態投資20億元。

　　航站區擴建工程完成後，首都國際機場年旅客吞吐量可達3500萬人次，高峰小時旅客吞吐量可達1.2萬人次，年起降架次可達19.32萬架次。

　　從T1到T2航站樓，前後用了19年時間。很湊巧我目擊了這兩個樓的交接狀況：我是在一號航站樓最後一天使用的時候從美國到北京的，擁擠的程度至今難忘，整個候機室就好像開群眾大會一樣的擁擠，跟我一起來的幾位美國學者無法相信一個首都的機場會如此擁擠和落後。而等我離開北京的時候，是從新落成的二號航站樓登機的，對比一個星期前在一號航站樓的感覺，完全是天上人間了。

　　但是沒幾年，T2航站樓也開始超負荷運轉了。最近這些年出出進進北京，二號航站樓也變得擁擠不堪，安檢排隊的時間越來越長，候機的時候找不到座位是家常便飯了。因此，應急方法就是修改原先關閉了的T1航站樓，整個給南方航空

公司用。這樣,已經關閉三年的T1航站樓經過改建,重新開放,和T2一起,兩座航站樓共同使用,一直持續至今。我出進的時候,心裡老是想:怎麼規劃的時候就不知道一次做足,永遠處於超負荷狀態呢?特別是看見諾爾曼口福斯特設計的香港赤鱲角國際機場、美國帕森斯事務所設計的廣州白雲機場相繼建成,首都機場擁擠得好像菜市場一樣,更加感到這裡規劃的落後了。

2004年,北京首都國際機場取代成田國際機場成為亞洲飛機起降最為繁忙的機場。按客運量算,2004年,首都機場是亞洲四大機場(位列羽田、曼谷、香港之後)之一以及全球第二十大機場。2006年,北京首都國際機場已成為亞洲第二大機場(僅次於羽田機場),全球排名第9位。

北京取得奧運會舉辦權之後,聽說要建造三號航站樓了。之後進出北京,看見跑道的另外一面的工地,並且注意到建造速度非常快,到2008年4月份,自己居然從剛剛落成的三號航站樓進出了。

這項規模宏大的首都機場三期擴建工程於2004年三月啓動,其中3號航站樓T3A主樓工程是整個擴建中最集中體現功能和形象的關鍵工程,工程量最大,技術最複雜,建設任務最為艱巨。該航站樓的合約是2004年3月26日簽訂的。 T3A

| 1 | 3 |
| 2 | 4 |

↓ 由1至4圖
北京二號航站樓鳥瞰
北京首都國際機場二號航站樓
北京機場(第二航站)
北京機場二號航站樓的登機口

北京CBD的國際金融
中心

主樓及其配套工程位於現有東跑道和新建跑道之間。該主樓由荷蘭機場顧問公司（NACO）和英國諾曼·福斯特（Norman Foster）共同設計。2007年11月23日主樓建成完工。

　　這座航站樓耗資270億元人民幣，是目前國際上最大的民用航空港、國內面積最大的單體建築，其總建築面積達98.6萬平方米。3號主樓建築面積為58萬餘平方米，僅單層面積 就達18萬平方米，擁有地面五層和地下兩層，由T3C主樓、T3D、T3E國際候機廊和樓前交通系統組成。T3C主樓一層為行李處理大廳、遠機位候機大廳、國內國際VIP；二層是旅客到達大廳、行李提取大廳、捷運月臺；三層為國內旅客出港大廳；四層為票務、餐飲大廳；五層為餐飲部分。

　　三號航站樓共設有C、D、E三個功能區，C區用於國內國際乘機手續辦理、國內出發及國內國際行李提取，D區暫用於奧運及殘疾人奧運會期間包機保障，E區用於國際出發和到達。T3C(國內區)和T3E(國際區)呈「人」字形對稱，在南北方向上遙相呼應，中間由紅色鋼結構的T3D航站樓相連接。建築面積 42.8萬平方米，南北長2900米，寬790米，建築高度45米。

　　T3建成了，站在T3裡面，感覺是實在大。全世界主要的航站樓我基本都去過，還沒有見過單體面積這麼大的。這個航站樓建成之後，估計北京有好多年不會出現超負荷的情況了。首都機場2000年旅客吞吐量首次超過2000萬，2005年旅客吞吐量超過4000萬，從目前的乘客增長情況來看，到2015年，首都機場的旅客流量在8000萬到1億人次是很有可能的，三個航站樓總共140萬平方米的面積，完全可以滿足這樣的需求。

　　不過，跑道不足倒成了問題。在T3的航站樓區建成後，制約首都機場發展的反而是跑道。目前，兩條跑道每年40萬架次已經超負荷運轉，剛剛完成的第三條使用後，達到每年50萬架次就可以滿足需要。可是現在T3太大了，所以要再修建一個跑道，把樓的作用充分發揮出來。也就是說為了充分發揮這座三號航站樓的潛力，首都機場還要再建造一條新跑道。而風聞2015年之後，北京要建造第二機場。就機場這一個角度來看，北京的發展速度實在驚人。

　　過去到北京，第一頭痛的事是航班延誤，因為航站嚴重超負荷，這種情況現在可望緩解了，但第二頭痛依然存在，就是堵車，車太多，路不足。

　　1950年代來北京，連長安街上都沒有什麼汽車，偶然一輛，不是公共汽車就是政府的車。1960年代來北京，公共汽車多了點，軍用吉普車多了，卡車多了，小汽車仍然是希罕的東西。1970年代來北京，路旁若是停著一輛日本進口的豐田車，好多人會圍觀，那時候午門放著一輛「上海牌」汽車，站在前面、或者坐在駕駛位上照張相，還得排隊。1980年代開始有人買車，到1990年代一下子增多起來，1997年達到100萬輛機動車。過了十年，到2007年5月份這個數字超過300萬輛了，其中70%是私人轎車，北京的私人轎車擁有量大約是160萬輛，大約每2.76個家庭擁有一部私人轎車。有人說這個數字和美國這類發達國家相比，並不算大。但是看看北京城市的規劃和道路情況，這麼多車已經使得城市道路不堪負荷

「道堵」在三環——在道路建設迅速發展的同時，堵車也成了北京人頭痛的問題。

了。因此才有人叫首都為「首堵」啊！

　　車多路少，加上北京城區越來越大，因此公路建設也是北京巨變的一個焦點。北京的規劃一直有爭議，但是爭議歸爭議，城市不斷往外延伸卻沒有停歇過。按照中央城市的模型，北京大體上是「環路包圍城市」的道路格局。從二環發展到了六環。北京二環路全長32.7公里，離市中心最近。共建立交橋

1	3
2	4

↑ 由1至4圖
北京首都國際機場第三
航站設計模型
北京機場三號航站樓，
幾個登機通道的連介
面。
北京首都國際機場三號
航站平面佈局圖
北京首都國際機場三號
航站樓效果圖

31座。44路公車沿環線跑一圈（除了南二環），地鐵環線與44路公車同步。北京三環路全長約48公里。300路公車沿環線跑一圈，北京四環路，全長65.3公里。四環路是建橋最多的環路。它穿越或毗鄰東郊電子城、紡織區、化工區、亦莊經濟技術開發區、南苑、豐台高科技園區、豐台鎮、海澱鎮、中關村、亞運村，並與七條高速路、12條鐵路、數十條城市幹線、30多種河流湖泊相交。北京五環路距市中心 10－15公里，全長98.58公里。連接北苑、酒仙橋、東壩、定福莊、垈頭、南苑、豐台、石景山、西苑、清河等10個邊緣集團和亦莊衛星城，以及主要奧運場館和科學城。六環路一百多公里一圈，還沒有完全合攏。這些高速公路都是在最近十來年建成的。

北京現在還在加緊建設高速公路，新建的7條高速公路是機場二通道、機場南

認不出這是北京了

線、京平高速、京津二通道(北京段)、京包高速(六環路至德勝口段)、西六環（寨口－良鄉段）和京承高速三期,另外準備開工的還有京津三通道和京石第二高速。京津三通道又稱京濟高速,起自南五環路,終點至京冀邊界,將是未來首都第二機場與中心城的重要通道;而京石二高速則起自西南五環,終點為市界,承接張石高速,按照計畫,這兩條高速將於2010年前開工建設。

如此數下去,北京的住宅、公共建築、地下鐵道等等,都很具體的反映了北京的巨變,因此外國人來中國,到了北京就給震住了,是必然的,因為就連我們中國人自己,也都會給震住的。

在這樣的巨變下寫對北京的印象,實在讓我有點困惑,巨變人人寫,掌故也人人寫,我寫什麼呢?

《北京手記》是我對城市感受隨筆式書寫的第二本書，第一本出版的是《巴黎手記》。所謂「手記」，英語中就是notes，筆記類型的東西，是自己的記錄和隨想。《巴黎手記》集中寫巴黎的城市和建築，加上一些自己的感想，大家喜歡，其實那本書僅僅是個人見解，管窺之見，不要太認真，特別不要當著作來看。對於環境的轉換，每個人都會有自己的感受。尤其是去到一座城市，那可是一個有太多色彩太多內容的大環境啊。有些城市第一次去到，則什麼都新鮮，筆記中大部分是關於這個城市地標性的建築、你遇到的人和事，還有你自己的聯想；有些城市去得多，甚至在那裡住上一段時間，感覺上就會更側重於城市綜合的內涵，感受就和遊客不太一樣，筆記也就不同了。北京是我去得很多的城市，對它的認識和對巴黎的認識完全是兩碼事，因此感受也就很不一樣了。我這裡所指的不是城市的不同，巴黎和北京除了都是一國之都外，的確完全不

北京孔廟——老「首都博物館」原設在這裡

↑ 上圖
北京國子監街

↓ 下圖
1920年代中期的北京國子監

北京孔廟裡的大成殿

同：但是真正不同的，在我而言，更多是人文上的差異，和城市在我記憶中沉澱發酵、聯想感悟的不同。這本《北京手記》就是我看到了怎樣的北京，和北京給了我怎麼樣的感悟。動手寫這本書的時候，我一直在告誡自己：不要寫成一本北京導遊手冊，或者北京舊事回憶，或者北京掌故，而是要寫出我看到的北京，我感受到的北京。

這是「長安大戲院」嗎？

這本書其實差點就擱淺不寫了的。2007年是我出書比較少的一年，雖然手上寫完了的不止一本，但是這些書稿有些尚在出版社裡面編輯，有少數的我自己認為不夠滿意而撤了下來，計畫有時間動手改了再出版。因此，快到年底了，已經完成並出版的還只有一本關於西安城市歷史規劃方面的小書。我自己也以為大概今年出的書就只有西安的這

嬉冰昆明湖上

「老舍茶館」裡的特技沏茶表演

「老舍茶館」裡京味十足的雜耍表演

今日十三陵神道

1940年前後的北京十三陵神道

↑ 上圖
北京輔仁大學校舍舊址　　　　　　　　　　　　　↓ 下圖
北京雍和宮內

麼一本了。

　　中國眾多城市中，北京是被寫得最多的一個，我書架上就有三聯出版社的《撫摸北京》（2005年）、九州出版社的《細說北京往事》（2006年）、作家出版社的《北京街巷圖志》（2004年）、清華大學出版社的《巍巍帝都》（2006年）、江蘇美術出版社的《老北京－皇城民風》（1999年）等等這樣十幾本，如果把關於北京宮廷建築、園林建築、胡同和四合院的畫冊加起來，厚厚一堆，再加上將魯迅、胡適、周作人、冰心那批人的北京散文集中起來，可以說無論從廣度還是深度都多得不得了。因此，如果想按照我的《巴黎手記》這種體例來寫，以資訊為主，肯定不行。一來是讀者看得多，書也多，用不著再重複；二來是我自己也沒有這個能力，能在以上這些高手的基礎上還多寫點什麼的。因此，在動手寫的時候，我定下幾個基本的要求：只寫自己的經歷和感觸，只寫自己對建築和藝術的感受，否則一個偌大的北京，你就這麼漫無邊際地寫開去，這書還不知道如何收拾了呢！

　　於是，我就給自己定了一條原則：手記而已！

＼ 由上至下圖
「中國聯通」大樓
北京南池子皇史城
中南海的新華門

我是1954年第一次來到北京的。從一個孩子到青年、中年、步入老年，五十年來，在這座城市出出進進，次數多到自己也數不清了。小時候因為父母工作的關係，我一直住在武漢，因此來北京都是從武漢坐火車來的。第一次來的時候是在前門車站下的車，坐長安街上的有軌電車去王府井；1959年以後，則是在為了慶祝建國十周年而建造的「十大建築」之一的北京站下車，去東城大雅寶胡同；再後來是串聯進北京，從豐台走進來的，在現在正陽門、前門那裡臨時設的「紅衛兵接待站」被捷克出的深綠色的大斯柯達巴士運到和平里外，住在當時那裡的「河北北京師範學院」教室裡。之後又接二連三的來，1967年春夏來，是住在英家墳的紡織部一個招待所，有時候是住舅舅、姨媽家；1972年工作以後，因為是在輕工系統的一家工藝美術廠做設計，因此出差來北京的時候就住輕工業部的招待所，或者自己找的小旅館；在武大讀書的時候因為學的是歷史學方面的專業，來北京往往和歷史研究有關，所以比較多住社會科學院的相關招待所；研究生畢業之後，在美術學院工作，來北京講學，則多住中央美術學院、中央工藝美術學院的招待所，也參加過一些全國性、國際性的會議，在一些不同的飯店住過，好像萬壽路的招待所，貝聿銘設計的當時剛剛完工的香山飯店等，都住過。我因為以前來多在東城，比較熟悉，因此喜歡東城中心部分的酒店，比如金魚胡

貝聿銘先生設計的香山飯店，是文革後第一家請國外建築師設計的涉外飯店。貝老在設計中應用了許多中國的傳統建築元素，受到國際建築界的好評因而獲獎，但據說在國內卻因「不夠豪華」而令一些人不以為然。

同的和平飯店就特別喜歡。1980年代中期出國之後，也經常回國講課辦事，來北京的次數反而比出國前還要多了。因為此時作為學者出入，基本都住比較好一點的酒店，還是選擇東城為主，國貿的中國大酒店、王府井街口的君悅酒店，還有不少新酒店。現在大家的居住條件好了，但生活習慣也改變了，已經不作興請人住在家裡了，其實我還是很想到親戚朋友家裡住住的。倒不是想節約什麼的，而是這樣一來大家可以有更多的時間和機會聊聊天，不過這只能是想想而已，不可能的事情了。在北京逗留的時間，每次都不同，小時候是過暑假，一住就住上多半個月。現在出入雖多，但自己的時間反倒少了，有時候甚至早晨飛來開會，開完當晚就飛走。不過，無論如何，雖然我不是北京人，但半個世紀來和北京有這麼多關係，也算得上是這座城市半個世紀裡變化的見證人了。

我從外地到北京的方式，可能比一般人多一點點，除了坐火車、飛機、汽車進來之外，還扒貨車來過，還走了一千多公里來過。我想現在的人，說起從武漢走到北京，可能覺得你不是想製造新聞，就是腦子進水了，怎麼會花那麼長時間走哪麼多路上北京啊？

我喜歡畫畫，無論是來北京，或者去其他的什麼城市，都隨身帶個速寫本，走到哪畫到哪，這樣保存了許多自己對城市的記憶片段。這已經成了習慣，從單純畫速寫，到比較系統的收集有關的資料，每到一處，總是查看一下能夠找到的相關資料，做點記錄，拍一些照片，和速寫放在一起，回來就把這些文字、資料、速寫、照片放在一個檔案夾子裡面，寫上標籤和日期，插在書架上。平時不覺得，去的地方多了，這樣的夾子也多了起來，在書房裡翻翻那堆這些年積累的文字、照片、圖畫，有點嚇一跳：原來有這麼多了！如果不整理、消化，可能很快就會忘卻，最後是以前那麼多年搜集和創作的功夫全浪費了。

這套書的出版，要多虧出版社朋友們的鼓勵。在動手寫《巴黎手記》的時候，我心裡並不踏實：計畫寫多少本呢？出版社的朋友們自然鼓勵我把去過的、見過的都寫出來，我卻有點知難而退的畏懼，因為資料太多，反而難住我了。雖然二十多年以來，我一直住在加利福尼亞，但是因為工作關係，出差多，去的城市也就多，並且好多城市都不是那種浮光掠影的遊歷，不是那種現在出國遊15天跑歐洲10個國家的方式，而多半是有足夠的時間反覆去，慢慢看，慢慢瞭解的那種。好些城市裡面還有朋友、熟人介紹，我認識的人當中，好像我這樣能夠因為工作關係而比較深入的瞭解世界上一些主要大城市的人還真不算多，因此，自己對自己說：只把去過的城市中真正認為有所領悟的那些寫出來，如何？可就這樣算下來，工作量也十分驚人。我在太平洋兩邊的大學裡面教書，有一點行政方面的工作，有一些設計上的諮詢顧問工作，一年還有其他的一些書要寫，自己還手癢癢地總想畫兩筆劃。時間的確是有點緊，只能量力而行，先計畫一年寫兩、三本「手記」，保持在《巴黎手記》的這個篇幅，看看能否積少成多，花幾年時間，形成一個系列來。

1960年代，捷克生產的斯柯達大巴士在北京很常見，我步行串聯到達北京時，便是由這種巴士從正陽門的紅衛兵接物站送去和平里外的「河北北京師範學院」招待所。

24

chapter

4

外人看京

北京有個氛圍，每個行業都有圈子，如果你不入這些圈子，不在北京呆上一段時間，無論你多麼熟悉這座城市的東南西北，你永遠都還是圈外人。我肯定是一個北京的圈外人。因此說寫北京，就說外人看京了。

在文化界，我是一個晚輩，國學淺薄、西學不深，年輕的時候不巧把所有中國的政治運動都趕上了，耽誤了好多時間，總是一個遺憾。多年從事設計、藝術方面的教學和研究，其實也是勉為其難，力不從心的。如果說自己有點長處，我看就是走的地方多、亂七八糟讀書，因此知識很龐雜，是個雜家類型的人，在任何一個專業領域內都不是專家，不過綜合瞭解的東西多了，反而有一種跨學科的特殊能力。有自知之明，不在任何一個專業裡面稱專家，比如建築、規劃、工業產品設計、平面設計、娛樂設計（或者現在流行叫的「文化創意」）、時裝設計、汽車設計，插圖、廣告、室內設計，或者現代藝術、當代藝術，或者古典音樂、爵士樂等等，刻意研究上、寫作上都走邊緣路線，使得自己對這些專業的粗淺瞭解能夠得到綜合的使用，其實是自己知道短處，才不得已走的一條不同的

小時候，坐在家裡天臺上看不遠處的那座藍色大屋頂是我最喜歡做的「功課」，對廣州的歸宿感可以說是與生俱來的。

路。並非優勢，因此在寫北京的時候，一方面可以說是熟悉北京，因為從那麼早就不斷地來，但是同時也可以說是外人寫北京，因為我沒有在任何一個北京的圈子裡真正的呆過。只是認得人是作不得數的，人家進得去，我沒有進過去，因此永遠是個圈外的人。

北京是個移民城市，因此倒無需要生在北京——現在北京人口中我懷疑北京出生的恐怕不到人口的十分之一了。和紐約、洛杉磯這類也是主要移民組成的城市不同的是，美國的這些移民城市是全世界的人混合而成的，加上沒有那麼複雜的官僚機構，以及由官僚概念形成的等級概念，因此，在美國這些大移民城市裡面，圈子雖有，但是比較容易參與進去；而北京則是中國各地人組成的城市，由於官僚機構根深蒂固、盤根錯節，並且完全滲透到民眾的意識裡面了，因此，要進入北京人中間，你必須在這裡的某個圈

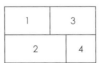

| 1 | 3 |
| 2 | 4 |

↖ 由1至4圖

1950年代中國高等院校的教師宿舍大多是這種紅磚房，年輕教師的集體宿舍是多層的大樓，教師們條件好一些，便住兩層的小樓，我的少年時代便是在武漢音樂學院（當年的中南音專）的這棟紅磚樓裡度過的，後來父母被打成「右派」，便搬出去了。

我出生在廣州，北方人覺得像「外文」的廣東話是我的母語，小時候就住在緊鄰著廣州市府的連新路上，褓姆常帶我到這裡的紅棉樹下撩落下的木棉花。

香港最讓我動心的不是高樓大廈，而是恆街窄巷，那種在有序大環境中擁擠的、亂亂的小環境最讓我著迷。大約因小時候在香港生活過，當然更由於「同聲同氣」，在香港，我從來沒有疏離感。

當然，香港的璀璨也是讓人無法不動心的。

↑上圖
居住在「汽車輪子上的城市」──洛杉磯，只要將地圖看懂，就能如魚得水，去所有你想去的地方。住了二十年，我已是「識途老馬」了，也就不會把自己當成外地人。

↓下圖
雖然美國校園裡的人際關係遠比中國淡薄（當然也遠比中國簡單），但在這個「黑盒子」裡校舍進出二十多年，它也已經成為我的生活的一部分了。

子了呆過，或者繼續呆著，才算北京人。不但習俗有特點，氛圍也不同，我沒有進入北京的任何圈子，包括非常熟悉的藝術、設計、時尚、文化、出版圈子，都僅僅是工作關係，自己從來沒有進入過北京的任何一個院派的、正式的、半正式的、地下的群體，因此對北京的圈子，我始終是一個局外人，一個旁觀者寫這本小書，我並沒有希企得到圈內人的認同。在這點上，我很有自知之明——相對於圈內的人，我只是一個過客，看到的只是皮毛，談的也只是感覺而已。所以這本書只是北京「手記」，而不是北京「研究」。

有些城市你會有歸屬感，或者是你生活過一段時間的那些城市，或者文化氛圍你非常非常熟悉的那些城市，好像廣州、武漢這類地方，我非常自如，完全可以融進去；就連香港、洛杉磯、紐約這些城市，我也有某種歸屬感，但是在北京我卻沒有這種感覺。其實將我在北京生活過、工作過的時間加起來，也不算短，大概因為連續時間不長的原因吧，依然沒有歸宿感。我和藝術家、設計師、出版社、時尚圈、高等院校，還有和一些自由撰稿批評家關係不錯，也參加過他們在北京圈子裡的一些活動，但是感覺上我依然是個很不北京的周邊人。

武昌民主路上有家新華書店，還是有很多各色小店鋪，讀中學的時候不知在這裡消磨過多少放學時間，雖然自己不是湖北人，但對於武漢，我還是很有歸宿感的。

chapter

5

特質形成

　　一個人對一個城市的認識、瞭解，除了時間、圈子關係之外，我認為在很大程度上和你自己本身的素質有關係。好像田壯壯和北京的電影、阿城和這裡的文學和批判圈，陳丹青和這裡的藝術圈的關係，還有查建英、崔健、李陀、栗憲庭、劉索拉這些人和北京的關係，其實真的和他們本身的素質、他們的家庭背景有很深刻的關係。前年在上海，有天晚上和沈宏菲、洪晃在花園酒店的咖啡座聊天，談到這點，他們也都認同。我對北京和對任何一個地方的認識和瞭解，是和我自己的背景與素質有關係的。這一點我想先說清楚，到後面大家讀到我對某些問題的看法和認識，就容易理解我怎麼會這樣想、這樣看了。

　　我出生在一個音樂家庭裡，父親、母親都是做音樂出身。因此我不但從小受西方古典音樂的感染，也生活在一個音樂學院的大院裡，周邊的人是兩類：音樂方面和美術方面的，未必都是專家，但是都是這兩個圈裡的人。成長的過程如何，對你後天的素質起很重要的作用，一方面是你腦子裡的文化結構、價值標準，另一方面是你待人接物的規矩、做人的標準。我在這個圈子裡不知不覺地接受著潛移默化的影響，雖然父母在政治運動中起落，但是他們和學院的氛圍始終感染我，我到北京，也因為舅舅、姨媽也都在北京的這樣的圈子裡，繼續受到同樣的感染，我的性格特質就這樣慢慢鑄就了，之後也難以改變了。我這樣說，倒不是想擺什麼譜，只是14歲就在家裡跟著教作曲的父親聽肖斯塔科維奇和普羅科菲耶夫，每天都可以在自己住在其中的藝術學院畫室裡看學生畫畫，琴房裡聽學生練琴，晚上永遠有各個系的獨奏排練。遇到有外國專家來講課，我們這些子弟們總可以溜進去和學生們一起聽；市面上不容易見到的外國雜誌，在圖書館工作的母親會定期借回來給我看……在那樣的年代，這種氛圍，多少有些特殊了。

　　其實在青少年階段裡，我對自己的這種性格特質幾乎沒什麼感覺，也從沒有什麼優越感，上中學以後，政治氣氛越來越濃烈，這些東西批判都還來不及，那裡還優越得起來呢？在中學讀書，朦朦朧朧地感覺到我聽過的、看過的、讀過的那些東西，我的同學們絕大部分不知道，但是那些東西有用嗎？有什麼用？我自己也不知道。直到後來出了國，在西方也進入了這樣一個圈子，才發現自己的文化構成和西方圈子裡的人很容易接軌，才知道小時候營造起來的那種特質，其實很國際。

　　我是1987年出國的，出國的時候在設計界算是有點名氣，那主要是做設計理

論做出來的。雖然我不曾因為那點子名氣飄飄然，但是總還是覺得自己是做了點事的人，就這樣去了美國。出國之後，第一個衝擊不是來自物質方面，而是突然發現自己什麼都不是了，誰也不知道你，你就是一個很普通的一般人，沒有特異功能，沒有耀眼的光環。當然，也沒有誰總是將眼光投向你，你不必不苟言笑地故作高深，不必揣測上意，不必憂讒畏譏，做人突然變得容易了。有人說這是邊緣化，其實這才是活著的感覺。因此，在美國倒活得很愉快——不是那種要幹點什麼驚天動地的大事業回國好光宗耀祖的愉快，而是活得有活的樣子，做回本色的自己的愉快。

不少在1980年代出國的青年人，在國內都頗有名氣了，好像陳丹青、阿城、田壯壯、北島、李陀、劉索拉等等，大家共同的感覺是你突然什麼都不是，就是一普通人。我見過一些人，很受不了，整天告訴外國人他們在國內如何如何了不得，是大師級的。而上面提到的這些人，還有好多其他知識份子，倒覺得是好事，因為外國給你一個認識你自己的條件：你是普通人！我到現在也還是這個心態，這一點我倒很認為自己出國出對了。這樣回國，即使有時候有些人將你捧到天上，你心靜如水，知道不是那麼回事，你還就是一個普通人而已。

出國後再回北京，是1993年了吧，這一下北京給我的感覺就完全不不同了，主要兩方面：城市大拆大卸，沿長安街匆忙建造那些設計上我認為是設計概念弱智的部委大樓，海關、婦聯、銀行總部之類，比「文革」拆城牆建地鐵的弱智水準大大超越；第二是發現說自己有文化的北京人多了，因為我整個「文化大革命」期間都進出北京，「文化」是要掃蕩的東西，舊文化是要消滅的東西，因此，那十來年，大家都怕說自己是有什麼文化的，那可是找麻煩、惹事的說法。「文革」以後，有一段大家都熱衷學習外來的文化，所謂「啟蒙時代」，翻譯過來的哲學、美學、心理學都暢銷，那時候的人不說自己有文化，但是很努力學習文化。而我當時見到的領導，經常是八路出身，更大一點的官是紅軍出身，開口就是「我是大老粗，沒有什麼文化」。這時候回北京，發現當官的、經商的，都說自己有文化，給你辦學歷，跟你侃文化，但是實質上真有修養、有文化的人卻成了逐漸消亡的一代了。那年在北京，我見到好多人對權力、對利益的張狂達到令人難以相信的地步，一些我在1960年代看著他們在學院裡面打教師、鬥領導的極端紅衛兵，現在搖身一變，成了政商各界的領導了。而被稱為「80年代」的

那一代50年代出生的精英們卻大多流亡出去，或者在什麼地方悄悄的活著，也就是說精英們依然沒有多少話語權，不過是有了一點可以苟且偷生的空間。而那些「文革」中衝鋒陷陣、「文革」後突飛猛進的一代，卻幾乎把握著一切，糟糕的是原來他們不把持的學術、文化、藝術也都由他們管起來了。這群人比當年的土八路管文化、學術、藝術要壞，因為他們多少懂一點，知道什麼是節骨眼，知道在哪兒下手使壞。那時，在北京見到了好多身光頸靚、出國鍍過金、能講一點外語、有個名校學位、對自己前途的躊躇滿志，而且流露在臉上的人，部分和我差不多年紀，更多的是比我小幾歲或十幾歲的一些人。聽他們講話，我只有倒抽冷氣的份了。那些年，我因為答應幫忙籌辦中央美術學院的設計分院，因此每年放假都回來，也有不少人勸我趁機回來「發展」，我還是猶豫，因為怕這個北京，怕自己在這批人中間沒有生存的能力，也怕看一座輝煌的古城給大卸八塊的悲壯。

這幾年看了一些書，好像章怡和的《往事並不如煙》，感觸最大的是裡面的那些大右派，他們的政治立場和當時的「主流」立場有多大區別就不必說了，他們的建國主張是對是錯，已經由歷史作出了評價。讓我感動的是，他們不但在自己的學術或業務上，是真正的專門家，而且是有正義感、有道德觀、堅持自己理想一代。我的父親也是右派，還有他的好多朋友也都是，這些人有理想、有抱負、有能力、有熱情，我父親剛解放的時候風塵僕僕地從香港趕回來，挎上盒子槍，下鄉搞土改去了。那時他正風華正茂，剛從世界青年節上獲獎回來，書記讓他參加鳴放，讓他幫黨整風，結果獎狀還沒拿到手，「中國的柴可夫斯基」（獲獎回國時國內報上對他的溢美之詞）就成了右派。我基本是在一個右派的圈子了長大的，僅我認識的那些在1957年被批鬥的右派，他們的學術功力、道德文章，現在都看不到了，這批人基本全過世了！黃昏，從北京酒店裡出來走走，天冷黑得早，胡同裡路斷人稀，路燈搖曳，想想那一代道德文章之人，居然就沒了，真覺得可怕。

因為原來好像北京這麼大的一個城，好歹也能夠留下一點點精彩的人啊！現在都沒有了，剩下的，在那文化位置上占著的，好多都是徒有虛表。不說王國維、楊度、梁啓超那一代人，也不說胡適、魯迅這一代人，就是我認識的李可染、鄭可、龐薰琴這一代人也沒了，他們下面的這一代，好像靳尚誼、鍾涵、杜

健這些人，也都到了風燭之年，下面就是我們這一代，無論西學國學和上面那三代人沒有辦法比，講道德文章更加沒有根基。

我們下面的這幾代，恐怕更不如了，要命的是還都自我感覺特別好。不說國學西學，就說個禮貌態度吧，沒啦！誰給你講禮貌啊？幾十年前，市民有市民的基本禮貌，點頭哈腰、「您要搭把手嗎？」，上頭的禮貌就更大了。現在剛剛反過來，市民中或許還有點老禮節講究，雖然很罕見了，上頭的，無論是官是商是學，一律沒有，一個精英地方，沒有了精英的規範，你怎麼想？精英圈子裡面的行為、道德水準低於平民階層，頂級精英中甚至有社會流氓的文化。國外的精英文化，雖說有它虛偽的一面，但是起碼還有個規矩可以尋；而在國內，在北京，這種圈子越來越小，並且好像在消失一樣，這種感覺是很不好的。起碼在我自己來說，覺得還不如到平民圈子裡，可能舒坦一些。

在北京，車開得越高級，駕車水準越像開牛車的，那叫一個「橫」（橫蠻的意思）；到大學去談事，雖然大家都是知識份子，感覺卻好像是在什麼公司談生意一樣，雖然叫做「談項目」，說道德文章，現在有點好像在說「文章含金量」的意思；和藝術家談藝術，兩下子就談到誰誰最近拍賣到什麼價位了，誰誰是誰誰的代理商之類的議題上來了。飯桌上，更加赤裸裸地伸手炫耀那只價格不菲的錶，或扯出外套底下的毛衣袖子告訴你，那是什麼名牌，多少錢買的。雖然說「入鄉隨俗」，我也免不了俗，但是，所見的這個新的現代的北京，肯定不是我原來記憶中的那個，則是可以肯定的了。

chapter

6

寫作角度

知難而退是我的一種很本能的保護自己的方式，寫什麼地方都容易，寫北京不容易。因此雖然對北京有好多好多感覺，但是總不敢寫。大凡一個地方文化沉澱太深，也就是俗稱的「水深」，一般人都不敢往裡走的。北京這個地方，什麼圈子都深不見底，寫北京真是不容易。何況我對北京總是有種很悲情的感受，觸物傷情的悲傷感很重，有時候想想：年輕的時候從來沒有這種感覺，1968年看見工程兵在用挖土機推倒北京城牆也沒有這個感覺，現在北京建設得如此轟轟烈烈，全世界都說不得了的地方，我怎麼會有這種感受呢？答案往往是：自己真是開始老了，或者心態開始老了。

對北京的悲情，有些時候很強烈。因為原來上北京老住東城，並且老住中央美院去，後來住和平賓館，也就在金魚胡同裡面，晚上沒有人的時候，一個人出來逛蕩，從金魚胡同走到東華門，順著一個人都沒的筒子河，就可以走到故宮的午門，一個人在午門那裡發會子呆，成了習慣。幾十年了，老是走這條路，看那凋零破碎的城牆上長得老大的蒿子，看那褪色的城樓，喜歡在那裡想北京。有兩個思想老是揮之不去的：一個是對舊北京的一種感傷，北京明清城市基本就瓦解了，這是歷史規律，有現代文化的人說是新陳代謝的必然，是社會進步的代價，這個我倒有點無可奈何，談不上悲哀，是你看見一個本來感覺活得好好的東西突然慢慢死去的那種感覺，一個人老了，突然就在不長的時間裡面老去了，是規律，雖然依戀，但是的確是無可奈何；第二個感覺比較困擾我，就是北京的精彩人也逐漸在西去了，一個城的精彩，其實除了一堆建築之外，是裡面精彩的人，現在好多人去巴林看七星級的酒店，誇張得不得了，我去看了，是個豪華的軀殼，因為那裡除了因為石油突然暴富的一堆阿拉伯富人之外，什麼精彩人都沒有，北京現在轟轟烈烈的大興土木，建造新北京，建造二十一世紀的北京，但是裡面的那些有文化、有道德、有教養、有憂國憂民抱負的人卻逝去得越來越快，這座城剩下一個很大的軀殼。因為建設得快，建造的建築無論體量還是尺度都比任何一個時代的北京要大許多許多，我估計會比以後時代的也大許多許多，因此，我見到的這個軀殼都超級堂皇、超級張揚，但是裡面的精彩的人、精彩的東西都慢慢空了，變質了。我好幾次就那麼在寒風凜冽中呆呆的站立在冷冰冰午門前，想這些年見到的北京的蛻變，不知道是歡天喜地的高興、還是肝腸寸斷的哀傷，可能是沒有感覺，就是那樣。

這種情緒很強烈，看來自己對北京的牢騷好像很多，但是我還是答應出版社寫這本《北京手記》，並且明知會寫得很吃力，還是一點點的寫出來了。為什麼這麼執著的要寫作呢？我想主要是希望能夠把自己知道的、瞭解的、想的東西更多的傳達給讀者，每個人都有自己的感受，我的感受帶著很濃厚的歷史烙印，寫出來給年輕人看，哪怕只是讓他們知道我們這一代人心目中的現代北京和他們看到的有些什麼區別，也好啊。

這些年自己寫了一些書，有些人說我的書寫得好，有些人也提出一些批評、也有罵我亂寫的，我倒是能夠心安理得的繼續寫作。幾十年來，我們太習慣於「標準」了，也不問這個標準誰定下的，這個標準本身對還是不對，總想按標準將所有的事情劃個對錯。其實社會科學不是自然科學，不是一加一就得等於二，等於三就錯了。正是因為有那麼多不同的研究角度，研究方法，社會科學才會豐富、充實起來。人家說我對，我會想想還有什麼錯了的，人家說我錯，我會看看他說得是否有理，這些年來學會了寵辱不驚，自認是一個進步。寵是假的，辱是常規的，一個人要做事，就會受辱，是正常的。因為這個社會是那些強人的、能夠營鑽的人的，不是我們這些老想說實話的傻冒的。偶然寵你一下，是要用你的某方面能力，大部分時間辱你，是讓你知道你什麼都不是，早些年受寵很得意，以為自己是個什麼，受辱很沮喪，覺得冤枉，現在明白了。雖然做不到心靜如水，但是能夠不「驚」，就是多學到一點了做人的訣竅了。

寫書是個大家看的，我特別關心的是青年讀者。我自己也是從青年、中年過來的人，機會不好，資訊缺乏，一旦找到本好書，就會如飢似渴的讀，好像書給我打開了不同的世界，不同的領域的窗扉，知道一本好書對一個青年人的幫助會有多大。這些年以來，出版業發達了，加上網路，資訊爆炸，好多人還有機會出國走走，時尚雜誌也多如牛毛，站在街頭的書攤上一眼望去，全部是花花綠綠的美女封面的時尚類雜誌，但是仔細看看，其中值得好好讀的期刊還是少而又少。速食文化造成的結果之一是閱讀上的速食習慣，連不能夠速食型解決的文化、藝術、設計也被速食化了。我希望做一種類似速食（因為習慣速食的人對不是速食的東西會本能地拒絕），但是比速食豐富一些，講究一些的東西給讀者看，也是希望在豐富文化方面做一點力所能及的工作吧。

最近我對北京的一些公共建築談了些批評的意見，刺激了一些喜歡這類建

築的人的，因此有人說我是「憤青」。事實上，我只是就事論事地談建築。如果只是因為不喜歡某些建築，就必然「憤青」，這種說法恐怕太過武斷粗糙了吧，我見過一些十幾歲的孩子、開計程車的中年大嫂也說討厭那些建築，他們算「憤青」嗎？其實我基本沒有「憤青」的情結。

我的確做過「知識青年」，在農村耕過四年田，也在工廠做過六年設計員，但是我的知青情結相當淡薄，大概因為我下鄉當知識青年的時候，是分散地放在農村裡，缺乏「生產建設兵團」裡面那些知識青年的群體感，加上性格使然，其中也包括父親的影響——近乎宗教性的忍耐和克制，不遷怒於他人；有人攻擊我，我會躲開；對於學術上的攻擊，我從來不反駁，不辯論，因為我知道在中國，辯論從來是沒有結果的；我這個人，七情六欲都有，就是不憤怒。因此我身上不太有「憤青」情緒。淡薄的另外一個原因，也大概和自己出國前後的經歷有關，西方有類似愛德華‧薩伊德、蘇珊‧桑塔格這樣的公共知識份子，在學術界代表一種不同的聲音，他們憤世嫉俗，多是文學、批評界圈中人。我在西方設計界、設計教育界工作幾十年，打交道的知識份子基本都是做設計工作、設計評論的務實派的人，雖然也會去加州大學爾灣校區聽德里達的講學，會去聽薩伊德的講演，但是老實說，自己多年來沒有受到這些公共知識份子的直接影響，充其量就是看他們的書和文章而已。何況從自己的經歷來說，特別是經歷過了最狂暴、激烈、荒誕的「文化大革命」，從疾風驟雨的動盪中知道自己的限度和喜惡，因此始終保持了這種對事不對人，不輕易上綱上線的立場，不憤怒。講述自己的看法，但是不會為不同的觀點而和人家去爭辯，因為自己的觀點已經通過文章、講話清楚地表達了，就沒有必要勸說人家接受你的觀點了。比如我在闡述建築歷史的時候，有時會把建築師的私人經歷、私人生活和他們的設計聯繫起來，因為我認為，一個人既然生活在社會裡，他的設計，就會受到個人生活經歷、生活條件、周圍朋友和家人的影響。有人不認同，批評我將私人生活放到學術裡來談，是錯誤的。我看了，並不會去反駁，你有你的看法，人家也可以有他們的道理啊！

我在「文革」期間，因為家庭、自己性格等種種綜合的原因，始終沒有一個參與的位置，充其量也就是在一個大紅衛兵總部裡面做美術設計，木刻印刷、出版紅衛兵小報、繪製大宣傳畫和畫毛主席肖像，是個技術層面的參與，其他派別

差異、權力鬥爭都一概不參與，也不感興趣。右派的家庭出身，讓我始終「左」不起來，退一萬步講，即使我想「左」，左也不認我。而我在「文革」以後也沒有一個憤怒的需要，因為「文革」一結束，我就上大學，上研究院，畢業後在大學做研究，幾年就升教授和系主任，沒有什麼需要憤怒和不滿的東西。後來出國了，到了美國就教書，一直在大學裡工作，因此在很多問題上看中國、看北京，我並沒有「憤青」的衝動，而往往比較冷靜。但是我的中庸性格，使得我也缺乏公共知識份子的那種悲天憫人、為民請命的特點，有時候我安靜下來想想自己，覺得自己的這種立場和態度的形成，其實是一種從廣東、美國發展出來的實用主義。對於自己認為需要改變的東西，總希望通過做實事，從一件件具體的事情來改變，而不在言語上、輿論上、思想上做正面衝擊。因此，一些公共知識份子認為我「商業」，一些位居主流的人認為我「類憤青」，其實我兩者都算不上的。

說回這本書，講老實話，我心裡想寫的關於北京的東西，好多都是不時尚的、不流行的，就是寫自己的感受。很多人希望我談談庫哈斯的CCTV大樓，保羅‧安德魯的國家大劇院，或者赫佐格的奧林匹克「鳥巢」，對那些試驗性的建築，我自然有自己的看法，但是真正想說的，倒是北京人文的變遷和我的感傷，雖然這樣寫很不合時宜。如果這樣照直寫，書也就出版不了的。何況我一個做設計的人，寫設計就好，寫那些感受做什麼呢？不過人畢竟是血肉之軀、靈性之物，僅僅資訊，不是我的習慣了。

說到寫城市，最難寫的是大家最熟悉的那些了。你要是寫貝爾法斯特、魁北克什麼的，沒有多少人會說你錯，你要寫巴黎、倫敦、紐約、洛杉磯、北京、上海什麼的，總有一大堆專家出來和你理論，但是大城市又不能夠不寫，因為實在有好多自己的感觸，有好多自己的認識，不寫就覺得很沉重。作為一個寫文字的人，你總不能夠老挑人家不熟悉、不知道的去寫吧。所以第一本還是寫的巴黎，這是第二本，就寫北京，後面還有紐約、上海、洛杉磯等等，還是選擇大家熟悉的城市寫，希望能寫出點不同來，給大家一點不同思考的話題。

在寫北京以前，先講講我和北京的關係吧。因為是手記，我希望能夠寫得個人化一點。我和北京關係開始得很早，半個世紀了，感觸也多。

我是一個純粹的廣州人，在廣州、武漢和美國各生活了三分之一的時間，照說和北京沒有多大的關係，一多半廣州人連普通話都講不好，更惶談那些卷著舌頭、鼻音特重的北京土話了。廣東人把廣東以北的地方都叫「北方」，在廣東人心目中，湖南也算北方，那北京就不知道北到哪裡去了！東北地方，在他們看起來就好像和西伯利亞差不多。這個廣東人的地方局限性思維，沒有辦法改變的。就好像東北人把北京也視為「南方」一樣。不過我這個廣州人，和北京的交道開始得早，並且關係還頗深，因此，覺得自己還有資格寫點什麼講講北京。

我和北京的關係，是因為家庭的聯繫開始的。母親的哥哥周令釗先生，在北京工作，是中央美術學院的教授，畫家，因此我在北京就有了一個很「硬」的關

我和北京

這是令釗舅舅1954年的一幅水彩畫《我的家》，我第一次去北京的時候，他的家給我的印象是：小小的、擠擠的，色彩很燦爛，好看好玩的東西很多。

係，有一個認識北京的角度，有一個瞭解北京的平臺。周先生和他的夫人、我的舅媽陳若菊先生（北京的大學裡面稱教授一律為「先生」，男女一樣，這是外地沒有的習慣，我很喜歡這樣的稱謂）對我影響可謂大矣！他們都是畫家，並且都是和設計有密切關係、做了大量重大設計項目的大師，我時常去他們家，暑假和文化大革命在他們家住過很長時間，耳聞目染，從看到跟著逐步動手。在他們家看大量的畫冊，在大雅寶胡同甲2號（後來改了大雅寶5號）看同一院子裡其他幾位大師畫畫，這種影響的力量原來小時候不覺得，現在才清楚什麼叫做潛移默化了。我之所以從事設計工作，在很大的程度上是受到他們啓迪的。

　　我因為一輩子在藝術上、設計上都受周令釗先生、陳若菊先生影響，所以也總是挺為他們抱屈的，覺得中國藝術史上並沒有給他們一個起碼是合適的地位。周先生設計了第二、三、四套人民幣，記載上說是羅工柳設計的，帶的是「畫手」周令釗執行。什麼叫「畫手」？這不知道是什麼話？糟蹋人也也選擇一下字眼啊！他設計了國徽的大稿，交給梁思成他們審議，現在設計國徽就完全成了梁

思成的工作了，真是冤。好在周先生從來不爭什麼，就那麼開開心心的畫畫，活著，活到現在，還很精神，也是一種方法呢！

我父親一輩子都在武漢的音樂學院教書，是交響配器法方面的專家。1954年，父母帶了我和弟弟第一次從武漢去北京避暑，去北京的時候，還是在漢口的大智門火車站上的臥鋪車，那時候武昌火車站還沒有建好。當時的火車廂不像現在的是鐵皮包裹的，絕大部分是用木條包的，木條打豎排，塗上深綠色，那種車廂現在基本看不到了，現在電視連續劇的製片人不懂，拿鐵皮車廂充當時的火車，好像《走向共和》裡面給慈禧、袁世凱用的那鐵皮包的、上面有條黃線的車廂，其實是蘇聯專家來華之後指揮中國的幾個車廂廠（湖南株州、青島四方這些工廠）按照蘇聯客車車廂形式生產的，那是1956年以後的事情了，當年絕對不是這樣的。早年的車廂裡面有個鑄鐵燒煤的火爐，放在茶水間裡，燒開水的。送的客飯用薄薄的木片盒子裝，講究的就去餐車吃。當時坐臥鋪的人少，車次也少，出個遠門什麼的是很奢侈的事情。我坐在車窗前看外面的風景，目不轉睛：火車穿越湖北的北部、整個河南和半個河北省，看山高山低，看遼闊的平原，看地裡的莊稼人幹活，看牛馬驢騾，實在很有趣。到北京是白天，下了火車舅舅、舅媽來接我們，那個車站，是北京的老前門火車站。

那年暑假我們就住在中央美術學院裡，嚴格的講，是舅舅借了一個全家外出度假的老師的宿舍讓我們一家住。我在北京還有姨媽，一個是在中央舞劇院跳芭蕾舞的周令芳（戴愛蓮的高足），一個是在中國歌劇院唱歌劇的周令芳（唱劉胡蘭的女高音），在中央樂團拉小提琴的周令輝，還有讀北京師範大學的小姨周令瑤，姨夫們、表弟表妹們，可是浩浩蕩蕩，去頤和園、去天壇、去北海都是這麼

1	3	5	7
2	4		6	8

↑ 由1至8圖
50年代的故宮午門
1950年代的北京西交民巷大街
20世紀50年代，蘇聯經濟成就展覽館在北京、上海、武漢展出。「老大哥」的輝煌成就激勵著那個時代的中國人——「蘇聯的今天就是我們的明天」。
上個世紀50年代的北京大柵欄
20世紀50年代一部兒童電影《祖國的花朵》，使「讓我們盪起雙槳」的歌聲唱進中國大地，而且歷久不衰。
上個世紀50年代的的前門箭樓
大雅寶胡同，少年時在這裡消磨多少夏日時光。
1950年代建起的北京王府井百貨大樓，使「王府井」成了全國人民心目中的最佳購物地點的同義詞。從南到北，各地大城市中都出現了以「王府井」命名的商店，此風一直刮到21世紀。

一大群人，開心極了，也開始從一個孩子的角度來看北京這座城市，那一年是我接觸北京的開始了。

當時的北京火車站還在前門的東側，雖然從前門到天安門之間的千步廊已經不存在了，但是北京的外城牆和故宮的內城牆卻相當完整，走出車站，看著那城內的北京，森森的皇宮、靜謐的胡同、方正的規劃，才知道什麼是「城」。那不僅僅是一大堆建築，住了一大堆人，同時是一個工整的、周密規劃的、有自己的歷史和文化、有自己的獨特風格的有機體。我雖然生在廣州，但是第一次被一座城市所吸引，卻是北京。那時我還小，並沒有多少思考，但是北京城的氣派卻讓我十分震撼。之後一次又一次去北京，對於城市的認識也越來越深刻。

周令釗和我父親同年，在當時北京的美術圈子裡，已經是頗有影響的畫家了。他是抗戰勝利以後徐悲鴻請來擔任「實用美術」（其實就是設計專業）教授的，當時是中央美術學院最年輕的教授。這一點我倒是一直不知道，大約在1994年，中央美術學院的一批領導、畫家請我在北

1937年，周令釗先生參加武漢黃鶴樓前巨幅抗戰壁畫《全民抗戰》的創作。

京東城的一家雲南菜館吃飯，席上鍾涵先生告訴我的。講輩分，當時席上的那些大師，靳尚誼、鍾涵、杜健等等均是他的學生。周令釗是抗戰結束時被徐悲鴻先生請來北平藝專教書的，剛剛工作不久，北京就解放了，缺乏實用美術方面的人才，他剛好適用，因此突然忙了起來，參加設計了國徽，畫了開國大典時懸掛在天安門城樓上的第一張毛澤東畫像，他和舅媽陳若菊、畫家候一民和夫人鄧澍一起設計了第二、三、四套人民幣，他還畫了那張著名的〈五四運動〉的大油畫，現在還在中國人民革命歷史博物館展出。

那一次的北京是新鮮的，但是印象模糊，對北京，僅僅知道了氣勢和與象不同，去故宮看珍寶展，知道皇宮是什麼，但是對書畫是完全沒有印象，一個八歲的孩子，能夠記憶住多少，的確很有限的。如果說有收穫，那就是「開了眼」了，知道什麼是京城，知道什麼是皇城，知道一個經過嚴密規劃的城是怎麼樣的，也接觸到舅舅、姨媽他們的藝術圈子，以後我看什麼大藝術家都心裡有個底了。在藝術圈子裡長大也有個好處，就是日後見什麼人都能夠沉得住氣，見多識廣也是一個人信心的基礎啊。藝術品在解放初期很便宜，爸爸在齊白石那裡買張

1950年代，中西合璧的北京新建築。

1958年的北京建國門路（北京城市規劃設計院資料圖片）

扇面，純朱砂畫的荔枝，好畫一張，大家看看，扇扇，記得是花了八十元買的。我父親和舅舅當時工資估計就在170元上下，夠買兩張齊白石的。

1959年建國十周年是北京的大慶典，那年我暑假也是去北京過的。人長大了一點，懂事多了，看見天安門廣場已經開拓，人民大會堂、歷史博物館、人民英雄紀念碑都建造起來了，十大建築雄偉得很，領略了一個新的北京，那是一個新舊有序的北京，公共紀念性建築和老北京並存，沒有多少新建築取代舊建築的情況，比較突出是在狹窄的金魚胡同建造了「和平賓館」，一棟很現代的樓，不過門口依然保存了金魚胡同的尺度，因此不覺得新建築對老北京的壓迫。

1964年暑假還是去北京，那時候已經有了比較明確的對美術的喜愛了，畫畫更多。在舅舅的畫室裡看他畫畫，很用心；在大雅寶甲2號還看董希文先生畫畫，看李可染先生畫畫，也是看得目不轉睛的。也去中央美術學院和中央工藝美術學院看展覽，雖然那時因為「成分」的關係，覺得自己不可能上這兩所大學，但還是夢想著自己有一天能走進這兩間學府的大門。那時的北京，理想主義盛行、文化藝術興旺，物質供應也充足，我是看到了最理想化的北京。

chapter
8

文革北京

「文化大革命」是從北京爆發的。我當時還在武漢師範學院附中讀高三，準備高考。突然說「社會主義文化大革命」開始了（後來才改叫「無產階級文化大革命」的，這個改名其實從原來比較模糊的「社會主義」，轉到了清晰的運動目的，就是要清除「無產階級」之外的階級，首當其衝的自然是資產階級知識份子，因為真正的資產階級早在1956年已經給清除了），北京翻天覆地。我們還不知道如何運動，突然說北京有紅衛兵小將來我們學校指導，全校師生上千人到徐家棚輪渡碼頭列隊歡迎他們，原來卻是五、六個穿舊軍裝的丫頭，每個人都紮一條有大銅扣的軍用皮帶，在千人蜂擁下走到我們學校，立即上臺講話，開口就是「媽的B」，下面的師生全嚇呆了：怎麼北京的女孩會這樣的？她們不是毛主席派來教我們革命的嗎？她們問我們有沒有鬥老師、有沒有抄家、有沒有把圖書館燒了，回答說都沒有，她們幾個丫頭兇神惡煞的揮舞著皮帶指著上千人罵：你們學校還是修正主義、反對派當道啊！毛主席要我們鬥爭！革命是一個階級推翻另一個階級的暴動，不能溫良恭儉讓，是暴力！我看下面好多同學狂熱興奮，這些人絕大部分是家庭出身好的，幹部子弟、工農子弟；我們這些出身於所謂「地富反壞右」五類分子家庭的學生，不但沒有任何興奮感，反而有種大禍臨頭的感覺，我自己是有種恐懼感的。

第二天早上，我還在宿舍睡覺，聽到窗外有難以置信的人的嚎叫聲和叱吒聲，嚎叫的人聲充滿一種我從來沒有聽見過的恐懼和痛苦。趕快爬起來看，簡直不能夠相信自己的眼睛，這哪是我的學校啊！整個學園已經一塌糊塗了，原來滿牆的大字報上面塗上了鼓動暴力鬥爭的語錄，到處都是不知所措的學生，一群群

文革期間，機關裡、學校裡、甚至街道上，到處是舖天蓋地的大字報。

文革中被紅衛兵打死的北師大附中副校長卞仲雲女士和她的家人在文革前留下的「全家福」。

激進學生在圍毆老師，動手打人的學生裡面居然有我自己的同班同學，我們的女校長、教務主任、班主任，還有好多老師都給剃光了頭，身上淋上墨汁，被學生扭著在校園裡面所謂的批鬥，我當時嚇呆了，感覺是都瘋了！當時想起昨天來鼓動暴力的幾個北京丫頭，她們就有這麼大的能量啊？幾個小丫頭就能把我們學校一夕之間變成這樣，北京還不知道變成什麼樣了呢。

當時在全國大部分青年學生中，特別是中學生和大學生中，北京變成了宗教性政治的「麥加」了。要到北京去「朝聖」，要把北京的這場暴力鬥爭、這場要摧毀積累了幾千年的傳統文化，也包括1949年以來建設起來的文化的鬥爭的「聖火」帶到全國去，上北京見毛主席去，成了全中國年輕學子的統一行動，大串聯開始了。開始只有正宗的「紅衛兵」（後來被人稱為「三字兵」）才有此特權，但很快就蔓延開來了。

這樣我又去了北京，見到的就是最讓人壓抑的北京了。1966年，「無產階級文化大革命」爆發，在全國毀滅文化和知識份子整個階層的狂熱中，北京首當其衝，文教系統給沖了個七零八落，翻天覆地，全國的學校都停頓了，我的高考也不要想了，大家「革命」嘛。我因為在學校畫畫不錯，因此先是給鐵路局借去畫一個文革展覽的畫，但是文革的調子不斷地變化，這個展覽最後是辦不起來，等我回到學校，同學們全都不在了。1966年末的全國「大串聯」高潮，幾千萬學生全國坐火車免費「串聯」。我則執意不坐火車，和另外一位同學就打了一個背包、帶了個速寫本從武漢步行到北京。這是我唯一的一次，走了上千公里，走進北京的，全程沒有坐過汽車、火車，就是憑兩條腿。從11月走到12月，每天順著京廣線的鐵路路基走，偶然離開鐵路，頂著凜冽的北風，是我人生第一次完全憑意志力的磨練。這次步行入京，其實沒有任何的其他動機，並沒有急迫想見毛主席（這句話當時可絕對不敢講），也沒有想沿途給農民宣傳毛澤東思想。純粹是想考驗一下自己的意志力，再就是看看我們的農村到底是什麼樣子。這兩個目的我都達到了，但是付出的體力代價是極大的。

那次走去北京是在11月下旬動身，帶了速寫本，雖然天氣越來越冷了，只見有好多北方的紅衛兵往南走，很少見人往北走，我每天走60－100華里，晚上就找農民家留宿，一毛錢買個窩窩頭、一根大蔥、一碗開水，就是一頓飯，一個來月，基本如此。走進河南、河北貧困的農村，雖然以前按照中學安排的「勞動

↑ 左圖
1966年的文革宣傳畫
╱右圖
1967年初，不少地方
出現了武鬥場面，當時
的宣傳畫反映出這一動
向。

課」也在湖北的農村勞動過，但是絕對沒有想到解放這麼多年了，農民的生活竟是如此赤貧，如此窘迫。農民看上去已經逆來順受慣了的樣子，沒有抱怨，就那麼活著。我們在城市裡經過三年災害，家裡有政治起伏，知道生活不容易，但是農村會窮到這個地步，則是無法想像的。我一個村子一個村子地走，一邊走一邊看一邊畫，直到12月下旬才從豐田走進北京，

那一次是在舅舅家住了兩個月，到1967年2月份才離開。舅舅的家也給抄了，他們兩口子都給關在學院的拘留室裡一段時間。那個時候學院的紅衛兵似乎執掌著生殺大權，可以把所有他們認為不是革命同路人的人都叫做「牛鬼蛇神」，關押人的地方就叫做「牛欄」。這個名詞相當恐怖，被人叫一聲「你這個牛鬼蛇神」，在街上就可能立時遭到群毆、你的家馬上可能被人抄個底朝天。當時公檢法已經全部癱瘓了，紅衛兵為所欲為。因此，我這次看到的北京是疾風暴雨中人人自危的北京了：整座城市滿目瘡痍，被貼上紅紙更換路名的路牌，被砸破的百年老店招牌，寺院前被焚的經文的灰燼　看到那些我從小尊敬的大畫家在美院被批鬥、被折磨，而我自己又是一個青年學生，真不知道該如何指導自己的思想，感情上我靠近這些「牛鬼蛇神」，而現實生活卻要求我要摧

將所謂的「牛鬼蛇神」
戴上高帽子，拉上街去
遊行示眾，文革期間是
中國城鎮常見的現象。

毀這個階層，是一個很大很痛苦的精神落差。那一次的北京之行，使我意識到自己不可能成為一個思想左傾的激進分子，而在更多的程度上可能更靠近那些當時

要打倒的東西、那些要被剷除的階層，起碼在情感上。我當時是高三學生，已經有這樣朦朧的「反動」意識，自己也覺得有點可怕。此後我一直儘量不參與政治運動的政治鬥爭，只是參加一些雖然也得服務於政治運動，但是相對有自己專業學習機會的畫畫和設計中去，這一次的北京之行起了很大的作用。

北京是「文化大革命」的發源地，5月份開始，整個夏天是非常暴力的衝擊，北京的幾大院校冒出一批激進領袖，好像北大的聶元梓、北京師範學院的譚厚蘭（諷刺的是這個師範學院的學生帶人到山東曲阜把教師的祖宗——孔子的墳給挖了），還有清華的蒯大富、北航的韓愛晶這些人。先是在大學裡用大字報聲言要打破舊制度，要砸爛當時的高等教育制度，其實當時推行的高等教育制度是共產黨學習蘇聯而建立的，這些人要砸爛共產黨的業績，本屬匪夷所思，卻得到毛主席的支持。一聲「炮打司令部」，鋪天蓋地的大字報就席捲了全國校園，之後差不多所有的教授、權威都受到衝擊。狂潮很快擴展到校外，中學生打學校的人已經不過癮了，就上街去打砸搶，一般人看來，這些學生全瘋狂了，隨便入屋搜家，毆打「壞人」、搗毀文物，並且在中學裡面設置了囚禁中心，隨便抓人回來吊打，毛主席這段時間多次坐敞篷吉普在天安門廣場接見北京和來自全國的「紅衛兵」，大大鼓勵了他們的氣焰，這個時期被打死、打殘廢的公民、被破壞的文物古蹟、字畫古董多到難以勝數地步。

毛澤東的《炮打司令部》，掀起全國文化大革命的狂潮。

我那次去北京，沿途親眼見到各地激進紅衛兵對文化、古蹟的破壞驚人，對定義含糊的「牛鬼蛇神」（原來所謂「地富反壞右」五類份子，到文化大革命期間，擴展了，走資派、修正主義分子、反動學術權威等等，都是「牛鬼蛇神」）殘忍的迫害。我在12月初走到保定的時候，住在金線胡同，看見激進的紅衛兵把那裡一個天主教教堂裡的修女全部拉出來，跪在街上，要他們說「瑪利亞是婊子」、「耶穌是私生子」，她們都不肯說，結果給打得血肉模糊。因此，進北京前我就有思想準備，會看到最惡劣的情況。

沒有想到等我走進北京已經是12月份了，江青負責的「中央文革小組」變了調子，不支持發動文化大革命的第一批紅衛兵了。個中真正原因我不清楚，但是

估計第一批紅衛兵的父母中領導幹部居多，而「文革」的真正目的是殘酷的黨內權力鬥爭，就是要踹掉這些人。這些人到12月基本都被打倒了、批判了、甚至關押起來了。我到北京的時候，國家主席劉少奇，還有鄧小平這些領導人全部被公開點名道姓批判，滿街漫畫和宣傳畫都是毛澤東指引工農兵和紅衛兵把他們「打到在地，再踏上一隻腳」那一類的，各個部委、廳局領導已全部垮掉。他們垮了，自然殃及子女，這群原來不可一世的紅衛兵小將頓時陷入困境，學校裡原來被他們欺負的另外一批學生出來組成了所謂的「造反派」紅衛兵。那些第一批的老紅衛兵被叫做「三字兵」，因為他們的袖章上只有「紅衛兵」這三個字，而後來出現的新紅衛兵的組織要和他們劃清界限，往往在前面加了標題，諸如「毛澤東思想紅衛兵」這類。大概受中央文革小組的授意，造反派開始組織展覽，展出「三字兵」在夏天的惡跡。

記得那次去北京，在天安門西面的紅牆後面有個中學，不記得是第幾中學了，裡面就有一個這樣的展覽，我去看了。那是一間比較偏僻的教室，窗戶全部用木條訂上，紅衛兵曾在裡面毆打從街上或家裡幾乎是隨意抓來的人。我去看的時候，看見牆上、地上，甚至天花板上都是血跡，據說這些紅衛兵用皮帶打、用棍子打，打死了晚上用卡車拖到火葬場去，火葬場也不敢問死的是何人，就給燒了。我去看的時候，已經是個展覽場所，有人講解，說這裡打死過上百人，至於是什麼人，誰也不知道。好多好多年以後，我去巴黎的協和廣場，朋友告訴我說，法國大革命的時候也這樣把各個對立派別的「牛鬼蛇神」抓來殺了，血流成河。我心想，法國和中國在極端革命上面怎麼這麼相似啊！

這種瘋狂打人的心態我實在無法理解。因為他們都是我的同齡人。我是1966年那一屆的高中畢業生，是所謂「老三屆」中最老的一屆。這批人心智應該比較

→ 左圖
「群醜團」是文革中影響比較大的一張政治漫畫
→ 右圖
文革中的教堂

文革時期大柵欄的文具店，櫃臺上方高懸著毛澤東的詩詞手跡。

成熟，無論是從我們的教育背景——從1950－60年代的小學和中學教育雖然不穩定，顛三倒四地修改內容，但是基本的文化課程內容並沒有徹底的改變，我們受到的教育應該說還是可以的，到我們受到的洗腦式的社會道德教育，也都沒有這種極端的因素。北京在文化大革命剛剛爆發的時候，有一個基本是高幹子弟組成的紅衛兵集團，叫做「聯動」，據說打死人最多的是這個群體。他們戴超長的綢緞紅衛兵袖章，穿四個口袋的舊軍官制服（兩個口袋是士兵的制服），騎著嶄新的28寸自行車在街頭風馳電掣，為所欲為。好幾年以後，我在廣州一個軍幹子弟朋友（他父親曾任空軍副司令）家裡，見過一個參加過「聯動」的小夥子，大家聊天聊熟了，我問他：當時拿皮帶打那些德高望重的人，特別是老人家，打得血

肉模糊，你心裡如何感覺。他說：就是一種強烈的爆發性的快意！從來沒有見過一個人的生死就在你手上的恐懼眼神，並且可以朝死裡打，大家一起打，有一種回歸到動物性的痛快感覺。並且你越殘酷，你就越革命，我們那時候在審問室的牆貼的就是毛澤東語錄「革命不是請客吃飯，……是一個階級推翻一個階級的暴動」，感覺是為他在消滅他認為妨礙革命發展的階級敵人。他說得相當自然，而我聽得毛骨悚然。

那一次我在北京呆了接近二個月，很困惑。雖然對政治沒有什麼興趣，但是每天的活動還是看大字報。那個時代來北京的主要目的就是看大字報，並且手抄大字報，然後帶回自己的城市和學校，抄寫出來張貼給更多人看。這樣，那些個很寒冷的冬天，我基本每天早上起來，就去海淀區的那些大學校園看大字報，也在街頭看大字報。北京的大字報原是始於北大校舍建築的牆上，後來多了，就搭起蘆席棚張貼。到12月份紅衛兵派別已經很多，並且通過各種管道漏出來的內部消息、還有各種有意識從內部放出來的謠言已經多得數不清，因此出現了一派大字報覆蓋另一派大字報的爭鬥。去得晚了，可能想要看的已經被覆蓋了。所以一早起來就去打聽有什麼好的內容，或者驚人的內容，然後去看，有聳人聽聞的內容，就站著抄寫。到2月初，我抄了好大一本，可等我坐火車回到武漢，這些內容已全部過時了。

我對美術學院始終是有感情的，因為自己成長在一個藝術學院的大院裡，以前來北京也跟舅舅經常去美院和工藝美術學院，說不出的喜歡、著迷。文化大革命斷了我考美院的夢，但是依然沒有斷掉我對那裡的戀慕。在北京的時候，我經常會去美院走走，名義上是到那裡看大字報，其實是想看看那些大畫家。去了幾次，看見李可染先生、李苦禪先生、董希文先生這些人在掃地，因為以前在舅舅家都見過，並且總叫叔叔伯伯的，現在無法開口也什麼也做不了，心裡很是彆扭。這一段時間有好多人描寫過，特別黃永玉先生在他最近出版的好幾本書裡都講到當時這批人的苦難歷程。

在北京「取經」期間，印象中最深刻的倒是中央美術學院版畫系學生創作的好幾張宣傳畫，雖然模式是標準「文革」型的：毛主席指揮紅衛兵和工農兵橫掃牛鬼蛇神，但是他們的版畫功夫好，和我在地方上所見那種很業餘的宣傳畫不一樣，可惜當時不敢晚上從牆上揭下兩張留起來，否則也都是文物了。2月初我回

↑上圖
文化大革命期間，天安門前揮動紅色語錄的紅衛兵們。
↑下圖
文革中舉著毛澤東標準像遊行的隊伍

51

到武漢家裡，父母都給關進了「牛欄」，家裡也給抄了，書櫃裡大部分的圖書資料都給拿走了，並且貼了封條；父親所有的古典音樂唱片都給學院的紅衛兵砸碎了，什麼都沒有了。回到我自己的中學，校園裡幾乎沒有什麼人。武漢的派別鬥爭已經白熱化，出現了「武鬥」，街上有給打死的人的屍體，並且沒有人敢去收屍。這個時候，已經不是學生的事情了，除了軍隊沒有參與，幾乎全民都捲入了這個混亂的大內鬥裡面。

在武漢的生活實在太壓抑了，每天聽著學院裡的高音喇叭點名道姓地辱罵自己的父母和自己所尊重的叔伯，「勒令」、「打倒」不絕於耳，還得提心吊膽地提防著隨時可能來家裡採取「革命行動」的紅衛兵。因此，在1967年3、4月份，我又跑去了北京。那時「串聯」已經結束，我是和幾個同學在漢口的江岸火車站偷爬貨車去的，路上停停走走，花了三天的時間。我在高中喜歡畫畫，參加過學校的一些美術活動，認識了一個比我高兩屆、畫得很好的學長。他1964年畢業之後，頂父親的職，在江岸火車站貨運場當扳道工，知道哪輛火車可以去北京附近。他讓我們去貨場，上了車。先上的是一輛裝蒜苗的悶罐車，差點沒有給蒜味薰死過去。後來從悶罐車爬到一輛裝工字鋼的敞篷車皮裡，貨車停站少，一路敞篷往北走，風大得不得了，吹得幾乎耳朵都聾了。這列貨車到了保定，卸下貨就不走了。在編組場了我們亂找去北京的車，沒有吃的，餓得半死，不得已去敲了一個小小的鐵路扳道工值班房，工人倒很和氣，給我們幾個白薯，並且告訴我們哪列貨車要開去北京的，還送我們上了貨車。這樣搖搖晃晃，又到了豐台。

因為是偷跑出來的，也不敢找舅舅、姨媽，就去找接待中心安頓，在英家墳一個紡織部的樓裡面住了兩個月。那時候我已經很懂事了，對北京也熟悉了，對革命沒什麼興趣，就走街串巷地到處看北京。好多文物點都還關著，少數有開門的，還有一些地方因為離開市中心太遠，好像八大處、潭柘寺，去鬧的學生不多，也還基本依舊，看上去，還有老北京的樣子。出了北京城，附近村子裡也很

沉寂，這樣也就去了好多地方；那一次在北京呆了好幾個月，已經有計劃的去看城市各個地區，看各種四合院，是比較系統地看北京的開始；反正學校停課「鬧革命」，根本沒有人管，父母則全部在「牛棚」裡，家裡也沒有人管。對革命興趣低，對城市興趣高，在北京四處走，徹底逍遙。

那一次在北京，我找到一張「文化大革命」以前出版的舊地圖（當時地圖是很稀缺的，並且城市地圖非常不精細），按圖索驥看北京，特別是走胡同。北京胡同幾千條，當時的胡同還整齊，雖然好多優秀的四合院已經早為機關單位佔領，遷入了好多人家，但是胡同裡面還算整齊的，鼠灰色的牆面，安靜得很。北京胡同頹敗自從解放後機關遷入是第一次破壞，但是沒有破壞結構，只是原來一個家庭住的四合院裡面住了好多戶人家。隨著單位人口越來越多，單位越來越多，生育人口也在增加，一個原來舒舒服服住一家人的四合院擠進了十幾戶人家，那就成了大雜院了，有些還依稀可以看出原來的氣派。我去過幾個這樣的四合院，影壁旁邊的迴廊（已經當公共廚房用了）的牆上還依稀可見清代的壁畫。不過，這還不是胡同、四合院的最壞時候，起碼還是一個個院子。真正的大頹敗，我看開始於1976年唐山地震之後，當時怕房子倒了壓死人，因此大雜院裡好多人家開始在院子裡搭防震棚，開始是臨時性的，用木棍、塑膠布、蘆席搭建的，後來覺得這樣可以擴大一點點自己的住房面積，而單位裡的人從樓房裡也搬到四合院裡住了，這樣，四合院基本上連樣子都沒有了。連走進去都難。二十幾戶人家擠在原來一戶人家的院子裡，你想是種什麼感覺？

不過，無論怎樣，當時我看的北京，還是一個基本結構沒有給完全破壞的北京。人雖然擁擠，四合院也不成看相，但胡同裡面還是榆樹成蔭，槐花綻放，蟬在濃蔭中鳴叫。鬥爭歸鬥爭，中午時分，整個城市還是很沉寂的，打人的、被打的、革命的、逍遙的，都在午睡。

這次去北京，因為照著地圖一個個地方走，因此看得很徹底。和表弟騎自行車去八達嶺、十三陵、居庸關、青龍橋、八大處，現在看看距離，都不知道當時怎麼有這麼好的體力和耐力了。系統認識北京，是從那個時候開始的。瞭解得越多，就越喜歡北京，也越怕這個北京給毀了。可惜，從那時候到現在，40年間，我見到的就是一個舊城被毀掉，建造了一個四不像的新城的過程。開始恐懼，害怕，後來憤怒，悲傷，現在麻木了。

1970年代正式參加工作之後，因為做外貿產品的設計，我經常有機會出差到北京。去故宮看文物是去北京的必修課，因為做出口工藝品，有證明在手，可以去飽看收藏，細畫速寫，為設計做參考。那個時候照相機是稀罕的東西，記錄文物形式和圖樣，只有靠速寫。舅舅那時候被國家文物局從涿縣的「五七幹校」借調去故宮武英殿做出國文物展覽的複製品，因此也跟他去看了當時屬於頂級珍貴的不少出口文物。自然也去看全國美展，「文革」以前我還是個學生，沒有機會專門來北京看全國美展，而70年代我是個正經八百的美術設計員了，看美展可是業務要求哪，真是個多愉快的工作啊！

北京在「文革」中變化很大。文革一開始就在拆城牆，建造戰備用的地鐵。城牆太巨大，因此動用了推土機來拆，全部是工程兵施工。那城牆體量的巨大，城磚的結實，在被拆的時候特別有感覺。我從大雅寶胡同去日壇，原來是有城牆隔開的，「文革」時候這段城牆拆了之後，留下一個巨大的坑，推著自行車走過坑上臨時搭的木板道，好艱難，一下雨便是滿腳泥濘，高一腳低一腳地趔趄。就那麼幾年，老北京就開始消失，眼看著凋零下去了。尼克森訪華、中國重回聯合國之後，建交的國家多了，因此使館區擴大了，繼而在農展館那裡建造了新的使館區，也就是現在的三里屯那邊。美國早期在華辦事機構叫做「聯絡處」，老喬治·布希做過主任。有一天我從南小街出來到長安街，看見一群自行車在面前悠悠西去，中間是布希，在報紙上看過他的照片，當時在中國的外國人鳳毛麟角，因此很容易記住幾個外國人的樣子。他車騎得悠哉遊哉的，周邊圍了一圈人跟著騎，美國的保鏢和中國的警衛。北京那個時候雖然有打人抄家，有大破大立的毀壞文物，但是治安很好，絕無什麼行刺之類的事情，連盜竊都極少聽說，因此這個美國準大使也就可以在長安街上一路輕鬆的騎行，路人看看，也絕無人敢騎車跟隨，否則說你是「階級敵人」，可以立刻抓起來的。而我就站在路邊看布希騎自行車，當時斷沒想到此人後來居然當上了美國總統的。

我曾有過記日記的習慣，因為在一個工藝美術工廠做設計，每天伏案時間很長，除了畫畫設計之外，可以做很多文字的事情。讀書學習，寫日記就成了一個習慣。這習慣到1977年後，因為我重新去上大學、讀研究生而中斷，以後也就再沒有寫過日記了。寫日記最集中的時間好像是1974－77年期間，兩個日記本都寫滿，現在還留下一本，我看看裡面的內容，關於北京那段時間的有不少的記錄。

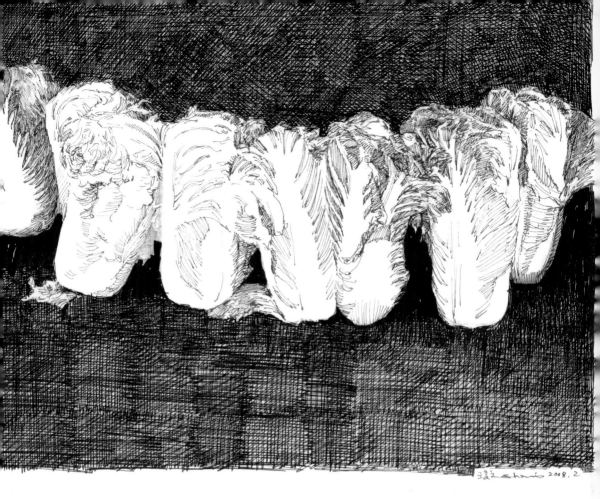

南方人當時雖然肉要憑票買，但蔬菜還是吃得上的，到了北京，見到一入秋，家家都在忙著囤積大白菜、留下了深刻印象。

　　1975年11月22日記錄：「北京建國門正在建造立交橋，塵土滿天，建外已經建成的外國人公寓林立，城牆已經徹底拆得一點影子都沒有了。是日亨利・基辛格在京，毛澤東接見他和夫人。

　　11月23日，一早去故宮看藏畫。故宮繪畫館一年就11月開一次，叫做「晾畫」，因此觀眾如堵。秋高氣爽，在館內邊看邊做記錄，和1973年11月展出的內容比較，有所調整，所見的顧愷之的《洛神賦》、唐人《宮苑圖》、董源的《瀟湘圖》、李公麟的《臨韋偃放牧圖》、郭熙的《巢石平遠圖》、張擇端的《清明上河圖》、王希孟的《千里江山圖》、趙伯驌的《萬松金闕圖》等等都是上次沒有看到過的。總的印象是元代藏品這次變化不大，其他朝代的作品有所更換。晚飯在新僑飯店吃西餐，火腿沙拉、紅菜湯、麵包而已，簡簡單單，紅菜頭幾片、火腿、香芹、黃瓜，沙拉油調得好，因此感覺沙拉好像比上海做得還好。」這頓西餐吃了多少錢呢？當天沒有具體記錄。不過兩天後我請一位朋友去同一個

↑左圖
文革中在人民大會堂前
留影
↗右圖
文革期間看故宮

地方吃西餐，倒是記錄下來了：兩個人，一個主菜，湯和沙拉，共花了3元9毛錢，我工資的十分之一。

那一次去主要是在白堆子的輕工業部的工藝美術公司辦事，看資料，因此有不少的工作記錄。去了兩次北新橋一個四合院看原來北京圖書館副館長張鐵鉉先生，也看了已經臥床不起的馮雪峰先生。又在29號去了阜城門內西三條21號的魯迅故居參觀，這幾個人其實在五四時期都有關係，對我來說，北京的歷史是立體的，這是在其他城市找不到的一種極為特殊的情況。

那段時間我開始去琉璃廠，我不敢說是去「淘書」，因為我根本沒有錢買，就是去榮寶齋看畫，去中國書店看舊書，「立看」，中午找個回民食堂買個火燒，大碗茶將就，也高興，長了許多見識。因為自己出入故宮看古董、古畫，在琉璃廠看舊書舊畫，有個對比基礎，知道怎麼看了。除了舊時候造假的書畫，當時沒有造假之說，榮寶齋因而可以說是滿目琳琅，全部真跡。1973年以後，外國人來得多一點點，也就有人來買書畫，買的都是真東西。那時候東西實在不貴，齊白石、徐悲鴻的原作，也就幾千塊，更近一些的李可染、傅抱石、黃賓虹的畫大約幾百上千元一張，但在我這個當時工資才32塊的青年來說，感覺好像就是現在看見上千萬的畫一樣：天價了，唯有看的份。不過大家必須記得：那個時候的「榮寶齋」之類的店，是不給中國人進去的，門口都有牌子「foreigners only」，國人免入。「榮寶齋」也設一個中國人可以去的小範圍，就是買浮水印版畫了。「文革」後期和結束之後，這些地方才慢慢開放給民眾看看，但是也不能用人民幣買畫，要用「外匯券」，外國人叫做「funny money」的那種過渡期的貨幣。我在琉璃廠從來沒有買過什麼東西，因為的確是窮得叮噹，但是可以說不斷的去

那裡，其實是一個學習的過程，如何看古書，就是在琉璃廠慢慢學會的。

看看1975的年日記，僅11月份就去了三次琉璃廠，記錄如下：

1975年11月14日：「去榮寶齋看書畫，結果是空前的貧乏，以前對一般人開的一個小間現在也在門上掛了英文說明「Service for Foreigners」，而給中國人看的竟只是一些印刷粗糙的浮水印木刻之類，大多數是王雪濤、吳作人、徐悲鴻、錢松岩的小冊頁，還有幾張戶縣農民畫。本來想買一點點資料，結果是盤亙半日終無所獲，怏怏而去。

當然看琉璃廠的硯墨印章店裡帖不少，印章也有不少精品，倒有點出乎意料。不過價格之高，嚇走國人。就我情況，還不如買幾張珂羅版的印帖和青田舊石印了。這類封建士大夫的玩物在今日中國已近於死亡了，除了少數老人之外無人感興趣、留戀、可惜它們。

日前在史樹青先生家裡，他給我看了一封徐邦達先生的信，徐先生是現存鑒定明清時期繪畫的第一人，或者是有絕對鑒定說話權的唯一權威了。信中很傷感，對字畫、對於書法隨著他們這些老人的老去而逐漸死亡而深感痛惜。大概是為了留下一點夕陽的光彩，我見到的老文化人都在私下匆匆編輯自己的詩畫冊頁，以期追望逝去的東西。在曹幸之先生家看了他自己編的一個冊頁，裡面有張光宇、臧克家、張伯駒這些人的詩文。張鐵鈜先生也在編一本，心誠感人之極，但是畢竟如同秋風落葉一樣，金黃燦爛可人，但終是為秋風掃落葉而將要散去的一切。」

我那時在史樹青、曹幸之、張鐵鈜家裡看到他們編輯的詩畫集子，現在如果放到蘇富比這類藝術拍賣行上拍賣，恐怕是天價了。那時候有誰在意這些東西啊！

1975年11月15日記錄：「今天三上琉璃廠（在北京十天，跑了三次琉璃廠，並且每次都去一天，我當時的這種心情恐怕現在的年輕人很難相信了），找了關係，在『中國書店』的內部供應處淘書。這裡的存書內容和西單我去的那家相差無幾，線裝書反而少於西單那家。有一批翻印的哲學、經濟學、史學著作，大部分是1966年前出版的，估計是因為文革原因出版之後無法銷售的積壓品。其中有杜威的《自由與文化》、阿·艾敏的《阿拉伯文化的繁榮時期》、阿·貝利的《沒有財產的權力》、懷特的《分析的時代》、哈耶克的《通往奴役的道路》、孟德斯鳩的《羅馬盛衰原因論》、詹姆斯·魯濱遜的《新史學》、特羅菲莫夫的

《近代美學思想論叢》、凡伯倫的《有閑階級》、傅立葉選集（三卷本）。中國歷史方面大部分是比較常見的舊書，好像《徐樹錚電稿》、（唐）樊綽的《蠻書校注》、中華書局新版的《籌辦夷務始末》、馮承鈞的《西域南海史地考證論著匯輯》、八冊的《清人考訂筆記》、徐鼒的《小年記年附考》等等，還有曾經向武漢大學肖萐父先生借閱過的《星搓勝覽校注》等。這裡的地方誌極少，但有《宋平江城坊考》（宋平江是蘇州） 文物方面的著作也不多，連發掘報告亦少，看見有平、精裝本的《耀瓷報告》，四冊的《古玉圖考》、《鄭塚玉器圖考》、《陝北東漢畫像石刻選》、《我國古代貨幣的起源與發展》（這本書才要1元2毛錢，印刷亦好），《中國古代版畫叢刊》等等。《說文》無，《金石索》無，容庚先生關於銅、石的著作一本亦無。選購了一本要用的《新中國考古收穫》，索價4元。出門後，在公開對外的書店裡又購得中華書局新版的《關於江甯織造曹家檔案史論》，一元。此書正式出版，在北京所有大書店搶購一空，琉璃廠這舊書店大概屬於偏遠地方，來者的注意力也都集中在古籍書上，而此書又不放在書架上，我才得以機會。」

看看那天我中午吃了什麼，也很有意思：「出了書店，饑腸轆轆，午飯就在琉璃廠的小飯鋪吃了炒麵疙瘩和榨菜湯，方用了26分錢。在飯鋪裡看著匆匆往來的日本『豐田皇冠』和『賓士』小車，一群群日本人來琉璃廠淘寶 。」

我看很少有人當時好像我那樣傻乎乎的買了6塊錢的舊書，卻吃2毛錢的麵疙瘩充饑的。

由上至下圖
文革後期招工進廠，到廣州參加廣交會時的留影。
文革中的逍遙派——和表弟騎車探訪十三陵
文革後期出差北京，和令釗舅舅及表弟在家合影。

到琉璃廠對我來說，更多是學習，比如古籍書，在琉璃廠就開了眼了。古籍書我除了在圖書館看過之外，事實上從來沒有接觸過，所謂「字大如門，紙白如雪」的宋版就不用說了，就是明清版本，也難見一面。而在琉璃廠的書店裡，如果機會好，居然可以見得到的。

講古籍，最高境界自然是必須罕有的版本，但是完整無缺也是個要求，這就難了。據說古籍收藏歷來有條不成文的共識，那就是不論官刻、民刻，講究的是完整無缺（無缺卷、缺頁）。如果出現殘損，其價值便大打折扣，其至一文不值。

我第一次看見真正古籍，是文化大革命後期，在北京琉璃廠的中國書店裡。好像是1973年前後，那個時候琉璃廠的「榮寶齋」、「中國書店」剛剛重開，擺賣的書畫其實不多，除了外賓之外，幾乎是門可羅雀的。我一個人去看，知道進不去「外國人區域」看字畫，因此總是先通過美院的熟人幫忙打電話聯繫，到了那裡自報姓名，找約好的工作人員，放你進去逛逛，因而經常是獨自一人在那裡呆上半天。營業員懶得跟我這樣的毛頭青年搭訕，也沒有朋友陪伴，反而樂得自在，潛心好好看書看畫。那個時候，買張李可染的真跡也就幾百塊錢，齊白石的原作也不少，如果當年有個一萬塊錢人民幣，可以把榮寶齋陳列的新畫，包括李苦禪、郭味渠、黃永玉的基本掃光。可那個時候平均工資也就幾十塊錢，我的月工資是36塊，想都甭想，有得看就不錯了。

北京的古籍書收藏的地方多，北海邊的北京圖書館善本部、故宮、大學圖書館的善本部都有。此外，琉璃廠的幾個舊書店，特別是「中國書店」裡面也有，並且作為某種特殊商品，還有一個有限的流通圈子。我第一次看見很好的古籍書，就是在那裡了。那時候，左右中國命運的極端派人物「四人幫」的圈子裡有幾個寫作班子，整天舞文弄墨，在《人民日報》這類大媒體上發表社論，煽風點火，控制政治走向。他們中間不乏喜歡古籍書畫的人，聽說江青本人就喜歡書畫，雖然只是附庸風

榮寶齋的名匾筆墨凝重、氣質雍容，是同治年間科舉狀元陸潤庠之手筆。

有三百多年歷史的榮寶齋，是琉璃廠上「明星」。
→→右頁圖
琉璃廠的老字號——榮寶齋

雅而已，再加上康生也對書畫古籍情有獨鐘。這些人在「文革」期間到處搜刮書畫古籍，據說有好多抄家的時候從名人雅士收藏裡抄去的古籍書畫都落在他們手裡了。他們不但從故宮博物館「借」了好多國寶書畫自己賞用，並且也三天兩頭派人到琉璃廠搜善本。有天我就遇到這麼個人，卻成了我第一次看到古籍的機會了。

　　下午兩點的樣子，我在琉璃廠的古舊書店裡站著看本清代的程瑤田的《通藝錄》，是一本博物書，曾經在胡適1923年寫的《國學入門書要目及其讀法》中看見，是胡先生推薦的讀物之一。那書破爛得很，不知道是不是中國書店的職員在廢紙廠搜回來的被「破四舊」拋棄的書了。突然門口一陣風，進來一個很不是那個時代打扮的人：頭髮油亮，衣著時髦，皮鞋光可鑒人，講話中氣十足，滿面紅

1	3	5
2	4	6

↑由1至6圖
翻修後的琉璃廠,道路變得更寬敞了。
琉璃廠有不少門面不大、精品不少的書畫鋪。
以書畫古董、文房四寶等著名的北京琉璃廠。
琉璃廠上多是書畫古玩店,這是宏寶堂的門面。
早在清代,琉璃廠已經是著名的字畫古玩街。
琉璃廠東街上的古董店

光。你知道那是個什麼年代，說吃的沒有吃的，我那天中午就在琉璃廠外面一家回民食堂買了個硬如鐵蛋的火燒，就一碗白開水而已，那年頭，人們說心情沒有心情，人人自危，沒有人笑得出來。這個傢伙好像是外星人一樣，喜氣洋洋，和店員很熟稔，開口就說：「我要的那本明版到了嗎？店員有點怕他似的，說：《續文獻通考》到了四卷，您老今天拿去？還是等齊了再取？」那個傢伙說：「現在就要，首長等著呢！說話就拿起店員遞給他的四冊舊書翻閱，一邊叫好，說：你看這萬曆版就是精彩！」

我從來沒有見過這麼早年的書，湊過去看看，他倒也不避忌，就讓我看他手上那本，我第一感覺是字體乾淨俐落，並且整個版式有種霸氣，很喜歡。《續文獻通考》的印刷時間很長，從宋寧宗嘉定年開始，一直印刷到明萬曆才印完，是著名的「十通」之一，我看到的是這套共250本書中最後的幾本，也是第一次看見明版的書，很神秘的感覺。

那傢伙拿了書、簽了個名就走了，店員中另外一個不知道此人來歷，等他走了很久才小聲問道：「都誰啊？」拿書給他的那個店員冷冷說了句「不就『梁效』的人嗎」。「梁效」當時很有名，是「四人幫」的寫作小組，據說就在人民大會堂上班。一幫惟恐天下不亂的秀才，隔上幾天在《人民日報》上來篇所謂的社論，就夠全國跟著亂轉幾圈的了。他們看這書幹什麼？我當時想到的就是他們肯定是找舊書做批評用了。不過那書的設計氣勢，著實讓我嘆服。

這類經歷多了，自己知道長了見識，從文物到古籍，從字畫到古瓷，什麼都感興趣，什麼都細細的學習，北京在某種意義上成了我的一個文化大課堂。

　　＿＿個非常乾旱的地方，靠近蒙古的荒漠，靠近寒冷的東北，不斷有外族從北方騷擾，缺水、缺糧食，什麼都缺，離開大量漢人居住的中原、華東上千里，離開華南、東南、西南幾千里，反倒是和蒙古、俄羅斯靠得近。每年春天有狂暴的沙塵暴，夏天酷熱無比，冬天滴水成冰的寒冷，這麼個地方，從任何一個宜居、方便、穩固的角度來看，都不應該是建造大城市的地方，更加不應該是首都所在地。而中國人卻偏偏拿來做了首都，而且一做上千年。

　　北京這個城市從氣候來講是很不適合這麼多人居住的，乾旱、風沙、植被缺乏、物產稀少，不是個宜人居住的地方，但是卻偏偏成了人口最集中的中國城市，引出好多好多的困難和問題。

　　從中國地理上來看，北京的位置是很邊緣的，往西北走不遠，就是內蒙古草原和荒漠了，往東北不遠，就是長城，出了長城就是「關外」了。西周時候這裡是燕的下都，乃「幽昧之地」，秦漢是廣陽，隋唐是幽州，都不是中心。到遼的時候，雖然北京是所謂的「五京」之一，其實遼的首都在內蒙古的遼城，這裡叫「京」，其實沒有什麼實在的城市建設。好長一個時間以來，這裡都是外族的首都，金的中都，在現在北京的西南，城市建造仿開封的汴梁皇城；之後才是元的大都。忽必烈就是元世祖。

　　我看了看北京幾代首都的位置，其實並不完全重疊，金中都基本在現在豐台那個位置，偏西南角。元大都挪到北面去了，到明代更往南挪，到清代就加建了前門外面這一個大長方塊，北京城到清代就成了個品字型了。我們現在想當年的北京，總是拿現在的北京繁華水準去比試，其實錯了，金代那個城，其實就是一個城牆圍著，裡面空空蕩蕩的，你想那麼大一個圈子，裡面才住了十來萬人，又沒有樹林、河流，不就好像蒙古荒漠上圍個場那樣嗎？到了蒙古人，知道建個都城，沒有水是萬萬不行的，因此開始強征漢人勞役，建造一系列的水道從西山那邊引水入京使用。據說現在的什剎海、後海、北海、中南海其實是當年的引水管道的痕跡。從地圖上看看，它們的確連成一條，並且形成幾個不小的水

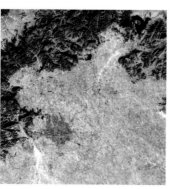

NASA航拍的北京地形圖

2008.2.16A

古代的聯想

庫或者蓄水池，就當時元代那個大都的區區二十來萬人用水，足夠了。再說當時北京地下水位也高，幾米就有水了，打個井在後院街頭，一家人、幾個鄰里就夠用了。

我看了點資料，可能不準確，不過知道1949年北京解放的時候，地下水位是三米，就是說，挖地九尺就有清水。這樣就弄清楚了，為什麼慈禧太后在西逃的時候，可以叫太監把珍妃塞到井裡去淹死。你現在去故宮看看陣法井，十幾米深的一個乾枯的洞而已，聽說有孩子問媽媽：為什麼珍妃不躲在裡面，等慈禧太后走了再爬上來啊？他們不知道，現在北京地下水位已經是50、70米，如果現在要淹死珍妃，得找個石油鑽探隊來打這口井才行了。

但是蒙古人也從來沒有把中國、把北京當自己真正的家，他們的家在草原上，這裡是個宿舍區，他們能夠好好建造什麼呢？何況把漢人壓得不像人，蒙古人自己除了殺戮之外另無專長，建了北京還住帳篷裡面，最後還是被趕回草原去了。

真正建北京為實實在在都城的是明朝的朱棣。他倒是把北京真當成個城市來建設，而不是做個要塞、省府之類的地方。這個皇帝是竊權上臺的，奪權之後，

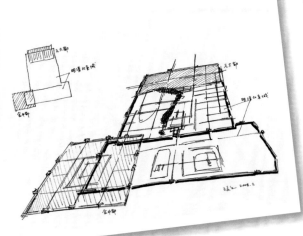

自金及元，再到明清，
北京城區位置的變化。

殺戮無數，壞事做多了，因此他在南京寢食不安。而他從小就給他爹朱元璋流放到北京當地方長官，習慣了北京這種苦日子，習慣了這種惡劣的天氣，連飲食也都能夠遷就了。為了斷絕和南京的瓜葛，也怕南京那些被他殺戮的鬼魂追著他不放，他決定遷都北京，並且要建造史無前例的大首都。

朱元璋是安徽人，他手下的絕大部分官員都是南方人，設想一下：你讓一個上海人到內蒙古的呼和浩特永久居住，他感覺如何啊？

所以當朱棣宣佈要遷都北京的時候，我想南京當時的官民就是這種空前的恐懼感，多少大臣勸他不可北遷，但朱棣非遷都不可，對他來說，遷都是關係江山問題，不是舒適問題，並且他屬於喜歡快刀斬亂麻的那類領導，要做就快，怕夜長夢多。北京要緊急建造。

因此，北京也是一次當時的「現代化」城市建設項目，基本是強建起來的。規劃方正，動用全國資源，宏大無比。就那麼點南京過來的官僚和他們的家屬，加上軍隊和傭人，周邊當時沒有什麼人住，因此明初的北京雖然已經擺出了現在內城的格局，城牆高大、城樓宏偉、紫禁城空前氣派，但是事實上裡面空洞得很，人口稀少，稍微偏一點的地方晚上還有狼跑來跑去。如此乾旱的地方，周邊農民也少，因此從建都開始，這裡的糧食也不夠吃，要通過天津漕運。天津之所以成了大城市，給北京漕運可是一個大原因。看看北京地名，還有好多地名跟碼頭、渡口有關係的。就這樣，北京這個很不宜人居住的地方，硬住了好多人。

我們現在見到的北京，是明朝底子，清朝完成的。滿人入關，征服中華，占了北京做首都，滿族人自然喜歡。滿人是遊牧民族，住帳篷住習慣了，現在進了城，見了北京城這樣氣派的大城市，再看看紫禁城，完全目瞪口呆。他們自己沒有建築文化的遺產可以做出這樣的城市，和他們老家、現在的瀋陽那破地方比較，這裡可是繁華絢麗啊！滿族人就在明代北京的基礎上擴建，我有時很慶幸是這麼個沒有建築傳統的民族做了中國最後一代統治者，如果他們有的話，沒準就一把火將明北京給燒掉了，我們現在這個北京就不會有了。

　　大概可以這麼說：北京在清代建設得有模有樣，是滿族人自己什麼都沒有的結果。八旗子弟們入京圈地，家族龐大、人口眾多，加上家丁奴僕，工農兵學商都聚集過來，各有所圖，北京的人口就多起來了。慢慢成就出個大都會的樣子了。

　　民國之後，國民政府又遷回了南京，因為對漢人來說，北京不是傳統的首都之地。說老的，應該在西安和洛陽，說中的，是開封杭州，說近一點點的，是南京，北京從金人、蒙古人都是侵略者建造的統治漢人的地方，國人並不認的。就算朱棣建了這個都，到了清朝，又是滿人的地方，意義上和金、元毫無區別。因此回南京，是回歸漢人自己的首都。我們從幾個被日本人佔領城市的過程看看，就知道國人對城市意義的重視程度，瀋陽是一槍不放就拱手送給日本人的，原來說是蔣介石要張學良不抵抗，現在我們看到的資料可以證明老蔣從來沒有下過這

規畫北京

Google航拍的北京地域圖，中間處是故宮。

道命令，是張學良自己撤的；到了1937年，日本人七七盧溝橋事變佔領北京其實沒有費多大力氣，在宛平城攻打，沒幾天就佔領北平了。但是攻打南京可就費力了，那是億萬中國人的首都，怎能輕易讓敵人佔領？軍民奮力抵抗，日軍攻城損失慘重，因此入城之後姦淫燒殺，來宣洩攻城犧牲慘重的那口氣。

　　1949年，毛澤東要定都北京，他的想法我們不猜測了，反正是沒有人反對，或者沒有人敢反對，10月1號他在天安門城樓宣佈建國，自己也住進了中南海。

從那時起，北京一直是中國的首都了。首都從南又遷向北了。這個時候北京居民人多了，並且越來越多，因此城市不得不一個勁的擴展，大到難以令人置信的地步，是後話了。

講宜居，北京肯定是最不宜居的城市。這個地方人太多，中央政府、地方政府、全國各個省市的政府辦事處、各個建交國家的外交團體、軍隊、所有部委、立法的人大、司法的各種國家法院，幾十個大學、一大批工廠、大量的辦公室、各種研究機關、加上吃喝拉撒的服務部門，衣食住行的部門，加上幾千萬來這裡找工作的人，一個充其量可以應付百來萬人居住的城市擠進了幾千萬人口，因此根本沒有能力承擔。北京宜居不宜居，成了頭痛的大問題，怪朱棣怪不上，他從南京遷都的時候，不知道有一天要住這麼多人啊。說毛主席定都不對，也扯不上，因為他在天安門上宣佈共和國成立的時候，也就百把來萬人，北京還是承受得了的。因此，要問責，要找源頭，我看難。其實是歷代、歷朝積累下來的問題，就知道擴大，不知道舒緩，到了目前這個樣子，誰也沒轍了。因此就只有不斷在城市週邊加環道，一環一環的纏繞北京，再就是一條一條的加挖地鐵，設法減緩地面車輛的壓力了。這次的奧運會，有些國家已經擔心運動員的呼吸系統受不住北京的空氣污染。當然有些人會說，「就你們外國人金貴！我住在這裡也沒啥啊！」說老實話，國內的人到北京受不了大氣污染也有的是，不只是外國人的問題。

說起北京的問題，大家都關心，好多好多人都積極討論，說法很多，開出的藥方也林林總總。我看其實問題的關鍵就出在「功能重疊」這一點上。北京是個歷史古城，讓它維持住這個單一功能就好。如果要做行政首都，就把行政部分放到古城外邊去；如果要做首都居民的居住區，也可以把居住區放到其他地方去；如果要做高科技區、矽谷什麼的，更可以也做到外面去。不是一個中心，是多個中心。現在非要把所有的這些內容層層疊疊的放在北京古城上面，自然問題大了。因為你沒有地方，只有佔用歷史城市，拆遷歷史古跡，並且會不斷重複拆舊建新。像現在這樣，所有重要的黨政軍部門都要在市中心占地，商業、居民、文化、工業也要在中心占地，除了拆遷，你還能有什麼招？

最近看到一則報導，給大家看看，是這種狀況達到極端的例子：

報導說：北京一個開發商說：「賬其實很好算，與其每年花十多億維修，不

如乾脆炸掉故宮，徹底改造成建築用地，大大解決北京土地資源缺乏而引起的房價暴漲的情形」。在北京人士普通抱怨「房價太高」的呼聲日隆之時，一位不願具名的房地產商日前通過媒體發出這番肺腑之言。

而所謂的北京專家的反應更加匪夷所思：「北京房地產商協會會長胡雲景先生，明確地指出了北京土地資源嚴重浪費的情況，其中最浪費的是就故宮。胡稱:北京的市區面積僅 2738平方公里，而故宮就占地近72萬平方米，而且處於市中心的繁華地帶，地產價值不可估量。如果將其全部改成建築用地，以合理利用空間全部蓋成四十層的高樓來計算，最少可以提供2400萬平方米的可居住面積，以人均擁有20平方米的居住面積計算，可以為120萬人口提供住房。如果此舉可以達成，北京住房價格將會有「比較大」幅度的下降，介時普通收入的工薪階層都可以『有房可居』。」（這個姓胡的什麼長，如果在100年前講這句話，可能立馬給五花大綁到菜市口砍頭了）。

我們再看看我們的官僚怎麼說：「居然也有政府官員表示了同意：一名聲稱願意斥資二千萬卻不願具名的地產鉅賈說，巨額的拆除資金不是問題，官方也口頭同意此改建方案，只是礙於故宮獨特的文化內涵和歷史價值而沒有具體部門敢書面簽署檔實施改建。」

站出來反對的是手無縛雞之力的文物部門：「而對於這一事件堅決持反對態度的是我們的文物管理部門：國家文物管理部門在公開場合痛斥此改建方案，聲稱此舉乃『敗家』行為。發言人言稱，故宮在中國屹立近五百年，已經不再是普通的歷史遺蹟，而是國家形象的象徵，任何要毀滅故宮的行為甚至是想法，都是數典忘祖的不孝子孫行徑。」

報導的作者歎道：「為什麼開發商一提議，我們的專家和一些官員就會隨聲附和表示同意，他們是什麼利益關係呢？他們的帳是這樣算的嗎？真的應了祖宗留下的這句話啊：『有錢能使鬼推磨』。故宮是祖宗遺留下來的歷史遺產，歷史價值和文化內涵是無法估量的，是任何金錢都買不來的！他們炸掉故宮是數典忘祖的不孝子孫行徑。這些開發商真的是為了讓我們的人民住有所居嗎？他們那麼高的價格又是人民能夠輕易有所居的嗎？說到底是因為其中有暴利，說到底還是為了自己的利益。」

北京目前這種日益不宜居的情況有可能扭轉嗎？絕無可能！怎麼辦呢？有人

說簡單的方法是遷都，我看也完全沒有可能，不是技術上，是心理上。北京的好多東西都不合理，不好，你能夠動嗎？動一動有一堆人出來跟你拼命。你說國家大劇院，豪華無比，但是看歌劇走入劇院的感覺怎麼跟走入定陵的感覺一樣，不往上走，往洞裡鑽，那麼長的甬道！可你能夠說改嗎？萬萬不能！你說中央電視臺那個扭曲的建築，怎麼看怎麼彆扭，老人家說「從此紫氣不東來」了，你能夠改嗎？不能夠改！我說這幾個大建築有不妥之處，還有人追著罵說保守、不開化、不瞭解世界建築的潮流呢！就幾個樓都改不了，何況北京這麼大個城啊！因此抱怨抱怨算了，也就湊合住吧。反正這裡是全中國就業機會最多的地方，特別是對讀了大學的這些人來說，將就找事情做吧。天氣不好就躲家裡，堵車就坐地鐵，地鐵不行了就請病假，總有對付的方法，至於城市將來如何，我們民眾管不了，說了也沒有用，且站一邊看吧。

我這樣說，好像一個冷血動物，一點感情都沒有。事實上是幾十年來已經傷透了心，麻木了。知道你氣不氣沒有什麼用，該拆還拆，該亂建還亂建，官員自有一套，從不聽你們這些人的。你就是氣死了，又能怎麼樣呢？

一座古城，背負了如此眾多的重疊功能，可土地面積並不會因為功能日多而變得越大。謀定者不對功能作減法，就只好在有限的土地上拼命來拆舊建新，北京舊城的悲劇就不可避免了。

北京是方格佈局的城市，東南西北，方方正正，只有望京那個區因為當年要照機場路的方向發展，有點斜斜的，是北京最讓人糊塗的一個區。

北京人對於城市的東南西北方正佈局已經深入骨髓了，據說晚上兩口子睡覺，太擠了，老公叫老婆：你朝西面挪挪啊！這種方位感，恐怕舉世少有。在北京問路，絕對告訴你東南西北方位：先朝西走，見第二個胡同，朝南走，路東有個小鋪，旁邊一豁口，拐過來朝西進去，就到了。習

北京市規劃展覽館的大廳牆上，掛著一幅銅鑄的北京地圖，歸整的方格佈局、清晰可見。

慣以前後左右定方位的外地人聽得一頭霧水，哪知道哪裡是東西南北啊。

好多人對於北京這類方格佈局的城市有一種比較流行的誤解，就是認為方格形式是不靈活的、無彈性的、無個性的，其實方格並不是這些問題的原因，我們知道，北京就是一個絕對方格形式的大城市，東西南北嚴謹佈局，半點不斜，如此工整的方格佈局，但是北京依然有其獨特的豐富性，從後海到中南海，從東四到西單，從宣武到崇文，內中細節多樣，趣味盎然，整個方格的城市充滿多樣性，毫不單調。

中國是方格形式規劃的最重要國家之一，對於中國人來說，方格形式的佈局是把城市進行功能區分、便於擴展和建設、也方便管理的最有效的形式，而方格佈局的城市本身也同時也具有政治性、權威性的象徵作用。

中國城市很早就存在著嚴格的功能區分區域，早期的城市中就分劃出特定的手工業作坊區、商業活動區，稱為「市」，《考工記》中說的「左祖右社，面朝後市」，就是把城市分劃為功能區的原則闡述。在後來，市場改在朝的前面，使市場位於居民區中心，這樣做主要是為了方便百姓、也同時方便管理。中國的居住區早先叫稱為「閭里」，後來才改為「街坊」。在方格規劃中，街坊是方形的，並且用牆圍合起來，在街道上看不見住戶，僅看見院牆，北京胡同中的四合

院的院牆，依然是這個形式。

　　中國古代城市的建造思想與建築方式是相當一致的，由於城市建造是一個行政命令的過程，因此建築形式也受到行政要求的約束，形成高度一致。《考工記》中有對城市的基本規範：「（城）方九里、旁三門，九經九緯，經途九軌」，如此精確的城市建造規劃原則，在中國被沿用了上千年之久。對於中國人來說，建造一個城市，就好像建造一個大建築物，周代的《禮記》中提到：「天子城方九里，公爵方七里，侯伯方五里，子方三里」，對從天子到公、侯、伯、子爵的的城市面積也做了明確的規定。從那個時代開始，卿大夫的城市面積是國都的三分之一，而中等貴族的城市則是國都的五分之一，小城鎮則是國都的面積的九分之一，不同的城市，城牆的高度也有明確而嚴格的規定，不得逾越。等級規定是中國城市發展的一個重要的約束因素。

　　當然，如果城市建造地點的地形不同，由於地形條件、地理情況而造成執行

北京老城區的規劃，沿革沿襲著工整的方格佈局，橫平豎直的街道，胡同就像是一副棋盤。

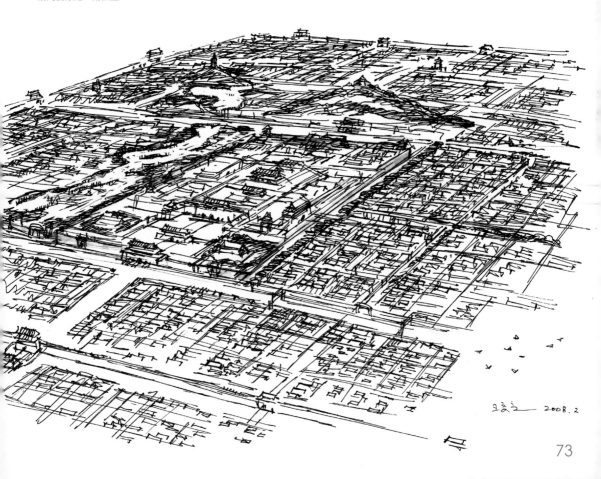

王其鈞　2008.2

73

←← 左頁圖
老北京的方格佈局，胡同裡只見院牆，不見住戶。

↑ 上圖
從鐘樓上眺望北京，可以看到老城區裡筆直的胡同，將灰色磚瓦的四合院分成一個一個的小方格。

↓ 下圖
參觀北京規劃展覽館，北京老城區的方格佈局給人留下深刻印象。

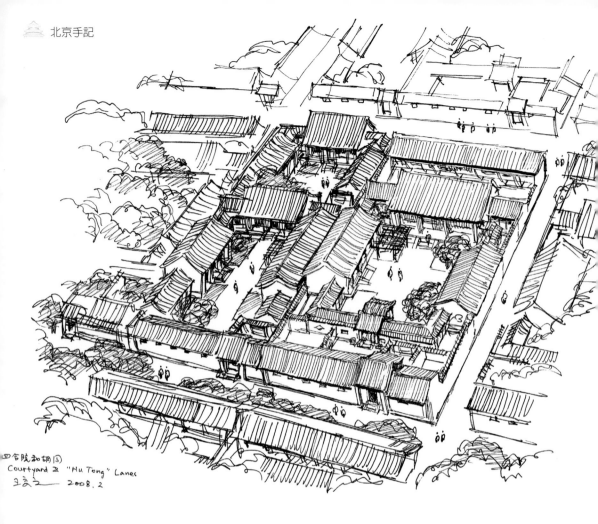

四合院和胡同(3)
Courtyard 之 "Hu Tong" Lanes
王文之 2008.2

細密縱橫的胡同，將老城區又細分成一個一個方格狀的小住宅區。

城市建造有困難，還是有彈性的。《管子》中說：「凡立國都，非於大山下，必於廣川之上，高毋寧近旱而水用足，下毋寧近水而溝防省。因天時，就地利，故城廓不必中規中矩，道路不必中準繩」，就是一些可以作為調節的原則。

歷史學家認為中國歷史上有兩種不同的城市規劃方式，一種是自由設計，原因主要是地形特殊，因地制宜，比如四川長江流域的眾多陡坡城市就是這種類型；另一種則是規整方格佈局，主要興建在平坦的地理位置上。

方格規劃的城市雖然在全世界也不少，但是最為集中、最為嚴謹的還是中國。中國最早、最全面地在城市建設中推動了方格模式，通過行政命令，在短時間內形成城市的基本方格框架，建造城牆圈出城市地盤，再在城市方形中劃分街道和街坊，興建管理中心（衙門或者宮殿），劃出公共用地（集市宗祠），逐步吸引居民，有時候甚至是為了營造新城而強行遷入居民，短時間內能夠營造很大

的城市，並且能夠在數千年中維持這個形式，這在世界上可以說是獨一無二的。

與西方的城市不同，中國城市構造的核心是道路架構，城牆包裹，中間劃分方格道路網，街坊和其他公共設施就往方格道路中放置；西方的城市則主要是從公共空間到另一個公共空間直接的聯繫，從公共會場到市場、從神殿到劇院，形成市民活動軸線，城市就沿這些軸線發展起來的。這顯然是不同國家的不同的政治架構的結果。要看這個差別，就拿北京做例子，一清二楚。

北京的城市中軸線是南北方向的，而房屋建築也採取坐北朝南向，十分規整，這個方式開始於氣候考慮，但是經過多年的發展，已經成為一個規範，難以改變了。中國城市講究中規矩、中準繩，所謂的「車軌」就是平直的街道，九經九緯，是說九條垂直的街道，而路面寬度則是「九軌」，一軌是8市尺，九軌因此應該是72市尺，相當與15米左右，使用這樣的通衢大道來處理對正城門的來往交通，特別是穿城而過的過境交通。

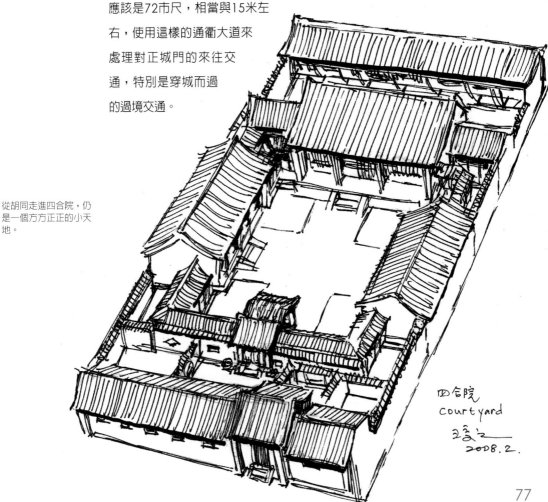

從胡同走進四合院，仍是一個方方正正的小天地。

四合院
courtyard
王鎮一
2008.2.

講了那麼多北京的問題，這些問題是怎麼逐步積累起來的呢？我看還是一個沒有什麼協商的機制形成的。官說了算，意識形態高於功能性，北京小到建築，大到城市規劃，都這樣，要宜居、要尺寸合適，沒有什麼可能。北京的這種建築的特點，倒有點像密特朗時代的巴黎標誌性建築時期。我們就拿天安門廣場的發展，來看看北京建設的模式和套路，可以看得很清楚。

無論是誰，到北京首先想看的、要看的還是天安門，而天安門和長安街對一個第一次來到北京的人來說，總是具有巨大的震撼效果的。我自己因為從50年代起，一直看著長安街不斷的擴大加寬，不太覺得宏大尺度造成的心理衝擊，新來的人則一定感覺極為震撼。

1997年我和我教書的那所美國設計學院的副院長理查·赫茲(Richard Hertz)一起在北京開會，住在金魚胡同的和平飯店。這個人出身世家，曾祖是海因里希·魯道夫·赫茲（Heinrich Rudolf Hertz，1857－1896）著名的德國物理學家，於1888年首先證實了無線電波的存在，並對電磁學有很大的貢獻，現在國際通用的頻率單位赫茲就是以他的姓氏命名的。1925年12月10日獲得第二十五屆諾貝爾獎的德國科學家古斯塔·赫茲（Gustav Hertz, 1887－1975）是他叔公，是因闡明原子受電子碰撞的能量轉換定律而獲得諾貝爾物理學獎。理查是藝術理論家，去過無數的地方，但是卻從來沒有來過北京，因此，那次來很有點激動。我們剛到北京的那天晚上，我建議他和我走路去天安門廣場。他自然說好，我們從王府井走出來，突然看見長安街，那麼寬闊的馬路，已經是驚呆了，繼而看見巨大的天安門廣場，那個可以容納一百萬人站的廣場，兩邊巨大的人民大會堂和歷史博物館，天安門城樓在燈光下那麼的絢麗耀眼，他有點呆住了，對我說：我這輩子看過好多好多宏大建築，但是從來沒有這樣震撼的感覺。日後，我有多次和外國人來北京開會，所有的人無一例外地都被天安門廣場和長安街的氣派震了一把。

這個廣場之所以這麼大，完全是政治的考慮，要容納一百萬人集會，要每年在長安街上遊行，還要舉行大規模的軍事閱兵儀式，小了不行。因此，改建的時候拆了這裡好些原來屬於故宮的門樓和建築，才拓展成這麼個全世界最大的廣場了。

早年天安門廣場沒有這麼大，是在1959年建設人民英雄紀念碑、人民大會

堂、歷史博物館的時候開拓的，因為原來這個廣場也是紫禁城的一個部分，廣場上現在人民大會堂和歷史博物館的位置，原來都是官員辦公的地方。開拓之後，頓時開朗，形成一個全世界最大的廣場。

1958年8月，中共中央在北戴河召開政治局擴大會議，決定為了迎接國慶10周年擴建天安門廣場，建設人民大會堂、歷史博物館和革命博物館等十大建築，以「檢驗社會主義中國已經達到的生產力水準」。因此，包括擴建天安門廣場、人民大會堂和歷史博物館在內的當年的國慶十大工程是一個國家的「爭氣」工程。

究竟如何設計廣場，參加設計的五人小組向毛澤東請示。毛說，要反映出中國歷史悠久、地大物博、人口眾多的特點。要莊嚴宏偉，氣魄要大，使它成為能容納100萬人集會的世界上最大的廣場。據說，當時毛澤東曾經親自在天安門城樓上面向當時北京市委書記彭真指示，要求天安門廣場要從原長安左門與長安右門處一直向南拓展，直抵正陽門一線城牆。

提出要擴建天安門廣場，第一次在3個月之內就做了6輪方案，按照這一指示進行的天安門廣場改建，東西寬500米，南北長860米，天安門前的馬路要一百幾十米寬，能夠同時通過120列的遊行隊伍。馬路上的電線要改為地下，有軌電車要換成公共汽車。路面要修得堅固，要經得起60噸的坦克通過。最終實現的面積達

從天安門城樓上眺望這個世界上最大的廣場

華北學生
反飢餓反內戰大遊行
北平區

天安門廣場，見證了中國現代歷史的進程。

到44公頃。是一個供百萬人集會的所在。原來這裡的中華門也就拆掉了。

當時規劃師們做了一個比較，外國廣場與周圍建築物高的比例一般為1比2，1比3或1比4，中國宮廷廣場，如太和殿的廣場比例空間為1比10，顯得比外國廣場開闊。天安門廣場擴建後，天安門高與廣場長之比例為1比12.9，這樣的比例使廣場顯得舒展開闊，氣魄宏偉。

廣場上的的幾個大型建築，包括大會堂和歷史博物館一共選定了7個代表性的方案供中央審查，即陳植方案、趙深方案、劉敦楨方案、戴念慈方案、毛梓堯方案等等。我後來看了當時的的設計方案原稿，發現這幾個方案主要區別在於廣場南部收縮大小不同上，另外一個差別就是廣場上建築數量的差別，有的是在廣場兩側放4個建築，有的是放2個。這幾個方案最後送交中央決定。

中共中央政治局開會討論這個工程，最後決定了在西側建立萬人大會堂和5000人宴會廳兩個建築，東側則是歷史博物館和革命博物館。後來又調整了決定，1958年10月，政治局最後決定採用廣場兩側一邊一個建築的方案，就是廣場西邊建萬人大會堂，東面建革命歷史博物館。人民大會堂方案，當時提交批准的規劃面積是7萬平方米，據說當時北京市委第二書記劉仁到天安門廣場進行步測後

今日的北京中軸線航拍圖

原位於天安門和前門之間的大清門，民國時期改稱中華門，1950年代
擴建天安門廣場時拆除。

老明信片——大清門迎鑒，應是1901年慈禧和光緒自西安回北京時進
入大清門的情景。背景處是天安門，從圖片上可以看到當時天安門前
的眾多建築。

說，7萬平方米的方案不夠宏偉，沒有很好地體現毛澤東的批示精神。因此，設計師再次對規劃方案進行調整，基本就是擴大了原來的規劃尺寸，在第七輪大會堂設計會時，趙冬日遞交了一個大大超越限制的方案，突破了寬140米、長270米的占地面積，放大到寬210米、長340米，大了一倍多，建築面積達到17萬平方米，是原規劃的255.71%。

當年參加設計的建築師對於這樣超大的建築其實都有意見，戴念慈認為它太大了，28個廳沒有實用意義，平日多數會閒置。梁思成提出：人民大會堂建築在藝術風格選擇的順序應是中而新，西而新，中而古，西而古。現在中選的方案，是師法文藝復興時期建築經典聖彼得大教堂，是屬於在最不可取的西而古。而為了追求偉大、莊嚴、隆重，把開間、層高簡單放大，會使得人一進去，頓時感到自己變得非常矮小。我看了當時的資料，基本主要的設計師都不同意過大，認為有些好大喜功的政績動機在裡面。

最後決定保持這個超大尺寸的是周恩來。1959年1月初，周恩來召開了擴大的專家會議，除了參加設計的這些建築家之外，還邀請了一些外部的專家參加討論，其中有冶金部鋼鐵專家鄧恩誠、武漢長江大橋的工程師汪菊潛及老專家茅以升，梁思成及清華大學建築系的專家自然也出席了，參加會議的各路專家大概有40多人。會議上周恩來說，他覺得大並沒有什麼不好，就是要好社會主

義之大，喜社會主義之功。第二，要以人為主，物為人用的觀念去處理細節。這個尺寸大小就這樣確定了。

對梁思成提出被選定方案的「西而古」問題，周恩來作答：「我們中國人民之所以偉大，就因為我們能吸收一切對我們有用的東西，要使古今中外一切精華皆為我用。現在問題不在於是古非古、是西非西，而在於1萬人開會，5000人會餐，8個月蓋完。安全，實用，在可能的條件下再說美觀。」梁思成在筆記本上記錄了周恩來的講話，「人大是個政治工廠，利用率一年一次就夠本了」。這句話實在很精彩，基本可以涵括中國從那個時候到現在的各種這類以政績為目的的建築的動機。

負責博物館設計的建築師是張開濟，2001年中央美術學院成了建築學院，和北京建築研究院合作，請了好多專家來，90多歲的張開濟先生也出席了。我問他記不記得當年設計人民大會堂的時候有沒有什麼因為尺寸過大而產生的問題，他說好像沒有，就是梁思成提出不同意見，但是周恩來定了調子之後，大家就埋頭去做建築設計了。不過他說歷史博物館因為人民大會堂太大，不得不在中間留出一個大院子，以便看起來對稱。有記載提到他對這個修改的記憶，他說：「因為廣場整體方案確定後，人大會堂的面積是17萬平方米，博物館的面積只給了6.5萬平方米，又要求在空間格局上和大會堂對稱和諧，完全出於迫不得已只好在兩邊設計兩個院子，中間的入口空間用一個大空廊。這反而成就了這項設計。其實是不對稱的，空廊起了作用，使它顯得大，用比較小的體量獲得了比較大的外型輪廓。」人民大會堂在1959年國慶日開始使用，到現在為止，還是北京天安門廣場上最引人注目的巨型建築群。

我多次在天安門廣場上走走，體會這種巨大的廣場的感覺，實在有一種空曠無比的茫然感。這裡本來是皇城的一個部分，拆除了所有的歷史建築之後，騰出一個這麼龐大的空間，主要是意識形態的要求，在這裡要容納一百萬人開會的需要。

其實，天安門廣場的開拓，早在1953年就決定了。當時北京市委規劃小組推出了一個叫做《改建與擴建北京市規劃草案的要點》，上就已經寫明改造廣場的理由：北京舊城重要建築物是皇宮和寺廟，而以皇宮為中心，外邊加上一層層的城牆，這充分表現了封建帝王唯我獨尊和維護封建統治、防禦農民「造反」的思

1916年7月4日，袁世凱的葬禮，送葬隊伍走過天安門的中華門，（原大清門），與前面那張老明信片相比，廣場上一些建築已被拆除。看來，「羅馬不是一天造成的」，北京也不是一天拆的。

↓下圖
1945年拍攝的北京中軸線，近景處是前門箭樓，中間是前門（前門兩邊的城牆仍有保存）遠處是天安門和故宮。前門和天安門之間有中華門（原大清門），再往北便是千步廊。

想。要打破舊的格局所給予的限制和束縛，改造和拆除那些妨礙城市發展的和不適於人民需要的部分。1957年3月，北京市都市規劃委員會《北京城市建設總體規劃初步方案》進一步表明，要在10年左右完成對北京舊城的拆除改建。1958年9月，北京市都市規劃委員會《北京市總體規劃說明》在具體規劃了天安門廣場將改建擴大為44公頃之外，甚至提出，故宮要著手改建，城牆、壇牆一律拆掉，拆掉城牆後，濱河修築第二環路。當時好像只有1950年的梁思成方案唱著不同音調，提出展拓舊城外西郊公主墳以東、月壇以西的適中地點，建設中央人民政府行政中心區。整體保護北京古城，對古城區的建築以整治、修繕、利用為主，突出其文化、歷史價值。梁思成的方案是從一般都市的功能出發，設兩個中心，一舊一新；而新中國的規劃要體現政治上的象徵意義。每當我去巴黎的時候，就會想起梁思成方案來，如果當年照著他的方案實施，我們現在就真是有一個可以世界揚威的古城，和旁邊的一個具有現代功能的新北京，而不會好像現在這樣不斷的破壞、拆毀、重建、爭議、堵塞，無休無止的爭議了。

梁思成的觀點在當時肯定是非常不合時宜的。1958年的大躍進期間，整個中國沉浸在一種近乎於宗教般的氣氛中。而梁思成出自建築學科的理論肯定被理解為保守、落後，甚至反而是迷信，束縛人們意志的教條。

天安門廣場和兩邊建築的建造速度是極為驚人的快，僅用10個月，天安門廣場和人民大會堂、歷史博物館同時落成。連同廣場先已建成的人民英雄紀念碑，形成全中國的政治活動中心。經過改建的天安門廣場，使北京的城市中心發生了微妙的變化。舊北京的中心是紫禁城，城市的主題是「帝王至上」；民國以來，到1949年之間，動亂不斷，別說北京，就是全中國都沒有一個固定的中心；解放以後，把原來皇城的前半部改成了城市的中心，宮殿被推到後院的位置，故宮在新天安門廣場完成之後，就好像是遙遠的的背景，而不再是中心了。而新時期的主題，就在這個被擴建了的廣場中和大會堂中呈現出來。

我不認為這個廣場在我在生之年有再改動的可能性，但是中國是否永遠需要這麼一個龐大中心廣場，開百萬人的大會呢？我倒是沒有答案了。

我手頭有一張1945年航空拍攝的天安門廣場位置的照片，是從南向北拍的，這是我手頭有的反映天安門廣場建造以前這個位置最清楚的一張照片，和現在的天安門廣場航空照片對比，可以看出整個廣場改造的具體情況了。

天安門前面那條通衢大道，叫長安街，到北京的人沒有不到那裡走走的。

我記憶中的長安街沒有這麼寬，上面還有有軌電車的，現在這個樣子，是1959年的時候改造成的。

長安街修建於明代，是興建北京紫禁城、皇城和內外城時最主要的道路。據有關資料記載，明朝永樂四年至十八年（1406－1420），它與皇城同時建造，是明代興建北京城總體規劃的重要組成部分之一，距今有600年的歷史。長安街，其名取自盛唐時代的大都城－「長安」，含長治久安之意。

明清之時，長安街僅長七、八里，有十里長街之稱。當年從長安左門至東單牌樓，名為東長安街；從長安右門至西單牌樓，稱西長安街。1940年，內城城牆東西兩側的建國門與復興門被拆開後，形成近代長安街的雛形。長安左門與長安右門曾是矗立在天安門前東西「橫街」上的兩座「三座門」。新中國成立後人流大增，對來往車輛和行人不太方便，每年都在此處發生數百起車與車相撞或車與人相撞的交通事故。於是在1952年前後，長安左門與長安右門這兩座「三座門」被拆除。之後，隨著北京成為全國的政治文化中心，長安街就大改了。

現在的長安街以天安門廣場的中軸線為界，分為東、西長安街兩大段，東至通州，西達石景山區，路面寬度50至100米，總長約94里，已是「百里長街」了。長安街筆直寬敞，橫貫京城的正東正西，正好與縱貫京城南北的中軸線垂直相交於天安門前。有關專家學者認為，這就決定了北京城的中心座標及其四周大街小巷的走向，使整個北京市區以科學的經緯線、縱橫交錯的格局，展現出「棋

北京城南北向的通衢大道——長安街

盤街」式的市容市貌，恢宏壯觀。因此，在北京人心目中，這條街是城市的座標。起碼把北京分成了南北兩半，而天安門、故宮的中軸線又把北京分成東西兩半，北京就是一個東南西北清清楚楚的城了。

嚴格意義上所指的長安街，是指東起建國門，西至復興門，全長13.4里這一段路。近幾年來，隨著對長安街不斷地進行分段改建，長安街的東西兩端逐步向外延伸。即，長安街的延長線，西從公主墳向西又延伸至首鋼東門，東從大北窯向東又延伸到通州運河廣場，長度就近100里了。

長安街上中間是天安門，旁邊嚴格按照古代「左祖右社」的規矩，建立了社稷壇和太廟。現在的中山公園，就是明清時的社稷壇，北洋政府內務總長兼北京市政督辦朱啟鈐將荒廢的明清社稷壇辟為公園。這個社稷壇原為遼、金時的興國寺，元代改名萬壽興國寺。明成祖朱棣興建北京宮殿時，改建為社稷壇，曾是明清皇帝祭祀土地神和五穀神的地方。民國時期為紀念孫中山先生，於1918年改名為中山公園。

位於天安門城樓東側，也就是右邊的太廟，原是明清兩代皇家的祖廟。太廟始建於1420年（明朝永樂十八年），1544年（嘉靖二十三年）改建。此後於清朝順治八年、乾隆四年屢次修葺與擴建，太廟面積約為13.9萬平方米，太廟的主體建築為三大殿，大殿對面是大戟門。前殿是三大殿中的主殿，這裡曾是皇帝舉行大祀之處。在明朝時太廟歸內府神宮，清朝時歸太常寺。明清兩代每逢新皇帝登極，或有親政、大婚、上尊號、徽號、萬壽、冊立、凱旋、獻俘，奉安梓官，每

寬闊的長安街，閱盡中國近現代史多少滄桑。

晚霞中的長安街

璀璨長安

晨曦中的長安街

百里長安街，像一條湧動著無盡車流的河。

年四孟及歲暮大裕等等，均需告祭太廟。民國成立後，北洋政府於1926年將其命名為和平公園對公眾開放，兩年後歸內政部。1932年（民國20年）改為故宮博物院分院，次年8月對外開放。中華人民共和國成立後，將太廟劃撥給了北京市總工會，太廟從此成為北京市勞動人民文化宮。近來在這裡時常組織演出，好像前幾年普契尼的歌劇《歐蘭朵》就是在太廟前面演出的。

長安街東面是東單，西面就是西單，原來那裡有東單牌樓和西單牌樓，簡稱為東單和西單。現在牌樓沒有了，名字倒留下了。西單在歷史上曾存在過多處著名的文化場所和大型寺廟。現北京圖書大廈與民航大樓一帶即是北京最古老的寺廟之一雙塔慶壽寺的原址。1954年，雙塔慶壽寺（原西長安街28號），在擴建西長安街時被拆除。西單一直是北京繁忙的商業區，據說這裡商業區的歷史可追溯到明代。當時，這裡是通往京城西南廣安門的主要路口，從西南各省陸路而來的商旅和貨物，經菜市口向北進入內城宣武門，再經過西單進入內城各處。由此，西單一帶興建起了各種店鋪、酒鋪、飯館、文化場所等。明清之際，西長安街附近的大理寺、太僕寺、太常寺、刑部、都察院、鑾儀衛等衙署多到西單周圍採辦購物，推動了這裡的商業發展，促使西單成為長安街上一處熱鬧的商業中心。

朱啓鈐先生是中國現代市政建設的創始人之一。清末他曾任京師內外城巡警廳廳丞、京師大學堂譯學館監督等，後曾任北洋政府交通總長、代理國務總理、內務總長等。在其任上，為了便利北京的交通，他力排眾議，打通了京城的東西南北中軸線，為今天的長安街和北京城的現代化建設奠定了基礎。1911年辛亥革命以後，當時的大總統府曾設在中南海，朱啓鈐把中南海南側的寶月樓下層改建為「新華門」，拆除內側的皇城牆，使大門直通長安

長安街上國貿附近的堵
車狀況——看來一味拓
寬並不是解決交通問題
的好辦法。

街。此外，他還主持打通了府右街、南長街與北長街、南池子與北池子等，使之
與長安街相連，開通了京城南北方向的交通要道。

　　站在長安街中間，看見兩邊向東西成百里延伸出去的大樓，北京除了方位感
還在，老北京已經非常依稀含糊了。這個在全世界曾經是保留得最完善規劃格局
的城市再這樣發展下去，會是個什麼樣子的呢？變成另外一個洛杉磯？另外一個
法蘭克福？還是一個無法認識的北京呢？

　　最近去北京比較多，都是開會，因為腦子裡一直在想各種各樣關於北京的事
情，因此經常在自己的筆記本上記錄一些突然產生的感覺，不是文章僅僅是想法
和概念。寫到北京城市的時候，我翻閱了一下去年一次半夜在北京酒店裡面睡不
著覺的時候寫的幾句自己對北京的不同階段的印象，是這樣的：

北京六驚

第一次：古樸的北京，很淡漠但是很優美的北京（1950年代的北京）。

第二次：暴烈的北京，完全是野獸式的狂暴，但是底層社會依然很北京（1960年
　　　　代的北京）。

第三次：渴望的北京，文化大革命剛剛結束，整個北京充滿瞭解外部世界的渴
　　　　望，新華書店整天有長長的隊在等待買翻譯出版的文史哲方面的新書，
　　　　到處找票去小西天的電影檔案館和其他各種單位看「內部電影」，各種
　　　　自發的文學會、詩會、畫會，各種類型的地下刊物的流傳，不嚴謹的、
　　　　跨越學科的、激動的文化成為時尚（1970年代末期和80年代的北京）。

第四次：沉寂的北京，1989年之後突然消失了「渴望」的北京。很沉寂，生意人
　　　　開始逐步成為北京的主旋律了。投資、外資、合同、配額、倒賣取代了
　　　　前衛文化，人開始有意識的避開意識形態了（1990年代的北京）。

第五次：欲望的北京，自我中心、個人中心、利己主義和消費文化、物質主義盛
　　　　行，新一代職業階層湧入北京，取代了前面幾代的影響地位（1990年代
　　　　後期的北京）。

第六次：不北京的北京，當代北京，所有的人都處在迷茫的狀態，失去了對未來的
　　　　憧憬，談論的多是現實的利益。城市給徹底改造，老北京基本消失了。

　　這樣歸類，不會準確，但確實是我作為一個局外人，對北京的城市、人的變化
的一種印象。也算一種時代歷史的印記吧！

天安門有今日的形式，和整個北京的規劃是密切關聯的。朱棣的北京已經有了嚴格的規劃，這個規劃延續到1949年，基本沒有什麼大的變動。解放以後，因為中央政府和所有屬於中央政府的機關、部門都要設在北京，原來的舊北京遠遠不敷使用，不得不提出規劃建設新北京的方案。其中一個規劃概念，是梁思成他們一批專家的保護老北京，把行政中心在目前木樨地那一帶建成新城的構思。另外一個則是蘇聯專家提出來的基本推翻舊城，重新建造一個現代化的新北京。梁思成的兩個中心，蘇聯專家的一個中心成了鬥爭的焦點，學術界、文化界自然支持前者，革命領導中少數考慮前者的可行性，毛澤東則不太認可。這樣，單一中心的概念逐步成了行政決定，北京就開始發生變化了。紫禁城和周邊的皇城部分依然保留，還有部分重要的建築群，好像天壇等四壇、頤和園、雍和宮、國子監等等也保留，外城牆則逐步拆除，城樓也拆除大部分。老北京消亡的第一階段是解放後直到文化大革命結束。第二階段是開放改革到現在，第一步因為建設量少，拆得比較慢，東城、西城、宣武、崇文四塊的胡同、四合院織體基本保留了；第二步則處在經濟高度發展期間，加上行政的政績需求、開發的利益驅動，拆的速度快，到目前為止，那個老北京已經難以辨認到了。

中國社會科學院考古所的徐蘋芳對北京的城市現代發展做過一個說明，是在一次關於《城記》那本書的座談會上提出來的，按照他的說法，北京的發展大概有這麼幾個階段：北京舊城是明清兩代的都城，從1911年辛亥革命以後，結束了北京作為帝都的歷史。但是，北京舊城卻仍然存在，城市的歷史是一個動態變化的過程，它雖然不是帝都，作為城市它仍然在延續變動。在這九十多年裡，北京舊城的變化大致可分為三個階段。

第一個階段是1950年以前。這個時期北京舊城最大的改動有三項：一是袁世凱開南海新華門；民國十五年（1926年）開和平門，辟新華街；二是開闢景山前街，拆除了故宮的北上門，把故

北京四元橋交通樞紐
（引自新北京網站 www.beijingupdates.com）

東華門外的公路橋、鐵路橋、汽車道、人行道……構成一個立體的交通系統。

宮和景山分開，修通了北京舊城東西城之間的交通孔道；三是日偽時期於內城東、西城垣南端開建國、復興兩豁口。雖有改動，但古都風貌依舊。

第二個階段是上個世紀五十年代至八十年代，包括「文化大革命」。王軍的《城記》寫的主要是這個階段的北京城。對於北京的規劃，從一開始對北京舊城的保護就存在著兩種不同意見，一種是以中南海為中央人民政府，對北京舊城進行改造，變帝王都城為人民城市，變消費城市為生產城市，建設新中國的人民首都；另一種是以梁思成、陳占祥為代表的保護北京舊城，另建新市區的城市規劃。兩種意見針鋒相對，最後採納了前一種意見。於是，拆牌樓、擴街道，拆除棋盤街、千步廊和天安門前的三座門，改建天安門廣場，打通和拓寬建國、復興兩豁口間的東西長安街。甚至還醞釀過包括改造故宮在內的更大的改造北京舊城的計畫，只是限於當時的經濟實力，而沒有實現。

　　第三個階段是上個世紀八十年代改革開放以後，直到現在。北京舊城的保護出現了比以前更為嚴重的局面。第二個階段中的兩種意見，已清楚地顯示出是對北京城市規劃的不同意見，反映的是建國初期對新中國城市規劃設計思想的分歧，核心問題是如何對待中國歷史文化遺產的態度，這既是學術問題，也是對城市建設這個新事物的認識問題，但絕無錢利之事。這個爭論是理念性的，是公開的，當然也傷害了許多著名學者的感情。第三個階段的問題則完全不同，在進行大規模城市改造的同時，房地產開發商參與進來，這個新的因素構成了第三個階段中國歷史文化名城保護的特點。在利欲的驅動之下，官商勾結，惟利是圖，暗中操作，對中國政府公佈的一百零一個中國歷史文化名城恣意破壞。以北京為例，在北京舊城的內城之內，把西元1267年（元至元四年）興建的元大都城市街道，以「推平頭」的方式成片鏟平。元大都城市規劃的街道系統一直延續到明清北京舊城，學者專家們再三呼籲說明北京舊城在中國古代都城史上和世界都城史上的地位及其價值，未被當局所重視。

　　關於北京城的規劃鬥爭和被逐步拆毀的這段歷史，我想沒有人研究得比新華社記者王軍更加詳細了，他的著作《城記》，是關於有計劃的推翻「陳梁方案」，有計劃的拆除老北京的最完整、最觸動人心的作品，我總覺得這本書應該作為所有國內建築學校的必讀參考書，讓年輕人知道行政干預對城市的文化會造成多麼巨大的衝擊和影響。

　　幾個關於北京規劃的問題，總是在我的腦子裡揮之不去，第一，北京需要繼續擴大嗎？如果不需要，那麼是不是要把一些行政部門遷出去呢？第二，新北京的建設是不是一定要在拆毀老北京的基礎上進行？第三，行政部門在一個城市規劃上的權力應該受那些部門的約束和監督，人民在北京規劃上的話語權如何體現？第四，北京的公共建築是否應該成為國際建築的試驗項目，北京應該不應該有一個或者幾個自己的建築風格類型？第五，是不是北京應該再走美國人已經證明是錯誤的大家開私人汽車、廢棄公共交通、走郊區「睡城」化的規劃道路？第六，北京繼續這樣一環一環的做環城路，按照這個速度，天津、保定估計在二十年內都會環在北京的十環之內，北京將是一個什麼古怪的城市圈呢？

　　北京的大氣污染、交通堵塞已經成了國際議題了，除了少數民族主義情緒很重的人說是外國塗黑北京之外，大部分的北京人都對此叫苦連天。以上的六個方

德聖門外的立體交通
（引自新北京網站
www.beijingupd-
ates.com）

面的問題如果得不到認真考慮的話，我看將來的問題會更大。

王軍的部落格我認為是所有關心北京的人應該必看的，因為他作為一個瞭解北京發展的、建設的記者，實在考慮得比我們好多學者都細、都周密、都尖銳。

王軍有幾段話，我覺得寫得太切合北京的問題了，他說：

「對於當下北京城市所存在的問題，包括決策層在內的各方人士，在身陷交通擁堵與環境污染等困擾之後，目前已取得的共識是，必須通過城市總體規劃的調整，立足於北京所在的區域，實現新舊城市的分開發展，從戰略層面而不僅僅是依靠技術，求得通盤的解決。這無疑是一次轉折。雖然這個想法，正是1950年的『梁陳方案』所堅持的，雖然梁思成、陳占祥為這個堅持付出了沉痛代價，雖然有太多理由去『論證』這兩位學者的代價是那個時代的『必然』但畢竟五十多年過去了。這使我想起上世紀五十年代初，梁思成對北京市的一位領導人直言：『在這些問題上，我是先進的，你是落後的』，『五十年後，歷史將證明你是錯誤的，我是對的』。這還使我想起梁思成逝世前在病榻上講的那句話：『北京城作為一個現代化的首都，它還沒有長大，所以它還不會得心臟病、動脈硬化、高血壓等病。它現在只會得些孩子得的傷風感冒。可是世界上很多城市都長大了 我們不應該走別人走錯的路，現在沒有人相信城市是一門科學，但是一些發達國家的經驗是有案可查的。早晚有一天你們會看到北京的交通、工業污染、人口等等會有很大的問題。』今天的現實無一不被梁思成言中，雖然這是他不願看到的。

「我們已能看到，當老北京被毀掉的時候，新北京也就堪憂了。六十二平

規劃中的北京四方橋交
通樞紐

方公里的北京古城僅占規劃市區面積的5.9%，其中卻有北京市70%以上的國家
級、市級文物保護單位。這個由先人精心規劃建設的古城，是中華民族的大宗遺
產，它本是不會妨礙而應豐富城市的新發展的，可長期以來，對待古城就是一個
拆字。目前雖已在古城內劃定了三十片歷史文化保護區，可它們僅占古城面積的
21%。而保護線劃到了哪裡，拆除線也就劃到了哪裡。保護區以外，大規模的拆
除行動展開了；保護區以內的南池子，也是將絕大部分的四合院夷為平地，南長
街也緊隨其後……難道這就是北京古城的最後結局？以這種犧牲換來的又是什麼
呢？北京古城之內每百平方米土地面積中的房屋面積已高達108.69平方米，而近
郊區僅為18.48平方米，北京的建設量已過度集中於古城這一彈丸之地，如不能採
取斷然措施停止繼續的拆除，縱有這次總體規劃的修編，也難免市中心區不成為
一個『死疙瘩』。」

　　記得在《巴黎手記》的最後，我提到了法國張揚的密特朗主義，在巴黎大興
土木的建設了一批功能差、形式怪異前衛的公共建築。但是我們同時可以看到，
即便如此，巴黎的規劃沒有改動，舊城保護好了，拉德芳斯是在郊外的、法國財
政部和國家圖書館是在遠郊的，沒有切割巴黎在法蘭西第二帝國時候奠立的規劃
基礎，也沒有拆什麼舊建築。那段文字，我其實是寫給國人看的，希望讀者，特
別是對北京的規劃、發展有生殺大權的執政者能有所感悟。但是我的感覺是那些
話全白說了。因此，談北京的時候，我是很感傷的。眼睜睜看著一座壯麗的古城
在你的一輩子中慢慢消失的時候，誰又能興奮得起來呢？

chapter

16

北京人和北京城

第一次來北京，從前門火車站走出來的時候，一眼就看到天安門廣場了。那廣場在1954年沒有這麼大，有點破敗感覺，旁邊的人民大會堂、歷史博物館都還沒有動工呢！長安街上還跑有軌電車，街上還有牌坊。但是看見天安門和故宮那一大片紅色的城牆和金色的瓦頂，真是有點震撼，這可是全世界最大的宮殿啊。我看北京，就從這裡開始的。

北京這個城市，原來是個小鎮，雖然歷史可以追朔到「北京猿人」，也可以上朔到西周東周的燕，但是作為一個被國人注意的城市，應該開始於金。這裡早先是金人做過「中都」的，地段在現在北京南面的蓮花池一帶。這個地方在1000年前給征服世界的蒙古人佔領了，蒙古人也把它當成自己的首都，起先也叫「中都」，後來乾脆叫「大都」。市中心圍繞現在北京的積水潭，這裡的水量顯然比蓮花池豐沛。元城牆建起來了，周長60公里，11個城門，城內居住區有50個坊，所有住宅全部座南朝北，義大利人馬可波羅看到的就是這個北京。明朝的第二個皇帝朱棣政變之後，把老皇帝朱元璋建立在南京的首都又遷移到這裡，他建造的首都比元大都稍微小一點，整座城市朝南移動了5里左右，南邊城牆朝南退了2里，東西城牆則沒有動，最初的居民才幾萬人，後來增加到百萬人。清兵入關，推倒明城牆，再造一次，把內城漢人全部遷出城外，內城只有旗人，不過，百把年後，漢人基本又成了主要人口，北京從單純的首都（政治中心）開始演化成為一個文化、商業都城。1927年，國民政府遷回了南京，直到1949年，新中國又把首都建立在這裡。那年，這個城市也就區區百把萬人，其中有幾十萬還是隨共產黨解放進城來的新人。到那個時候為止，這個城市還是一座安安靜靜、人口稀少的古城，天氣好的時候聽得見城牆上的鴿哨鳴響，走出城門就是鄉下了。城裡的井打下去3米就是一弘清水，晚上萬籟俱寂，可以看見星斗滿天。這座城，因為成了首都，黨政軍都把總部設在裡面，加上市政機構，因此不斷從全國各地朝裡面遷移人口，外國所有駐華機構也不得不放在這裡，服務於這些機構的人也就從四面八方聚集過來了。這座城就越來越大，越來越擠了。

對我來說，早期看北京，自然皇家建築氣魄非凡是印象深刻的，但是北京人和其他地方的中國人不同，也頗能夠讓人留下很深刻的記憶。講話順溜，甚至有點油嘴滑舌的感覺，對政治敏感，好像人有種高人一等的氣派，雖然他自己可能只是個拉車的。但是不知道怎麼因為住在那裡，就有中央氣派了。其實，北京人

↑上圖
琉璃廠小學門前賣
空竹的大哥

↓下圖
京城裡的人，有點皇
上心態也很自然。

基本都是移民或者移民的後代，純粹的北京人並不
多。當然，現在流行把在這裡出生的人就叫做北京
人，也不錯就是了。

　　作家劉一達不久前在一篇論北京的文章中說：這
個城歷來就是一個移民城市，文章中列舉了一些統計
數字，說清光緒三十四年（1908年）時內城的人口
大約有45萬多人，算上外城也不過76萬人。解放的
時候，充其量100萬，現在這個城市的人口差不多有
2000萬了。

　　1979年以後，市場經濟開放，除了調入的幹部、
入學的大學生之外，還有好多好多來這裡找工作的農
工，這樣，這個城市的人口從1950年的100多萬一下
子變成了2000多萬，連同移動人口，大概總有3000
多萬人擠著在這裡。水井裡的水沒有了，要用鑽機鑽
到60米才有地下水，水不夠用，因此不得不啟動龐大
的「南水北調」工程，分三路把南方的水調到北京給
北京人用。現在外城的城牆都給拆光了，原來城牆外
的鄉下全部變成大樓，幾千萬人擠在一起住，汽車、
爐灶、空調機排出大量的廢氣，北京的天空基本全年
都是灰濛濛的，再也看不到星星了。路不多，車不
少，因此看到的是全世界最嚴重的交通堵塞，這個首
都，因此也被當地人戲稱為「首堵」。

　　對不同的人來說，去北京的目的是不同的，遊客
自然去故宮、天安門廣場、歷史博物館、前門大街，
王府井，大多是坐著旅遊團的空調大巴，在景點上爭
先恐後的拍照留念，北京人有點躲他們，還有一些喜
歡自己慢慢看的人其實也在躲他們。在故宮，你看見
上百個戴著橙色、藍色旅行社的廉價遮陽帽的邊遠地
區來的遊客在故宮前面吵吵嚷嚷的在拍照，你真是

大棚欄店舖門口的塑像，「太后」威風不減。

街口上擺賣烤白薯和水果的小販

後海街頭吹製小糖狗的大哥

↑上圖
北京街頭售賣冰糖
葫蘆的北方漢子

↓下圖
這家小店的主人是位臉蛋紅撲撲的西藏
姑娘，新北京人來自全國四面八方。

唯恐避之不急。其實也不怪他們，他們來一次不容易。有些小資自由遊，特別是那些外國年輕人，拿本導遊書，買張地鐵通票，樂在其中。藝術家們擠在博物館裡，設計師們塞在798廠的咖啡屋裡，文化人湧進三里屯的酒吧裡，談戀愛的躲在那些立交橋下面的綠化帶林蔭下卿卿我我。看看這擁擠在一起生活的幾千萬人，也真是各有各的樂園。

開頭就說了，北京是明清兩朝中國的首都，再往早點看，元朝的大都也是這裡，現在北京城裡還有一段元代的城牆樹在那裡，北海旁邊的團城就是元代建造的。看看歷史，中國近代史和現代史的交接主要在北京發生，因此，這個城市可就有了超出其他任何一座城市的非凡意義，起碼大部分人是這樣看的。北京人自己，更加覺得不平凡了。

北京人有種其他城市沒有的傲氣，因為他們是首都的人，是中央的人。聽陳丹青說，原來中央美術學院的門房老頭，拿起電話來就說「這裡是中央」，其實老人家一點都沒有調侃的意思，就覺得自己是「中央」。天子不在上百年了，毛主席不在也幾十年了，但是大部分北京人對外地人還是有一種優越感。雖然他們的這座城，連水都不夠用，要啓動國家資金建造宏大的南水北調工程來供水讓他們吃喝和洗澡，但是他們依然覺得這是自己超人一等的地方。雖然那些京師大學裡面的大師們幾乎一個都沒剩下了，但是他們還是覺得自己的大學是全世界第一流的，說句不是都會招惹來一大群人的叫罵。雖然那裡一個國際級的博物館建築都沒有，故宮裡的文物就放在那種陰暗的舊宮房裡面，旁邊一個打瞌睡的管理員守著，但是他們卻永遠說自己

的博物館超過倫敦的大英博物館、巴黎的羅浮宮、華盛頓的國家藝術博物館什麼的；感覺永遠好。有時候真是覺得北京人挺好笑、挺可愛的。

最近看見兩本出面罵北京人的書，一本叫《「批判」北京人》，另外一本叫《俺說你們北京人》，兩本書對北京的說法接近挑剔，觀點可是尖銳，我想北京人聽了一定不開心。書裡說北京人用政府的力量制定各種法規和措施限制、歧視外地人，違反了國家的《勞動法》和《教育法》，因此，統計北京人的缺點共有十八項：無恥、無賴、無教、無聊、無知、無能、無法、無補、無道、無德、無端、無望、無行、無意、無用、無稽之談，無病自灸、無理取鬧。

其實，問題不在於北京人是不是有這些毛病，問題在於誰是北京人！北京基本是個少數老北京（1950年前就在這裡住的那些北京人）和大量解放後各個時期遷入北京住的外地人混合成的移民城市，沒有多少「純種」的北京人。

《茶館》作者老舍先生

就連胡同裡面那些京片子頂級水準的大爺老太太，問問他們哪裡來的，總是保定府的、廊坊的、通縣的，或者乾脆是山東來的，不過來了幾十年，就北京化了。作家老舍是真正的老北京，戲劇家英若誠也是老北京，其實都是旗人，看看族譜，都是從關外來的。因此，所謂純種的北京人，其實非常稀少。那十八「無」，好安到誰頭上去呢？

有個作家形容北京到處是外地人的感覺，很神的寫了一段：

「（我）本來很有些無地自容的，可一出門，先是差點兒讓掛著『粵』字車牌兒的『大奔』撞了，躲進超市好不容易擺脫了推銷面膜的江蘇小姐，結果讓門口的湖北保安給截住了；飯館叫了盤兒菜吃出個蒼蠅來，安徽堂倌兒要揍我，四川經理出來一看見是北京人，立刻就露出不屑，揮揮手讓我滾了；公車上大幫的河北民工明目張膽地不買票，售票員連個屁也沒敢放；路邊椅子上躺著脫了鞋的廣西之類的遊客，拉泔水的河南小夥兒風馳電掣；電梯間跟山東小妹賠了笑臉兒─她不高興的話隨時提前關梯；打開電視主持人帶點兒『港味兒』，大明星都有『台音兒』，財經股評一律滬上，逗樂開心全部東北；想想還是趕快睡覺，免得明天上班精神狀態不佳，聽董事長罵『格老子』，經理責問『儂想不想掙鈔票』，主任問『有沒有搞錯！』」

他總結說：「說文雅一點兒，北京人正在走向沉淪，而且早已開始沉淪了。」

地無分南北，麻將可是「國粹」。

經常見一些設計公司招人，首先問籍貫和畢業的大學，好多用人單位，一聽說是北京和河南兩地的，問都不問，就偷偷在手裡的錄用名單上打「X」了，餘下的話題簡直沒有興趣往下談。我問他們為什麼如此，他們說：「河南的人你自己知道不能用的原因，北京的嘛，自大，來打工的還以為來當老闆的，講起話來比老闆還牛，實際工作一點不會。牌子越大學院畢業的越不能用，清華北大就基本屬於絕對不考慮一類，他們都是出國預科生而已，哪裡有心給你打工啊！」想想他說的也並非全無道理，就連我自己也有一些體驗。去年幫一個房地產公司策劃設計溫榆河邊一塊接近6000畝的土地，請一家北京的廣告公司來人講講廣告策略。那傢伙天馬行空，吹得口角生花。開發商問了幾個比較實際的問題，他倒指責開發商無知，氣得那位開發商立馬把這個廣告公司開革了，那傢伙竟然罵開發商不懂好歹。這是牛得連自己是來做什麼的都忘記了，這樣做生意的主，除了北京，真還沒有在其他任何地方見過。

去年走在東四某條上，看見一群中年人在燈下打牌聊天，嗓門挺高的，圍了一大圈人。我也湊熱鬧上去聽聽，他們在評講國家宏觀經濟調控，針砭房地產弊端，有板有眼的，言之鑿鑿，好像在開政治局會議一樣。聽得我一愣一愣的，暗想—京城地界真是藏龍臥虎之地啊。一會兒，幾位言鋒一轉，罵起下崗來了。那麼高的水準，怎麼在家裡閒著呢？我斗膽說：「幾位大哥，幹嘛不找份工先打著呢？那麼多外地來的都能找到事兒做啊。」他們瞪我一眼，好像我是外星球來的一樣，冷冷的說：「那是我們爺們幹的嗎？」喝！厲害。

這就是北京人的沉淪。高不成低不就，一份「中央」或者「皇家」氣質，把吃飯的玩意兒全丟了。開始是餐飲業、計程車業被外地人拿走了，現在連幹白領活的好像北京人也不多。皇親國戚還可以靠自己的先天優勢生存，中低層的就慘嘍！出國不如廣東人、福建人那樣能夠吃苦耐勞，又不如上海人那樣無人不敢嫁娶，更不如東北人那樣無孔不入，全球全國營鑽。北京人即便在國外沒有飯吃的時候還覺得自己高人一等，因此很落魄。一句話：高不成、低不就。我看廣州出國的畫家，立馬改變畫風，適應外國商業畫市場，日子過得就好了；北京畫家一多半不肯改，寧願餓死也不犧牲自己的藝術，因此好多人過的挺不自在的，但是骨氣還在，情願在街頭給遊人畫肖像，做一個夏天，錢夠了下半年就看博物館，不做了。那是北京文化人的骨氣。80、90年代上半期，人多的時候，你在時代廣

場、中央公園那裡可以見到幾個班級的中央美院的人。我記得1994年那會，曾經和來美國訪問的原中央美術學院副院長候一民和周令釗先生聊天，談到紐約街頭滿道都是中央美術學院畢業的畫家在給路人畫像的時候，候先生揶揄的說：現在中央美術學院的本部在紐約街頭，校尉營那個反看得像是分部了！聽起來有一絲淒涼。正因為如此，所以現在他們絕大部分都回國了。而廣州美院的那些畫家，好像全部留在美國，畫北京人瞧不上的商業畫，風景、人物什麼的，入了美國商業藝術的主流。

上面提到的那位作家就北京人的這種元氣消殆的情況時總結說：「『金陵王氣黯然收』，北京人的『霸氣』、『豪氣』、『優越感』正在消散，原本最引以為榮的幾分傲倨，幾分閒適，幾分恬淡，幾分超然，早已給洶湧而來商品經濟的大潮所淹沒，說白了，早就找不著北了。」

不過，北京到底從根子上就是個移民城市，在全國大城市中，北京人對外地人的融入，算是最大度的了，天子腳下，八方來朝嘛，就這一點而言，北京的皇城氣度還是有的。上海最嚴苛，在上海住了兩、三代的蘇北人還是被上海人叫「蘇北人」，其實這些被稱為「蘇北人」的上海人，他們自己好多從來沒有去過蘇北，根本就是在上海土生土長的了，上海人的地方血統純正感實在是強得驚人。有些地方是根據你的前輩從哪裡來的作為決定你是否本地人的依據，還有些地方用方言的準確度來決定你是不是本地人、自己人。廣州人、香港人，有極為精闢準的方言來維護自己的純潔性。廣東話的不容易講，是出了名的。普通話同一個音有四聲，廣東話卻有七聲（甚至還聽說有九聲的）。一個在廣州、香港住了四、五十年的人，講不好他們叫做「白話」的廣州話是常見的，因此不用人家說，你自己就絕對外地人的感覺。這點北京倒比較寬容，因為原本純正的北京人少，外來人口超過原來的幾十倍，這就叫寡不敵眾吧。不用說在北京出生的當然算北京人，只要在這裡住上幾年，也可以堂而皇之的說「我們北京人」怎麼怎麼了。純正的北京話是不太容易全聽懂的，我們說的北京話，其實就是普通話，和北京話區別大了，剛剛解放的時候，因為北京話方言味道太重，中央人民廣播電臺的播音員都是從哈爾濱找來的，取的就是他們的發音沒有京片子那種油腔滑調。我接觸過一些三、五代都生活在北京的真正純正的北京人，他們對自己身邊純正的北京氛圍很自豪，對於外地人百倍於他們很不開心。但久而久之，他們也

冬日的北京胡同

知道：現在大勢已去，就剩下自個兒悶著自豪的份了。看看他們，有時候真是有點可憐巴巴的感覺。但是大都市文化都這樣，我在洛杉磯住了二十多年，美國第二大的城市，全球第十一大的經濟實體（如果按GDP計算，洛杉磯可以列到世界第十一個經濟大國），好萊塢所在地，這還不美國啊？可是現在講英語的比講西班牙語的人數還少。剛來洛杉磯的時候，我曾在市中心附近住過，周邊商店的商品標籤、廣告，連店門口掛的「開門」、「關門」都只寫西班牙語，沒有英語，不懂活該，老洛杉磯人肯定更加不自在了。後來市政府立法干預，所有招識起碼要寫上雙語。現在倒好，乾脆連市長都是西班牙裔的了。

　　北京人原來的構成應該是滿清貴族與漢貴族文化的相互影響與交融的結果。因此，嚴格地講，真正的老北京必須是滿洲來的八旗子弟與附逆、歸順進而同化甚至改造了這些入侵者的漢貴族，或是這些人的子孫。是這些人引領著風尚、潮流，造就了高雅、高貴、恢弘，改造了相對蠢笨粗瘔狹隘低俗的文化氛圍、

王紹森 9/2006

北京人和北京城

精神面貌、地域色彩，成全了北京的「勁兒」與「味兒」，還有「魂兒」。如果從背景來探尋北京人的特點，應該可以說有這麼幾條：第一出身要有來歷，即便現在再貧困潦倒，至少祖上曾經顯擺過，再窮再破落，家庭早先也一定跟哪個親王、貝勒聯上過關係，或許是名正言順地給他們府上當過差，再不濟跟他們家的下人有過來往，絕不是赤手空拳一點來歷都沒有的。現在的北京人，也總得要和中央拉扯出點什麼關係，不沾上國務院、各部委、軍隊大院，也起碼沾個中央什麼的，否則低人一等。我國官僚體制複雜，部委眾多，舉世無雙，因此下面衍生出來的沾親帶故的就多如牛毛了。早年清代的八旗子弟，解放後就有高幹背景的新八旗子弟取代，同樣賦予所謂正宗的北京人一種超群的感覺和特質。我看最近播出的電視劇《五月槐花香》裡面，張鐵林飾演的八旗遺少范五爺、馮雷飾演的貝子府裡的包衣奴才索巴，其實和某些高幹子弟的做派、言語、舉手投足都有點神似的。長安街上那棟神秘的「長安俱樂部」裡面，這類人不少，雖然個個穿名

103

1	3	4
2		5

↑由1至5圖
前門附近的老舍茶
館，品茶之外還可以
欣賞京味十足的文藝
表演。
《茶館》中三位老人
拋撒冥紙一幕，使幾
代人不勝唏噓。
首都劇場建於1954
年，是北京人藝的專
用演出場地，多次在
這裡看《茶館》，每
次都感慨萬分。
敢稱「天下第一
樓」，前門「全聚
德」的烤鴨總是有些
過人之處。
京城裡的熱血青年

牌，講股票、高爾夫、出國什麼的，洋得很；但那爺味，那感覺，簡直好像是范
五爺再生一樣，實在國內其他地方難見。

我為什麼喜歡去「人藝」看老舍的《茶館》呢，一半是喜歡劇本、演員的精
彩演出，一半是體會北京從清末、民國初年到解放前後的人事變遷，有種落花流
水春去也的傷感，也有一種淡淡的枯木逢春的喜悅，很複雜。那戲前後看了好多
次，次次都不禁淚流，其實這淚一多半是給時代流的，雖然人家不在意。

那些毫無貴族、八旗背景的中下層，還有那些不斷「補充」進來的外地人，
到了北京，也附庸風雅的學起那些有譜的味道，雖然無法那麼嬌縱，但是多少還
是融合高貴和卑賤兩者的，驕奢中的些許儉樸，趾高氣揚中的一點兒本分，甚至
某種程度上的圓滑、狡詐與某種意義上的忠厚、懦弱、木訥等等，北京人氣質中
這兩者結合，最是主流味道，是其他地方沒有的。因為如此，所以大凡是北京
人，或者自己認為已經成了北京人的那些外地人，計程車不開，餐館不做，小店
鋪嗤之以鼻，心比天高，雖然大部分命比紙薄。

講北京，不得不講城市，這個城市太獨特了，全世界唯一的這樣規模宏大、

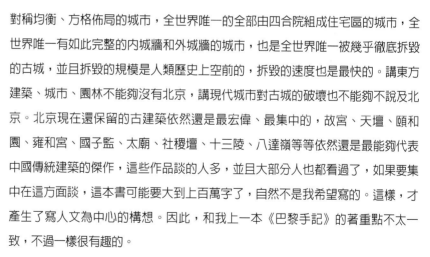

對稱均衡、方格佈局的城市，全世界唯一的全部由四合院組成住宅區的城市，全世界唯一有如此完整的內城牆和外城牆的城市，也是全世界唯一被幾乎徹底拆毀的古城，並且拆毀的規模是人類歷史上空前的，拆毀的速度也是最快的。講東方建築、城市、園林不能夠沒有北京，講現代城市對古城的破壞也不能夠不說及北京。北京現在還保留的古建築依然還是最宏偉、最集中的，故宮、天壇、頤和園、雍和宮、國子監、太廟、社稷壇、十三陵、八達嶺等等依然還是最能夠代表中國傳統建築的傑作，這些作品談的人多，並且大部分人都看過了，如果要集中在這方面談，這本書可能要大到上百萬字了，自然不是我希望寫的。這樣，才產生了寫人文為中心的構想。因此，和我上一本《巴黎手記》的著重點不太一致，不過一樣很有趣的。

我是從事設計史論教學的人，因此，寫什麼城市，還是離不開建築、規劃、設計、時尚這些方方面面，不過寫北京，可能因為自己的感情投入多了，會有時候脫出了軌道，寫點人文歷史掌故，也是情有可原吧！

看北京，我就這樣，從中間看起，再東南西北展開去吧。

寫北京，恐怕故宮最難寫，因為資料如山，並且人人去過，不過如果一本北京手記沒有故宮，好像又不成書了。因此，我這本手記，就單挑故宮來介紹細節，也算有點導遊性質吧！其他的章節就不囉嗦了。

如果一個外地人來北京，要看哪些地方呢？肯定是導遊手冊上的標準路線：故宮、景山、北海公園、後海什剎海、頤和園、圓明園遺址、天壇、雍和宮、長城、十三陵，等等，新的自然是王府井、天安門廣場、人民大會堂、幾個博物館、鳥巢、國家大劇院、CBD（中央商務區）、秀水市場，好多人參加團來北京，肯定一個不漏，就這些。

故宮是第一個要看的，一般先看天安門，再進入故宮，從午門進去，從後面出來看景山，前三殿，後三殿。西六宮，東六宮因為是各種博物館，要另外收費，就未必了。

看故宮最好的時候，是沒有人的時候，因為那種蕭瑟感之震撼，在其他任何一個國家的宮殿裡我都從來沒有過，它實在是太大了，並且實在是太空曠和荒涼了。有時候覺得那些皇族們也很可憐，做了這麼大的一個牢把自己的一輩子放在裡面，人間的喜怒哀樂一概不知不覺，好像動物園一樣。這麼大的一堆建築，並且全部是木結構的，無論什麼人走進午門都會驚呆了的。尺度太大、太對稱、裝飾太奢華、永遠太破舊，都會給你很深刻的印象的。

我去故宮去得多，喜歡看。有時候有人問我怎麼看故宮，我說每個人的興趣、愛好不同，看法自然不同了。

故宮破舊，雖然還未到不堪的地步，其實也很夠嗆，木結構的建築，只能不斷翻修，否則很快就垮了的。羅浮宮不同，是石頭建築，可以比較長久的保留得很好，而就這個羅浮宮還是一直在不斷的加建和改造、完善。我們現在看見的羅浮宮，經歷了三個大建造階段，到貝聿銘的玻璃金字塔就基本打上句號了。故宮的建築則比較複雜，全部木質結構，保護就困難多了。維養費用龐大，無日不見工人在修這邊、補那邊的。但是這個建築的意義也是特殊得不得了。故宮雖不是中國歷史上最宏偉的——因為歷史上說的秦、漢、唐的宮殿好像更加龐大和精細，但故宮卻是現存世界規模最大，佈局最突出的宮殿。紫禁城位於北京城市中軸線中段，明清時期的北京城市中軸線全長7.5公里，前段長達3公里，是它的鋪墊；中段長2.5公里，是全城高潮；後段2公里，是高潮後的收束。在紫禁城前方

↑上圖
故宮午門前的廣場

↓下圖
1911年辛亥革命以後，天安門和午門之間的地段入了當時北京的第一個向民眾開放的公園，這張攝於1952年的老照片中的木橋是為方便遊人跨過護城河，進入公園而修建的。

故宮午門外　　　　　解放軍儀仗隊在午門廣場操練

1901年的午門及門前廣場

左右分立太廟和社稷壇，四方遠處有各門城樓和天壇、地壇、日壇、月壇，都是它的呼應，突出了皇權象徵紫禁城的重要性。按藝術構圖，從宮殿區的起點大明門（在正陽門北，現已不存）算起，紫禁城中軸線也可分為三段。第一段從大明門至午門，由三個串連廣場組成。天安門廣場呈工字形，中間一豎窄而長，兩側千步廊較低，是天安門的陪襯。端門廣場方形，是個過渡空間。午門廣場盡端的午門威嚴雄壯，具有震懾人心的作用。顯示了皇權的凜然不可侵犯。整個前段為第二段即紫禁城本身的出場作了充分醞釀。紫禁城由高大磚城圍繞，城外有護城河，四面各開一門，四角各一角樓。中軸線上由前朝三大殿、後寢三大宮和御花園三部組成。前朝的太和殿是整個紫禁城的核心，也是最大的高潮。第三段自神武門至景山萬春亭，是全部佈局的收束。每一段和各段中的每一小段的藝術作用和藝術手法都不同，而又相互連貫呼應，一氣呵成。

　　一般都說是永樂皇帝讓蒯祥（1397—1481年，字廷瑞，蘇州人）來負責總體設計的，不過我看清華大學蕭默編撰的《巍巍帝都》這本書說具體執行的還有其他的人。這個紫禁城，在明代占地面積78萬平方米，用30萬民工，共建了14年，其中最主要建築是太和殿、中和殿和保和殿這前三殿，現在看來不那麼起眼的保和殿，對當時學子而言可是個要奮力一跳的「龍門」：那是科舉

太和門前威武的銅獅

1920年代的故宮端門，已經顯得頹敗，仍顯皇家風範。

考試舉行殿試的地方。科舉考試的一至三名分別稱狀元、榜眼、探花。皇帝親自看卷子，這可算中國最高級別的考場了。

從天安門那裡進去，過幾層門，就是威嚴的午門了。我還沒有在其他任何一個國家的宮殿中有過在午門這裡領略到的威嚴感。高大不用說，那麼高，一色磚紅，威懾的很。想當年某個官員從裡面被拖到這裡，沒等砍頭，肯定早已經被這氣勢嚇暈了。

午門是紫禁城的正門。東西北三面以12米高的城台相連，環抱一個方形廣場。數位是12米，但是你的感覺好像是50米，設計通過環抱的佈局、兩邊巍峨的城闕，獲得這樣的錯覺，的確了不起。三個門洞，當中的正門平時只有皇帝才可以出入，皇帝大婚時皇后可以進一次，殿試考中狀元、榜眼、探花的三人可以從此門走出一次。文武大臣按文東武西只能從兩側門出入。

初去故宮參觀的人，必要走幾條路線，才能有個初步印象。因為故宮是極為對稱的一個宮殿，因此參觀，總是先走中線，再走東、西線，因為故宮太大，在這三線中，又可以細分為類似中中線，中北線、內東線、外東線之類。反正先看中間，再看兩邊，基本沒有錯的。

第一條路線自然是中線，進得午門，就是前三殿，後三殿，御花園，這是基本的中線中主要的景點。先看故宮中路外庭的三大殿，俗稱「前三殿」，也就是太和殿、中和殿、保和殿，再看內庭三大殿，俗稱「後三殿」，這一線總長近一公里，走下來1個半小時，絕大部分的人必走此線。

↑上圖
故宮太和殿

↓下圖
1946年冬天的故宮太和殿

軍機處

　　我自己去得最少的倒正是這大部分人最喜歡去的前三殿，太和殿、中和殿和保和殿都建在三層漢白玉石階上，俗稱三台，高八米多，威嚴得很，但是感覺空虛得很，因為根本不是用的，是拿了來在特別場合擺譜的，好像法國人設計的那個國家大劇院一樣，是個擺譜的虛東西，很難引起興趣來。

　　我比較注意的還是辦公的地方，那就是乾清門西邊的軍機處，清雍正七年（1729年），清軍在西北與準噶爾蒙古激戰，為及時處理軍報，始設軍機房，清乾隆即位後，改稱總理處，三年（1738年）始名軍機處。設軍機大臣，軍機章京，無定額，均為兼職。軍機大臣由皇帝親信的滿漢大學士、尚書、侍郎等兼任。中經乾隆、嘉慶、道光、咸豐、同治、光緒，直至宣統三年（1911年）皇族內閣成立後裁撤，歷時170餘年。軍機處職能原為承命擬旨，參與軍務，隨著時間的推移和條件的改變，軍機處已不再是單純的軍事機構，逐漸演變為清代全國政令的策源地和統治中心，其地位遠高於國家行政中樞的內閣。

　　清朝時規定，其他人員不得靠近軍機處，皇帝與軍機大臣議事時無關人員不得在旁。宮內人路過軍機處時，都是快步走過。

軍機處的工作不少，大概包括以下這些內容：

1、發折：奏事處將官員奏摺下發軍機處。

2、接折：軍機章京將奏摺送軍機大臣閱。

3、見面：軍機大臣將奏摺送皇帝處請旨。

4、述旨：將皇帝旨意擬成諭旨再交皇帝御覽。

5、過硃：皇帝硃筆改定奏摺。

6、交發：將諭旨下發有關衙門實施。

7、開面：諭旨以年月日為序抄錄備案。

8、交折：將原奏摺交內奏事處。

9、月折：將奏摺複本每月一編。

10、隨手：將諭旨、奏摺重點二季一編。

11、封櫃：將月折、隨手檔收櫃題封。

在軍機處展室西邊還有幾間屋子，裡面保存著軍機處的原樣，隔窗望去，看見牆上掛著的「喜報紅旌」匾額。這個地方在近年拍攝的各種清皇室主題的電視連續劇裡面出場多了，因此大家也就見怪不怪，無所謂了，其實當時整個國家的重大決定，一多半是在這裡醞釀出臺的。

從前三殿出來，往北走，就是所謂的「中路北區」，其中比較顯眼的是坤寧宮。這個宮殿在明永樂十八年（1420年）建成，明代是皇后的寢宮，李自成農民軍攻陷京城後，明崇禎帝的周皇后自縊於此。清順治十二年（1655年）仿盛京清寧宮的式樣重建。門不居中而偏東側，成為有滿族特色的口袋式房。嘉慶三年（1798年）大修。面闊9間，進深3間，黃琉璃瓦重簷廡殿頂。清康熙朝始將東側兩間用作皇帝大婚的洞房，幼年登基的康熙、同治、光緒三帝以及遜帝溥儀大婚時均先在此居住，再遷居別宮。西側四間為薩滿教祭祀神堂，內設安放神像的環形大炕和製作祭品的煮肉大鍋等。祭祀分朝祭和夕祭，供奉有佛祖釋迦牟尼、觀音菩薩、關聖帝君（關羽）、蒙古神等。東端交泰殿，明永樂十八年（1420）年建成。清嘉慶時重建。凡遇元旦、千秋（皇后生日）等重大節日，皇后在這裡接受朝賀。乾隆十三年（1748年），乾隆皇帝把象徵皇權的二十五璽收存於此，遂成為儲印場所。不過，平時展覽並不令這些印璽示人，外面一層一層套著包裝盒子，不知道者還以為印璽大到好像一個人一樣高。

順便說一下，當時的皇帝大婚極為豪華鋪張，同治皇帝大婚，即耗銀一千一百萬兩。

我看過這間皇帝的洞房，挺可憐這些皇帝的：他們連洞房內的隱私權都沒有。臨幸哪位皇后、貴妃什麼的，床頂上就有太監兩眼勾勾地盯著，記錄時間，這樣才能夠決定將來這些女人生出的王子、公主的「製成」時辰，有何樂趣可言？

其實，皇帝真正的辦公地點是在乾清宮，這座宮殿在明永樂十八年（1420年）建成，清嘉慶三年（1798年）重建。從明到清康熙年間，此宮是皇帝居住和處理政務的地方。雍正皇帝即位後將寢宮移至養心殿，這裡就成為舉行內廷典禮活動和引見官員、接見外國使臣的場所了。清代自雍正以後，採取秘密建儲的方式，即將選定的皇位繼承人名字封存在建儲匣內，置於乾清宮「正大光明」匾的後面，皇帝死後，取下匣子由秘密指定的皇子即位。

這座作為辦公室用的乾清宮，在清代還是皇帝死後停靈的地方。按照儀式祭奠後，再轉至景山內的壽皇殿等處，最後正式出殯，葬入皇陵。

乾清門是後三宮，或者叫做內廷的「後三殿」的正門，在清代這裡是「禦門聽政」的地方。聽政時，皇帝坐在臨時安設在門中間的寶座上，由內閣官員奏事，皇帝降旨抉擇。一些國家大事都是禦門聽政時決定的。

絕大部分故宮的參觀者，是從端門進入故宮的。

↑左頁上圖至右
故宮雖大，生活區域的
設計卻也小巧宜人，有
點居家過日子的味道，
並不曾想到每日竟要接
待上十萬遊人的。
元故宮外的白玉橋
寧壽宮

故宮佈局對稱，因此看中路、東路、西路三路，頗費時間的。故宮西路，開放的是當年皇室主要成員生活起居的地方，主要是養心殿，位於西路南端，從雍正開始清代8個皇帝在此居住。快步走馬看花，也要半個小時。這條線我是1954年第一次看，以後來，感覺是展出的那些東西越來越陳舊了。是不是需要這樣展出，我心裡總是有個問號。那些傢俱、刺繡、書畫老在空氣中暴露，而這些生活起居的地方又沒有裝任何濕度、溫度控制的設備，就是靠玻璃隔開遊人，長久下去，怕很快就損壞了。應該如何展出宮廷生活區，倒是個要緊急研究的問題。現在遊人太多，前三殿、後三殿本身還夠大，幾百人圍在那裡，你躲開就是了；但是西路的這些殿，是生活區，本身就小，裡面站上幾百人，圍著玻璃窗看裡面，再好的地方都感覺很不好。這裡原來的設計是給很少人用的，不是給成千上萬的人走來走去圍觀的。

西路主要包括養心殿和西六宮，內側為永壽宮、翊清宮、儲秀宮，外側為太極殿、長春宮、咸福宮等。這裡是皇帝和後妃居住和活動的地區之一。其中養心殿從雍正至清末，是皇帝居住和處理政務的地方，慈禧太后曾居住於儲秀宮和長春宮。

儲秀宮，西太后的寢宮，是明、清兩代后妃居住的宮室。體和殿，原為翊坤宮後殿和儲門舊址，慈禧專權時改建為體和殿。慈禧住儲秀宮時，在此用膳，「壽膳房」每天要花費五十兩白銀。每餐有主食十幾種，菜肴二、三十個，還有各式茶點。光緒十三年（1887年）慈禧太后在此殿為光緒皇帝主持選皇后和妃子的儀式。

翊坤宮，明永樂十八年（1420年）建成，明初名萬安宮，明嘉靖朝因該宮貼

近内廷後三宮，而改名翊清宮。清光緒十年（1884年）慈禧五十壽典時改建，與儲秀宮連成四進院。清代為後妃居住。前殿懸掛有乾隆帝御筆「懿恭婉順」匾。慈禧太后住儲秀宮時，每逢重大節日都在此接受妃嬪們叩拜。「翊」即護衛、輔佐。西太后居住儲秀宮時，每逢各種節日，都要在這裡接受妃嬪們的朝拜，慈禧五十大壽時，是在這裡接受大臣們祝賀的。

末代皇帝的皇后婉容也曾住在翊坤宮，婉容愛打秋千，廊子的上方還保留著用來栓秋千的鐵環。

體順堂，位於養心殿后邊。皇帝居住養心殿時，這裡是皇后的臨時居室。咸豐年間命名為「綏履殿」，光緒初年改名「體順堂」。同治年間兩宮皇太后垂簾聽政，慈安皇太后曾居住在這裡。

體順堂東圍房為妃嬪臨時所居，院內陳放著巨大水晶石，寓有光明磊落，純潔無瑕之意。

養心殿，是雍正皇帝的寢宮，養心門內影壁上嵌著琉璃雙龍圖案，殿中的匾上題著「中正仁和」四字。後來，這裡也是慈禧垂簾聽政的地方。乾隆皇帝喜歡書畫，因此在養心殿的西邊隔開了兩個房間，收藏晉代書法家王羲之的《快雪時晴帖》、王獻之的《中秋帖》和王珣的《伯遠貼》，所以這兩間房子也叫「三希堂」。現在書店裡可以買到「三希堂法帖」，其實就是原來藏在這裡的書法作品的帖子，供學習的人臨摹的。

外東路從九龍壁開始，向北依次為甯壽宮景區、養性殿，最北邊是珍妃井。

甯壽宮，建於明代，原名仁壽宮。清康熙二十八年（1689年）因舊修葺，改稱甯壽宮後殿。乾隆四十一年（1776年）年仿坤甯宮形式重建後，將原甯壽宮匾

→→右頁上圖
從景山眺望故宮，金黃色的屋頂在陽光下閃耀著奪目的光芒。
↘↘右頁下圖
1920年代中期的故宮

額移於此處。乾隆皇帝準備當太上皇時在此宮祭神。乾隆帝八十壽典、嘉慶帝五十壽典，曾在此賜宴皇子、王公大臣。「甯壽」出自《尚書》中的「五福」，有健康長壽之意。

皇極殿中是乾隆皇帝第二次興辦千叟宴的地方，嘉慶元年（1796年）正月初四，參加人員3056人。西太后也曾在皇極殿接見外國使臣。西太后死後，在這裡為她停靈治喪。

甯壽門也在外東路，是乾隆皇帝準備當太上皇時居住的養老生活區，前面是九龍壁，裡面依次是皇極殿和甯壽宮。說起皇極殿門前的那幾株松樹，連故宮內的工作人員都嘖嘖稱奇：「還真是乾隆老爺子福大壽高吧，同期種下的松樹，只有這裡的長得格外茂盛，展枝鋪葉，竟成了個大涼亭似的。」

走東路一線，特別吸引人的就是珍寶館

皇極殿前的幾棵松樹長得特別茂盛

↑上圖
限於人力物力等各方面的條件，故宮目前開放的部份尚不足總面積的二
分之一，這是正在整理中準備開放的元代官殿部份。

↓下圖
整修中的元故宮

了。珍寶館中展出大量宮廷珍寶，均為實物。好像金甪端，重3000斤、俗稱「壽山」的青玉「丹台春曉」，玉石仙台之類都在這裡展出。珍寶實在多，細看怕要3小時以上了。我對金銀珠寶興趣不大，來這裡主要是看青銅、陶瓷、書畫，特別是書畫，因為這東西展出一次就損壞一點，看一次少一次，不得不經常來，勤著點看看。

御花園是故宮中供皇帝和帝后休息的花園。在故宮的中軸線上，出了御花園，就出了故宮了，後面就是景山。

從事園林設計的人，把中國園林分三大類，即皇家園林、宗教園林、私人園林，其中皇家園林大的有圓明園、頤和園，小的就以這個御花園為代表了。如果要我形容這個園林的特點，就是一句話——「堆砌繁瑣」。因為小，又什麼都不能夠缺，因此惟有堆砌，好像那堆太湖石堆砌的假山「堆秀山」，就是一堆繁瑣得不得了的石頭，據說每年重陽節，清代帝后都要登堆秀山，有點自欺欺人了，這哪是什麼山啊！

去年看故宮的時候，注意到有一小片宮殿正在整修，似乎風格和細節有些不同，向工作人員打聽，說那是元故宮的部分遺址，正在修繕整理，完成以後便可以開放參觀了。問目前故宮還有多少地方沒有開放，答曰：那可多啦，現在開放讓大家參觀的還不到全部內容的百分之五十呢。這麼大的宮殿，一千六百多間房子，我想想，就算每間住一晚上，輪上一轉，也要四年時間啊！故宮的給我一個非常深刻的印象，就是體會到中國官僚機構的龐大、禮儀的繁瑣，因此，看當代部制機構之堆砌、複雜，無論如何精簡都精不下去，從紫禁城就已經可以找到原因了。

故宮內部

故宮幾百棟殿堂館閣，還有其他壇廟、園林、府宅、衙署等等，龐大的建築工程量，設計師是誰呢？雖然說明清建築都有程式可以遵循，但總得有人把它們設計出來，畫出建築圖、做出給上面審批、下面施工參考的建築模型啊！清代管建築圖叫做畫樣，施工圖叫做燙樣，模型叫做樣式。圖是手工繪製的，模型也是手工製作的。

我們現在建築模型都是用電腦計算之後，用鐳射和其他現代技術做的，很精確。明清兩代做故宮，設計出來之後，模型如何做呢？我曾經去過故宮和北京的古建築研究所，聽古建專家說，清代皇宮建築設計、模型製作基本出於一個雷姓家族之手，古建築研究所現在還保存著很大一批清代的「樣式」，相當精細，有些是用楠木雕刻做成的，難以想像的精美。

大凡清代宮殿、都城、壇廟、陵寢、苑囿、府邸、衙署等國家建築工程，按成例需由管理各工程事務的內務府、工部或欽派工程處等衙門，統領其所屬設計機構——「樣式房」的專職匠人，製作「畫樣」（即建築設計圖）、「燙樣」（即施工圖）、「樣式」（即建築模型）、以及「工程做法」（即設計說明），經皇帝欽准後支取工料銀兩，招商承修。這些從事建築設計的專職匠人，通常被稱為「樣子匠」。「終清之世，最有聲於匠家」的樣子匠，莫不出自被人們美譽為「樣子雷」或「樣式雷」的雷氏家族。

有記載的樣式雷家族的第一代，是來自當時江西省南康府建昌縣（今永修縣）的雷發達，康熙二十二年，他和堂弟雷發宣「以藝應募赴北京」，開始參加清代皇家的建築工程。後來，雷發達的長子雷金玉投充內務府包衣旗，供任圓明園楠木作樣式房掌案一職，成為雷氏家族世代因承樣式房一業的始祖。

自此，雷氏一族先後共8代人，一直執掌著皇家營建的樣式職業，自康熙朝起，直至清末200餘年間的清代皇家建築工程，無不留下了樣式雷的深深印記。雷氏家族歷代樣式房掌案如下：

雷發達（1619年－1693年）

雷金玉（1659年－1729年）

雷聲澂（1729年－1792年）

雷家璽（1764年－1825年）

雷景修（1803年－1866年）

雷思起（1826年－1876年）

雷廷昌（1845年－1907年）

雷氏家族的聲名鵲起，應該從雷金玉的三個能幹孫子算起。

雷家瑋（1758年～1845年）、雷家璽（1764～1825年）、雷家瑞（1770年～1830年）兄弟三人，不僅參加或主持過萬壽山（清漪園）、玉泉山（靜明園）、香山（靜宜園）、南苑、避暑山莊等皇家園林、陵寢（昌陵）以及各地行宮的建造，而且還承辦過不少慶典工程，如宮中年例燈彩以及西廠焰火、乾隆八十萬壽典景樓臺等，頗負盛名。雷氏家族「是以家道繁昌」。

隨後的子孫們也很爭氣，

雷家璽三子雷景修主持了寶華峪道光陵、慕陵、昌西陵、慕東陵和定陵的設計。

雷思起（雷景修三子）與其長子雷廷昌，又先後完成了定陵、定東陵（普祥峪慈安陵和菩陀峪慈禧陵）以及惠陵工程。同治十三年（1874年），因擬議重修圓明園，父子二人先後五次被召見進宮進呈圖樣。

雷廷昌在光緒年間，還主持了三海和萬壽山（頤和園）的重建。雷廷昌曾多次為祖父母、父母捐請封典，最高至從二品通奉大夫，「匠家子孫遂列在縉紳」。樣式雷之聲名，至雷思起、雷廷昌父子兩代達到最高峰。

雷廷昌之後，只有次子獻彩供職樣式房，但因官場失意，半途而廢，不久便鬱鬱而終。清亡之後，雷氏後人失去了生活來源，祖輩所擅長的皇家營建，在民國也派不上用場。雷氏後裔便星散於北京、河南、湖北、新疆等地。不僅無人繼承先祖事業，甚至位於北京市海澱區四季青鄉巨山村由皇帝欽賜的雷氏祖塋，也在文化大革命中被平毀了。

樣式雷一家，算得上中國清代的大建築師了。這個家族傳承相因，完成了大量的建築設計，在中國現在被列入世界遺產的建築中，有將近五分之一出自雷家的手筆，這可是了不得的業績啊。

雷氏匠人還製作了大量畫樣、燙樣及工程做法等圖籍。辛亥革命後，這些圖籍中，由樣式雷進呈宮中而被作為皇家檔案收藏的相關部分，轉而成為故宮博物院和中國第一歷史檔案館的珍貴藏品。而收藏在樣式雷家中的圖檔，則為雷氏各支後裔分獲。後因家業敗落、生活拮据，有些被後人陸續出售。另外，也有一部

分圖籍，流傳在當年曾參與過有關皇家建築工程的官吏、廠商及匠師中，有些也有被拋售於市面上。1930年代，中國營造學社、國立北平圖書館、故宮博物院、燕京大學、中法大學等單位，曾屢有數量可觀的購藏；而被中外人士收購及零星散失的，為數亦不少。

在國內的圖籍，主要為故宮博物院、中國歷史第一檔案館和國家圖書館、首都圖書館等國家單位所珍藏。一些高等院校的圖書館，如北京大學圖書館、清華大學建築學院資料室（為原中國營造學社收藏）等單位，也各有部分藏品，

輾轉至今，傳世的樣式雷圖檔總數約在2萬件以上。這些圖檔，是中國古代建築文化的一項極為豐碩和珍貴的遺產。 2007年6月聯合國教科文組織批准中國清代樣式雷圖檔加入世界記憶（Memory of the World）名單。

傳統以來，中國的設計師們是沒有受到應有的重視的。雖然我們有那麼多精美的手工藝品，有那麼多恢宏的古代建築，然而卻鮮有對它們的設計者、製作者的介紹，他們不過被看成有點淫藝巧技的匠人罷了。在歷史的長河中，還不知道有多少「樣式雷」被埋沒了呢。「樣式雷」，應該可以算作中國第一大的設計家族了吧，在中國設計史上，是應該有他們一筆的。

馬旭初老人

chapter
19

博物院爭議

我們叫做「紫禁城」的故宮，現在是世界最大的博物館之一，全名叫做「故宮博物院」。清亡後，1914年創建成古物陳列所，1925年10月10日辟為博物館的。

故宮博物院的文物收藏，以清代宮廷收藏為基礎而不斷加以補充完善。清宮舊藏文物達 117 萬餘件，1949 年以後新入藏的有 21 萬餘件，除一部分為清代宮廷歷史文物外，其餘均為中國歷代文化藝術珍品，包括青銅器、石玉雕刻、古印璽、書畫碑帖、陶瓷、絲織刺繡、漆器、琺瑯、竹木牙雕、金銀器皿、文房用具、明清傢俱等。其中，春秋立鶴方壺，戰國石鼓文，晉陸機〈平復帖〉，王珣〈伯遠帖〉，唐代杜牧〈張好好詩〉，韓滉〈五牛圖〉，五代顧閎中〈韓熙載夜宴圖〉，宋代張擇端〈清明上河圖〉，王希孟〈千里江山圖〉，米芾〈苕溪詩〉，元代黃公望〈九峰雪霽圖〉，唐代〈大聖遺音〉古琴，青釉鳳頭龍柄壺瓷器，元代朱碧山龍槎銀盃，楊茂剔紅牡丹文尊漆器等，都是國內外久負盛名的重寶。

故宮博物院在東線將若干個宮殿改為展覽廳，其中包括有歷代藝術館，展出從原始時代至清代末年的各種文化藝術作品，是一個綜合性文化藝術展覽；青銅器館，展出商、西周、春秋戰國時代的青銅器；陶瓷館，展出中國歷代陶瓷；明

「紫禁城」——故宮，是世界上占地面積最大的博物館。

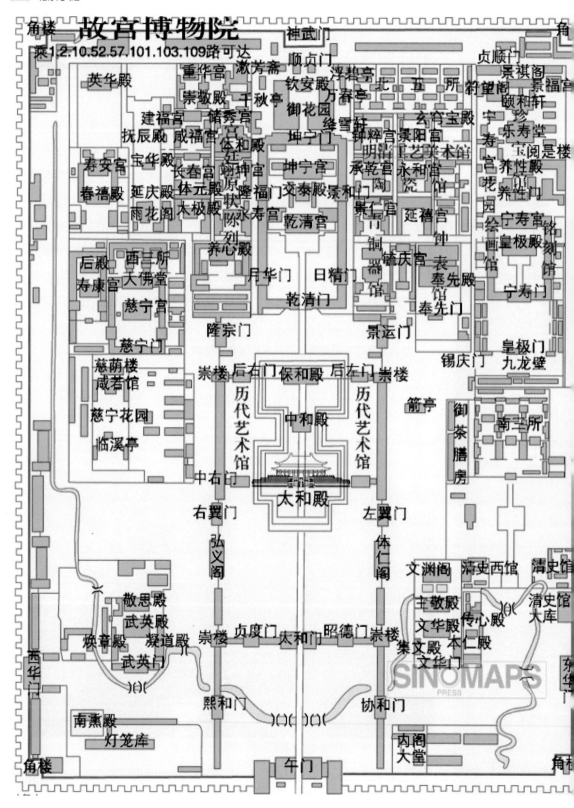

← ← 左頁圖
故宮博物館的地圖

清工藝美術館，定期更換展品；文房四寶館，展出歷代的紙、筆、墨、硯等文房用具，同時還佈置了一間明清時代的書房；銘刻館，展出歷代刻碑、刻石，以及印章和碑拓刻帖；繪畫館，一年更換4次，一般每逢國慶前後展出歷代繪畫精品。其他則為各種專題性展覽，展出歷代法書名畫。此外，故宮博物院還經常舉辦各種臨時性中國文化藝術專門展覽。

最近中央電視臺製作了一套電視記錄片，叫做《故宮》，我從頭到尾看了，非常翔實的記錄了故宮和故宮文物的歷史。其中提到抗戰期間，為了防止故宮這些極為珍貴的收藏落入日本人手中，故宮博物院曾經將院藏文物擇其精要裝箱，共有13427箱，分批南運至上海、南京，後輾轉運至四川。1948年，南京國民黨政府又從其中挑選出2972箱文物運至臺灣。1965年在臺北市郊外雙溪建成新館儲存和展出，稱臺北故宮博物院。其中有不少書畫、青銅品、陶瓷和其他工藝美術等的精品。此外，它還藏有原南京中央博物院的收藏品。

我這些年到臺灣講學，有時候也去臺灣故宮博物院看看。有機會將兩邊的藏品都仔細看看的確是一種幸運。也設想過，什麼時候，這些原本就在一起的藏品，能夠重逢、團聚，再在一起展出呢？不知道我這輩子是否能見得到呢。

現在這些展館都是在原有的宮殿建築內。在故宮裡走動，我就時常想起一個問題：故宮的收藏，是放在宮殿裡面展出，還是另外建造一個收藏展出的博物館。好像現在午門上面就改建了一個博物館，外面不動，裡面全改了，午門是城門，還可以，殿要改就費事了，並且一改以後，原來殿的感覺就沒有了。巴黎的羅浮宮情況不同，因為那裡早在法國大革命的時候就開始改為博物館，說來都1、2百年的歷史了。而宮史並不在那裡展出，而在其他的地方，好像凡爾賽之類的，所以沒有這個問題。但我們的故宮就只有這一個。我自己是希望在附近另外建一

↓左圖
臺北的故宮博物院
↘右圖
依山而建的臺北故宮博
物院（中山博物院）

小時候看章回小說，很記得「推出午門斬首」一說，原來也這麼金碧輝煌。

城門上的「皇上妃子」真人秀，讓人不知道說什麼好。

個博物館，永久性展出藏品，而故宮就是宮廷展示而已，當然這個意見一定有人不同意，但是我總是不希望看見那些珍寶、字畫在條件不好的古老宮殿建築裡展出，怕收藏和宮殿建築兩方面都受損，如果分開展，反而是兩方面都能夠得到更好的保護的。

最近去故宮，看見正在進行大規模的修繕，據說，在這次維修前的故宮博物院只是作為一種展室或者建築空間來使用，主要展示故宮豐富的藏品。這次大規模的維修後，博物院將盡可能完整地恢復故宮宮殿原狀，讓廣大觀眾不僅看到精美的藏品和恢弘的建築，還看到中國封建王朝是如何運作、外朝內廷是如何生活的；故宮博物院將不僅是一個簡單的文物標本，還是生動的文化載體。能夠這樣想、這樣做，已經是對古代文化遺產在思想認識上的一個重大飛躍了。要知道，建國之初，政府曾經設想過要把故宮拆了，理由是說故宮是封建帝王的建築。

博物館有幾個大的類型，一種是把宮殿、豪宅本身作為博物館，讓人看看當年如何，好像凡爾賽宮屬於這類，另一種是保留建築，但是裡面則全部做博物館陳列用，好像巴黎的羅浮宮。第三種，就是專門建一座博物館，功能就是展示，好像大英博物館、紐約的大都會博物館。故宮博物院有點特殊，它的一部分是宮史展覽，保留了部分當年的模樣，好像前後三殿、西六宮，而另外一部分則作為博物館用，裡面原來的陳設全部撤走，陳列皇室的金銀珠寶、青銅陶瓷、書畫作品等等。這樣就出現了多少年的爭議：故宮藏品那麼多，現在東六宮展出的連藏品總數的百分之一都不到，加上宮殿建築都是木結構的，不適應展示珍貴的歷史藏品，因此有建議另外建一個博物館，現在的故宮全部恢復當年使用時的原貌；另外一派說羅浮宮都可以展示藏品，故宮也應該如此，最近把午門上面的建築改

造了，保留外形，內部全部現代化，成了故宮博物院第一個具有當代博物館功能和技術的展示點。但是，至於故宮博物院應該如何總體規劃，如何保留和使之具有可持續性發展性，還是一個懸而未決的問題。

故宮藏品多，實在驚人。當年宣統皇帝溥儀出宮，帶走大量文物，輜重無法帶，因此大部分是最精彩的書畫作品，在天津當寓公的時候，賣了一些換錢用；之後帶到東北，抗戰之後，這些故宮最頂級的藏品大部分流散於瀋陽、長春，解放後被當地博物館收回一些；溥儀手下的太監一直在偷畫出去變賣，因此琉璃廠這些地方也曾經有過宮裡的珍品，好像張伯駒這樣的好眼力、高品格的收藏家曾經收回少數，但是依然流失很多。解放後政府努力到處搜索，甚至在香港收購，這部分藏品才慢慢多起來。自然，1949年從這個博物館拿到臺灣去的書畫是頂級珍品，我在臺灣看過，收藏水準、藏品的檔次都很讓我震驚。

前面寫過，我開始看書畫就是從故宮開始的。早年的故宮人很少，也相當破敗，荒草叢生，好多宮都處於關閉狀態。那時候把好多珍寶都同時展出，好像現在很難看到的書畫、鐘錶館都是開放的，書畫雖然每年換四次展出，但是真正的珍品好像是秋天才開放，因為當時宮裡沒有空調，只有在秋高氣爽的時候才適宜把畫拿出來。那些展廳，也就是東六宮的殿房，非常的陰暗。我懂事之後，只要到了北京，就會經常跑去看書畫，看見記載中那些荊浩、關仝、董源、倪雲林、黃公望的作品，還有宋人冊頁，四僧、四王的作品，還有郎世寧的大幅作品，真是有點驚心動魄。因為和印刷品上的差異實在太大了，特別是大幅的山水，氣勢逼人。我在上大學以前，曾經在一個工藝美術工廠當設計員，工作之一就是做仿古畫出口，因此，有較多的機會見過原作，知道無論如何仿，是無法達到那個水準的。百聞不如一見，千真萬確。看過故宮的真品，眼光高了，一般的贗品很容易就認出來了。為什麼說琉璃廠看古董的人都要「童子功」呢？我看就是這種童年時代的見識造成的，一個人在小的時候有種很特殊的敏感力，容易入腦；後天再補，難得那麼真切。

我在前面引用了一段網上看到的地產商建議拆故宮做房地產開發的報導，雖然一般人聽起來有點聳人聽聞、匪夷所思，但是如果一旦政府認同，可能故宮就沒有了。這個拆故宮的構思，其實解放之後一直就有。清華大學土木建築系1965

這樣的展覽充斥在午門前，實在是對故宮的藝瀆。

↑ 上圖
我始終覺得，故宮本身就是一件巨大的文物，需要我們很好地珍惜和保護。

↓ 下圖
故宮博物館，究竟應該是宮史博物院還是藏品博物館，或者二者兼備呢？

年1月編輯的《教學思想討論文集（一）》中，收錄了一篇題為《要用階級觀點分析故宮和天安門的建築藝術》的文章，我偶然看到，裡面有幾段話看得你脊樑出汗，渾身發涼。文章說：今天勞動人民當家做了主人，故宮不再是封建統治階級的宮殿，而成為人民的財富，所以我們也就改造它、利用它，使它為今日的社會主義服務。要照這個報告的建議，整個故宮可能就成為工人文化宮了。

當年貝聿銘被密特朗總統請去改造羅浮宮博物館，北面的那個最宏偉的「黎塞留宮」是法國財政部的辦公樓，堅決不讓出來，後來是法國總統下令才撤出的，法國都這麼難，何況中國啊！

說到故宮博物館，其實這個叫做紫禁城的龐大的皇家建築群並不僅僅被看成博物館的。中國人看紫禁城，實際上有三個不同角度：一是和國家的意識形態相關，合乎國家意識形態的就會保存下來，而不合乎國家意識形態的部分則會加以改造，比如故宮是封建王朝權力中樞，這樣看，自然要改造了；第二種看法，是從經濟、市場的角度看，紫禁城是頂級的旅遊資源，有利於旅遊開發，因此故宮中能夠吸引遊客的部分都會被加以強

調凸顯；第三，從歷史和藝術的角度看，紫禁城是不可再生和複製的文化遺產，是人類文化記憶的一部分。其實，在中國現代歷史上，這三個不同的看法都有過比較突出得到強調的時候。民國的時候，一幫文化人管這裡，比較把紫禁城當個文化物件來看；可惜好景不長，內憂外亂，這裡就散了，文物南遷西遷，天各一方。解放初期，看紫禁城用的是第一種觀點，就是意識形態的紫禁城，因此開拓了天安門廣場，拆了北京城牆，差一點就把故宮也改頭換面了。至於改革開放以後，意識形態的觀點開始減弱，以旅遊經濟的眼光看待紫禁城開始成為主導，於是就成了現在這個狀況：遊客熙熙攘攘，處處設卡售票，連什麼「歷代妖姬生活展」之類的「展覽」都辦到午門前面來了。實際上，始終沒有真正從故宮是人類不可再生和複製的文化遺產的角度去看問題。其實，何止故宮，整個北京城的改造，不也都是先意識形態改造，再市場經濟改造，這麼折騰下去，真有一天認識到北京城是不可複製的文化遺產時，那座北京城已經基本不存在了！

坦白地說，我一向認為故宮就是故宮，是帝王生活工作的地方，不應該是博物館，博物館可以另外建造，故宮本身就是一件巨大的文物。國內有些專家也有這個看法，首都規劃建設委員會專家王世仁就曾表示「故宮不該是個博物院」，「它是封建大帝國的權力運作中心，是皇帝妃子生活起居的地方，這才是故宮的真正價值所在，「如果博物館的功能妨礙了這一價值的體現，就應該退出」。

故宮應該以何種方式存在？這是現在爭論最激烈的問題。做經濟的人希望選擇市場第一考慮，把故宮的經濟價值充分發揮出來，學術界希望保存故宮完整的文化，好在是意識形態派現在不太作聲了，但是這剩下的兩派如果無法得出共識，故宮的修繕、保護就沒有一個明確的方針可以遵循。

故宮博物院，到底應該是宮史博物院，還是藏品博物館，還是兩者兼備呢？誰也說不清楚，爭議不下。有時候我從後面出來，看見景山，想起臺北的故宮博物院，突然會想到：為何不把景山下面掏空，建一個地下博物館，把藏品博物館放到山體裡面。這樣整個故宮、景山都紋絲不動的保留了，地下博物館也容易保護文物。費用自然大些，但是現在我們的公共建築花錢花得全世界都目瞪口呆，少做點仿白宮的大樓，少弄些面子工程，做個頂級的地下故宮收藏博物館，恢復一個地面的紫禁城，不是做不到的啊。

可惜，又只能是想想而已。書生們就是喜歡多嘴，管事的人誰理你啊。

chapter

20

多事之宮

在近600年的悠長歲月裡，故宮曾屢遭劫難，前故宮博物院副院長單士元在《故宮史話》一書中就詳細地記載和描述了故宮歷史上發生的多次火災。故宮歷史上曾經有過多次改建、重建，一個重要原因就是紫禁城經常著火，而著火的原因則是太監們偷盜後毀滅證據故意放火。特別是光緒年間

2005年五一黃金周的5月2日，故宮遊客達到11.48萬人次，將偌大一個午門廣場擠得水洩不通。

更是達到了瘋狂的地步，就連光緒新婚大喜的前夕還遭遇了一次火災，使貞度、太和、昭德三門以及附近的一些殿宇都化為灰燼，之後重建的太和門成為故宮最晚落成的一座建築。此次大修的重頭戲建福宮當年也是在溥儀離宮之時被監守自盜的太監燒毀，從此變成一片廢墟。

明朝嘉靖年間，一場大火發生在1557年，「三殿十五門俱災」，整個前朝化為灰燼，此後經陸續重建，到1562年才重新建成。但到了萬曆二十五年（1597年），三殿又發生了一次火災，1615年開始修建，1627年才完成。重建後的三大殿體量較永樂初建時偏低，與三台高度有不協調之感。

在近600年的悠悠歲月中，故宮曾屢遭劫難，火災、地震、戰火都曾給故宮留下過創傷。

所有第一次來北京的人，沒有不去參觀故宮的。

| 1 | 2 | 4 |
| | 3 | 5 |

→ 由1至5圖
隆宗門的門匾上還留有
闖王軍隊的箭鏃
維修後的頤和軒
維修工匠正為月華門的
門匾塗刷金粉
尚待維修的體和殿外廊
柱木飾件
道德堂的油漆彩繪已經
幾乎剝落殆盡，木質材
料裸露無遺。

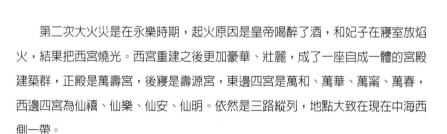

　　第二次大火災是在永樂時期，起火原因是皇帝喝醉了酒，和妃子在寢室放焰火，結果把西宮燒光。西宮重建之後更加豪華、壯麗，成了一座自成一體的宮殿建築群，正殿是萬壽宮，後寢是壽源宮，東邊四宮是萬和、萬華、萬寧、萬春，西邊四宮為仙禧、仙樂、仙安、仙明。依然是三路縱列，地點大致在現在中海西側一帶。

　　太和殿、中和殿和保和殿這三殿是紫禁城裡最重要的建築，也是重建次數最多的建築，三殿建築是一組，一失火就延燒無疑。從歷史記載中可以查到這三殿有過如下幾次重建：

　　1.永樂十八年（1420年）三殿建成，十九年四月三殿火災。

　　2.正統六年（1441年）十一月三殿建成。

　　3.嘉靖三十六年（1557年）四月十四日，三殿又災，延燒奉天門、左、右順門，午門外左、右廊。次年門工先成，改奉天門為大朝門。四十一年（1562年）重建三殿成，改各殿名皇極、中極、建極。

4.萬曆二十五年（1597年）三殿又災。四十三年（1615年）重建。天啓五年九月（1625年）皇極殿成，次年八月中極、建極二殿成。

5.順治二年（1645年）五月興太和殿，中和殿、位育宮（即保和殿）工，三年（1646年）十月，太和、中和等殿、體仁等閣、太和等門工成。十一月位育宮工成。

6.康熙八年（1669年）建太和殿、南北四楹、東西廣十一楹、殿基高二丈、殿高十一丈。殿前丹陛五出，環以石欄。

7.康熙三十七年（1698年）重修太和殿。

8.乾隆三十年（1765年）重修太和、中和、保和三殿。

在有關三殿的修建工程中，明代除了第一次是創建，其他三次都是修建，而清代的幾次修建中只有1698年是重建，其他都只是維修。比較明代宮殿圖和現存建築，三殿的改變並不大。僅僅是把平廊改成夾室，把斜廊改成隔牆，以減少火災的發生。

| 1 | 3 | 5 |
| 2 | 4 | 6 |

→ 由1至6圖
故宮裡各處都陳設這種巨
缸，用以儲水防火。
和西方國家用石材建造的
歷史宮殿不同，故宮的建
築基本屬於磚木結構，因
而維修工程的難度更大
（圖為故宮內瓊苑西門附
近宮牆所見）。
維修後的頤和軒外廊柱木
飾件
未經修護的長春宮
金絲楠木雕花窗欄尚可經
受歲月的侵蝕，上面的彩
繪木樑則已斑駁開裂了，
維修養護護刻不容緩。
體和殿外廊天頂已經斑駁

目前正在進行的故宮大修始於2001年，自2002年10月開始，位於故宮西華門的武英殿建築群修繕工程開工，故宮百年大修真正拉開帷幕。我這段時間抽空去看過幾次，好幾座殿給搭上手腳架和紗網在修繕中。這次整修計畫分三個階段：第一階段從開始到2005年10月，將完成對故宮午門、欽安殿和中軸線周圍廡房的維修。第二階段是從2005年11月到2008年奧運之前，將完成對故宮中軸線主殿如太和殿、乾清宮以及東西六宮的維修。第三階段是從2008年到2020年，完成所有工程。第一階段的試點維修工程就是對武英殿建築群的修繕，此外，試點階段還包括對乾隆花園倦勤齋內部裝修的維修。此次大修是1911年辛亥革命以後故宮的首次整體大修。

武英殿大修是故宮百年大修的第一個大的專案，整個修繕工程已於2006年初完工，8月份作為書畫展館向公眾開放。武英殿曾經是李自成登基的地方，北洋政府的朱啓鈐曾在此創辦中國第一個文物陳列館，這也是武英殿的最後一

次改造。武英殿的建築損毀嚴重，大殿的四個角也不在一個水平線上，但在修繕中，武英殿原來的構件更換不到10%，修繕用的木料選用的是國產紅松木，最大的木料直徑90釐米，12米長。在修建之初，是修成「康乾盛世」的金碧輝煌還是朱啓鈐民國時候改建的古物陳列館，曾有一些爭議，最後選擇了前者，但民國時開鑿的十幾扇採光窗依然還在，不過，外面添加了木制的菱花窗；暖風閣也被保留下來；工字廊的木結構依然還是民國時期的人字樑。

　　1923年，建福宮花園被一場大火焚燒殆盡，惟一還在的就是一些台基，複建故宮建福宮花園工程從2000年就已開始，這是香港中國文物保護基金會中國文物保護實施的第一個專案。對占地面積近4000平方米的建福宮花園進行重建，無論從規模，還是技術難度上，都稱得上是國內古建築複建方面的頭號工程。此次工程從材料到做法都是儘量使用傳統的，而不用現代的手法或材料代替。對於重建建福宮，學術界素有爭議，一種觀點認為，建福宮花園既已被焚毀，從保存文物

重建完成的故宮建福宮

從建福宮眺望故宮建築

武英殿曾是李自成登基之處，是這次故宮百年大修的一個大項目，已於2006年初完成修繕工程，作為書畫展館向公眾開放。

遺址觀念出發，應對此狀況進行完整的保留，不動一草一木。另一種觀點則說，從故宮整體風貌的完整性考慮，應予以重建。

倦勤齋修繕也是一件大事。倦勤齋是乾隆退位後的住所，內部裝飾是故宮內最為豪華的場所之一，建築級別很高，此前因技術難度高從未修繕。關於倦勤齋內部的描述文字極少，這和倦勤齋從未對外開放有關。2006年初倦勤齋修繕工程啟動，預計兩年後，修繕完工並有望對外開放。這是故宮博物院第一次對建築內部進行大規模修繕。

從2006年3月份開始，中軸線兩側建築修繕工程全面展開，在同年12月20日竣工。所謂的中軸線就是故宮博物院從午門一直往北到神武門為止的這一條直線，這一直線上的建築處於整個故宮建築群的正中心。工程施工範圍南起午門，北至坤寧門西群房，包括太和門西廡及周邊建築、中和殿西廡及周邊建築、後三宮西廡、弘德殿、昭仁殿等。目前故宮正在對午門進行大規模的改建，把午門改建成一個現代化的展覽館，午門大殿內設面積近1000平方米、高9米左右的巨大「玻璃屋」，將作為各種大型展覽的場所。

修繕歸修繕，我們對故宮的基本立場，是意識形態，還是市場經濟，還是文化保護，我覺得還是需要理清，否則故宮的未來還是一個不定的因素。1983年，法國總統密特朗決定請貝聿銘重修羅浮宮，貝聿銘堅決要求把佔用羅浮宮北面黎塞留宮的法國財政部遷出去，總統支持，大部分聯繫各個展覽宮的通道放在地下，保存了建築原來的立面和結構，才有今天這個羅浮宮，這個工作之所以能夠做得好，就是因為思想明確。那麼故宮呢？

chapter

21

天的祭壇

去北京不去天壇，好像少了點什麼，寫北京手記不寫天壇，也好像沒有寫完一樣。天壇在北京城南，屬於崇文區，是明清兩朝帝王祭天、祈穀和祈雨的場所。作為中國古代規模最大、倫理等級最高的祭祀建築群，它的佈局嚴謹，建築結構獨特，裝飾瑰麗，實在值得一看。

天壇始建於明永樂十八年（1420年），最初實行天地合祀，叫做天地壇。嘉靖九年（1530年）實行四郊分祀制度後，在北郊覓地另建地壇，原天地壇則專事祭天、祈穀和祈雨，並改名為天壇。清代基本沿襲明制，在乾隆年間曾進行過大規模的改擴建。目前的主體建築除祈年門和皇乾殿是明代建築外，其餘都是清代建造的。

1860年和1900年天壇先後被英法聯軍和八國聯軍佔據，他們將幾乎所有的陳設和祭器都席捲而去。八國聯軍甚至還把司令部設在這裡，並在圜丘壇上架設大炮，攻擊正陽門和紫禁城。中華民國成立後，除袁世凱登基外，天壇不再進行任何祭祀活動。1918年起辟為公園，正式對民眾開放。目前園內古柏蔥郁，是北京城南的一座大型園林。

天壇被兩重壇牆分隔成內壇和外壇，形似「回」字。兩重壇牆的南側轉角皆為直角，北側轉角皆為圓弧形，象徵著「天圓地方」。外壇牆周長6553米，原本只在西牆上開闢祈穀壇門和圜丘壇門，1949年後又陸續新建了東門和北門，並把內壇南面的昭亨門改為南門。

天壇的內壇牆周長4152米，辟有六門：祈穀壇有東、北、西三座天門，圜丘壇的南面有泰元、昭亨和廣利門。主要建築都集中在內壇，南有圜丘壇和皇穹宇，北有祈年殿和皇乾殿，兩部分之間建有隔牆，並用一座長360米、寬28米、高2.5米的「丹陛橋」（磚砌甬道）連接圜丘壇和祈穀壇，構成了內壇的南北軸線。去天壇，如果跟旅行團走，肯定去三個地方：圜丘壇、皇穹宇、祈年殿。

圜丘壇是皇帝舉行祭天大禮的地方，始建於嘉靖九年（1530年）。壇平面呈圓形，共分三層，皆設漢白玉欄板。壇面原來使用藍琉璃磚，乾隆十四年（1749年）重建後，改用堅硬耐久的艾葉青石鋪設。每層的欄杆頭上都刻有雲龍紋，在每一欄杆下又向外伸出一石螭頭，用於壇面排水。頂層中心的圓形石板叫做太陽石或者天心石，站在其上呼喊或敲擊，聲波會被近旁的欄板反射，形成顯著的回音。

↑上圖
天壇公園南入口——昭亨門

↓下圖
1920年代的天壇祈年殿

　　古代中國將單數稱作陽數，雙數稱作陰數。在陽數中，數字9是「陽數之極」，表示天體的至高至大，叫作「天數」。圜丘壇的欄板望柱和臺階數等，處處是 9或者9的倍數。頂層圓形石板的外層是扇面形石塊，共有9層。最內一層有9塊石塊，而每往外一層就遞增9塊，中下層亦是如此。三層欄板的數量分別是72塊、108塊和180塊，相加正好360塊。三層壇面的直徑總和為45丈，除了是9的倍數外，還暗含「九五之尊」的寓意。

　　圜丘壇外有兩重圍牆，內圓外方，四面各辟欞星門一座。西南角有望燈檯三座（南北二座只余遺跡），東南角有燔柴爐、瘞坎、燎爐和具服台。壇東還有神庫、神廚、宰牲亭、祭器庫、樂器庫和棕建庫等附屬建築。

　　圜丘壇以北是皇穹宇，祭天時使用的祭祀神牌都存放在這裡。它始建於嘉靖九年（1530年），初名泰神殿，十七年（1538年）起改稱皇穹宇。乾隆十七年（1752年）重修後為鎏金寶頂單簷攢尖頂建築，用藍色琉璃瓦鋪設屋頂，象徵青天。大殿直徑15.6米，高19.02米，由八根金柱和八根簷柱共同支撐起巨大的殿頂，三層天花藻井層層收進，構造精巧。殿正中有漢白玉雕花的圓形石座，供奉「皇天上帝」牌位，左右配享皇帝祖先的神牌。正殿東西各有配殿，分別供奉日月星辰和雲雨雷電等諸神牌位。整個殿宇的外觀狀似圓亭，坐落在2米多高的漢白

天壇公園在北京城南，古柏參天，是北京各大景點中最多北京百姓的地方。很多北京居民結伴來這裡練箭、打拳、踢毽子。

三位老哥正在引吭高歌，三重唱有點專業水準了。

玉須彌座台基上，周圍均設石護欄。

　　皇穹宇的正殿和配殿都被一堵圓形圍牆環繞，牆高3.72米，直徑61.5米，周長193米。內側牆面平整光潔，能夠有規則地傳遞聲波，而且回音悠長，故稱「回音壁」。另外，在皇穹宇殿前到大門中間的石板路上，由北向南的三塊石板叫做三音石。在皇穹宇門窗關閉而且附近沒有障礙物的情況下，站立於第一塊石板上擊掌，可聽到回音一聲；於第二塊石板上擊掌，可聽到回音兩聲；於第三塊石板上擊掌，可聽到回音三聲。

　　祈年殿在天壇的北部，也稱為祈谷壇，原名大祈殿、大享殿，始建於明永樂十八年（1420年），是天壇最早的建築物。乾隆十六年（1751年）修繕後，改名為祈年殿。光緒十五年（1889年）毀於雷火，數年後按原樣重建。目前的祈年殿是一座直徑32.72米的圓形建築，鎏金寶頂藍瓦三重簷攢尖頂，層層收進，總高38米。

　　祈年殿的內部結構比較獨特，不用大樑和長檁，僅用楠木柱和枋桷相互銜接支撐屋頂。殿內有楠木柱二十八根，數目排列切合天象：中央4根龍柱高19.2米、直徑1.2米，象徵四季，中圈12根金柱象徵一年十二個月，外層12根巨柱象徵一天十二個時辰，中層和外層相加象徵二十四節氣，三層柱總共28根象徵二十八宿。

天壇公園內的皇穹宇

→右圖
天壇祈年殿航拍圖，轉自「Google Earth觀察」。

殿內地板的正中是一塊圓形大理石，帶有天然的龍鳳花紋，與殿頂的蟠龍藻井和四周彩繪金描的龍鳳和璽圖案相互呼應，使整座殿堂顯得十分富麗堂皇。

祈年殿的殿座就是圓形的祈穀壇，三層6米高，氣勢巍峨。壇周有矮牆一重，東南角設燔柴爐、瘞坎、燎爐和具服台。壇北有皇幹殿，面闊五間，原先放置祖先神牌，後來牌位移至太廟。壇邊還有祈年門、神庫、神廚、宰牲亭、走牲路和長廊等附屬建築。長廊南面的廣場上有七星石，是嘉靖年間放置的鎮石。

整個天壇公園裡面古木參天，如果不著急去看上面那三個人山人海的景點，在樹林裡坐坐，是非常寫意的。

天壇是被改動得最少的一個北京古蹟了。我手頭有張外國人在一百年前拍的天壇照片，和我們現在看到的天壇幾乎一樣。我小時候去的時候這裡很荒涼，現在倒是人太多了。

↖上圖
1946年外國人拍攝的一張天壇航拍圖
←下圖
天壇公園的平面佈局圖

天壇可算是改動的最少的北京古蹟了,目前的主體建築祈年門和皇
乾殿是明代建築外,其餘都是清代建造的。

這位大叔以水為墨,在地上練書法,遊人經
過,均行注目禮。

北京經歷了這麼長時間的改造、擴建、改建、拆毀，現存的古典建築還是不少，不過以前是一個完整的構造，現在則是基本聯繫不起來的孤立單體而已了。

北京的古建築，類型多，可以分為幾個大類別，紫禁城為中心的故宮建築群是一個最完整的部分，是宮殿建築群。第二大類別建築是壇廟建築，可以看的還有天壇、社稷壇、太廟、國子監和孔廟等處地方。北京的皇家園林可以看的則有頤和園、北海公園、圓明園遺址、香山的見心齋等，不多了；陵墓建築主要集中的是明十三陵、清東陵和西陵，都離開北京城有一段距離。宗教建築有佛塔、喇嘛寺、道觀、清真寺和教堂多處；王府餘下的不多，在後海那裡可以看見幾個親王府，不過未必能進去看，因為不少已經成了機關大院了。而真正可以看的是四合院型的民居群落，還有一些剩餘的部分；原來各地在北京都有會館，現在剩餘的也就少了，之外還可以看的就是幾段長城。

說歷史建築就是這些，如果一一都看看，還頗需要點時間。好在現在旅遊地

清華園

拆後重建的明城牆遺址公園，既有今日，何必當初？

↑由左至右圖
老明信片──海岱門北大街，攝於1900─1930年間（海岱門是Hatamen的音譯，即哈德門，是元朝的名稱，清朝已改成崇文門了，圖中實為當年崇文門北大街的景象）
明城牆遺址公園──墩台（選自ChinaTourismAdvisors.com）
文革中拆除的西直門

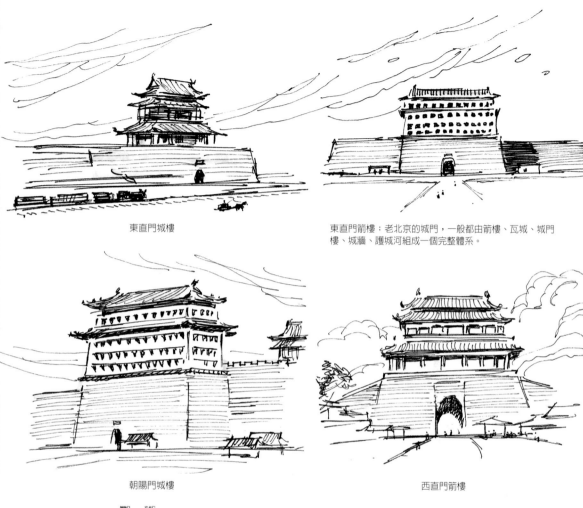

東直門城樓

東直門箭樓；老北京的城門，一般都由前樓、瓦城、城門樓、城牆、護城河組成一個完整體系。

朝陽門城樓

西直門箭樓

老北京的城門，分為內城九門——正陽門、崇文門、宣武門、朝陽門、阜成門、東直門、西直門、安定門、德勝門；外城七門——永定門、左安門、右安門、廣渠門、廣安門、東便門、西便門。

圖上標得清清楚楚，大酒店前面天天都有空調旅遊大巴帶你到處轉，到了後海那邊，滿大街的三輪車在拉客，有心要都看的人，呆上半個月，差不多就能看齊了。不難。

講講這些古建築遺存吧！

紫禁城有精緻的城牆包圍著，那是宮殿的城牆，北京原來還有一座氣魄更加不得了的城市的城牆包圍，現在看見的前門這幾個城樓，就是那座城牆的入口。不過，北京的城牆已經給拆光了，大部分城樓也給拆了，現在孤零零的留下幾座，已經很難想

義大利攝影師費利斯·
比托（Felice Beato）
1860年十月十三日拍
攝的照片「北京的第一
印象」（該圖片現為美
國聖塔芭芭拉藝術博物
館收藏）

像出當年城牆的氣勢了。

　　我手頭最早的北京城牆的照片，是義大利攝影師費利斯·比托（Felice
Beato）拍攝的東直門外看去的城樓，拍攝的時間是1860年10月份，還有一張是
安定門外的城牆，這幾張照片大約也是現存最早的北京照片了。比托當時跟隨英
法聯軍在第二次鴉片戰爭中進入北京周圍，8月份法軍在渤海灣打敗清軍，並且在
10月13號進入北京城，比托扛著沉重的照相機，拍攝了一批照片。北京當時城牆
宏偉，非常完整，但是也可以看到城外何其荒涼，護城河環繞，沒有樹木，也沒
有居民，空空蕩蕩的。現在這兩張照片的位置上是二環路，開車一晃而過，已經

147

清晨的北京二環路

1860年義大利攝影師費利斯‧比托（Felice Beato）所提的北京東直門和城牆，這段城牆在1915年因為修建鐵路面拆毀了一段，其餘的則在1950-60年代拆除了，現在這裡是北京的二環路。

現在的北京二環路。城牆已經拆掉了，護城河也填平修了路，只剩老城樓還孤零零地站在那裡。

北京明城牆遺址公園

149

↑上圖
今日德聖門

↓下圖
美國攝影師赫博特・C・懷特（Herbert. C. White，當時任上海一家印刷公司的藝術顧問），於1920年代中期拍攝的北京東直門夏季的景色。

沒有什麼城的痕跡了。

　　孤零零的城樓現在還是北京的地標建築，1895 年美國攝影師威廉□亨
利□傑克遜（William Henry Jeckson）拍攝的一張從東南面看北京東便門
一線的城牆的照片，體現了北京當時城牆和城樓的關係，護城河也很完整，
照片上前景的城樓是東便門城樓，這個城樓現在還保存著，如果在二環路
上開車，還可以看到這座城樓很雄偉地屹立在那裡。東便門的照片比較多
，我這裡還有 1920 年代中期的這個城樓的一張照片，一群孩子在城牆下
的池塘邊看城樓，濃蔭之下，城牆和城樓很是氣派，現在到那個位置看城
樓，車水馬龍，已經不是那個感覺了。德勝門也留了下來，手頭幾張 1920
年代中期的照片和現在的照片，相比之下，德勝門城樓本身沒有多大的變
化，只是周邊的環境全變了。因為沒有城牆，城樓就有點古怪的感覺。

民國初年經過改造的正陽門

今日的北京正陽門

✎右上圖
老明信片——俗稱「前門」的正陽門，是北京內城的正南門，1900
年城樓和箭樓為八國聯軍所毀後重建，圖為重建前的正陽門。

↑右下圖
天安門南側的正陽門
（引自ChinaTourismAdvisors.com）

21世紀，重新修復的北京中軸線南面起點——永定門，沒有了兩旁城牆的護持，永定門顯得有些孤零零的。

1949年，人民解放軍從永定門進入古都北京。

對大部分剛剛來北京的人來說，最顯眼的、最宏偉的城樓應該是前門的兩座前後的城樓了，這是北京中軸線上最重要的兩座城樓，據說其中正陽門城樓是民國初年經過德國建築師出方案改造過的，結果並沒有破壞城樓原來的氣勢，反而更加雄偉，可見有時候古建築改造的方案，未必完全要十足復舊，可以在保持原貌的基礎上加以某些有限的發揮的。1916年7月4號，企圖恢復帝制的袁世凱去世，舉行出殯，有外國記者在前門上面拍了一張照片，顯示了從前門內到天安門這一軸線的狀況，照片上的這個位置，現在是毛主席紀念堂。

23

天安門城樓

全世界的人來北京，可能無一例外的都要來看天安門城樓的。紅牆黃瓦，實在燦爛。

天安門原為明清皇城的正門，始建於明永樂十五年（1417年）。最初時，它僅是一座三層五間式的木結構牌樓，名字叫做「承天門」。天順元年（1457年），牌樓毀於雷火，八年後的成化元年（1465年）重建為面闊五間、進深三間的門樓。崇禎十七年（1644年），李自成的軍隊攻入北京，承天門再次被毀。清順治八年（1651年）在廢墟上進行了大規模改建，重修為一座城樓，名字也改成「天安門」滿洲人用滿語讀，「天安門」讀作「abkai elhe obure duka」，取「受命於天，安邦治國」之意。

明清的皇帝們一般都在天安門頒佈重要詔令，稱為「金鳳頒詔」。此外皇帝大婚、將領出征時祭旗、御駕親征時祭路、刑部在秋天提審要犯（「秋審」）、殿試公佈「三甲」（「金殿傳臚」）等重大儀式也都在此舉行。1911年12月25日，隆裕太后在這裡公佈了末代皇帝愛新覺羅溥儀的退位詔書，從此天安門不再歸皇家所有。中華民國時期，天安門前發生了許多重大的歷史事件。1919年「五四運動」、1925年「五卅運動」、1935年「一二九運動」、1948年「反饑餓、反內戰、反迫害運動」等先後在這裡發生。

1949年10月1日，天安門廣場上舉行了中華人民共和國的開國大典，毛澤東在城樓上宣佈中華人民共和國成立。從那時起，天安門便成為現代中國的象徵，後來更把它的圖案設計在了國徽的正中。毛澤東在世的時候，經常在天安門舉行閱兵、遊行儀式。之後1976年的「四五運動」和1989年的「六四事件」也都發生在這裡，事情多了，這個門和門前的廣場就舉世聞名了。

1949年後，天安門進行過多次修葺，我到北京，好多次看見天安門給手腳架包裹得嚴嚴實實的，其中1952年和1970

抗戰勝利後的天安門

由左至右圖　1911年的天安門，金水橋前還有人騎著馬。
　　　　　1949年10月的天安門，城樓上的毛澤東巨幅畫像是周令釗先生的作品。
　　　　　1949年開國大典的天安門城樓上掛著的毛澤東頭戴著八角帽的巨幅畫像，是周令釗的作品。

1966年，毛澤東乘車在天安門前長安街上檢閱紅衛兵。

↑ 左圖
上個世紀50年代中的
天安門
↗ 右圖
上個世紀50年代的天
安門，北京城裡還有不
少騾馬大車。

年的兩次重修規模較大。私下聽說，70年那一次大修，其實整個給拆了，重建的。不知道這個說法有沒有根據了。

天安門坐北朝南，原通高33.7米，1970年重修後改為34.7米。建築的底部為漢白玉精雕的須彌座，高1.59米。底座之上建有朱紅色的高大城台，面積約4800平方米。城台的兩側有登城馬道，臺上建城樓。

城樓面闊九間（57.14米），進深五間（20.97米），重簷歇山式頂，覆黃琉璃瓦。在兩層正簷之間有用滑輪固定的一枚國徽，直徑1.7米，位置與北京中軸線嚴密重合。屋簷下懸掛著17盞大紅宮燈，其中主燈重達450公斤，輔燈也各重350公斤。整座屋頂由60根大紅木柱支撐，每根柱的直徑約2米。城樓的正面和背面各排列有36扇菱花門窗，天花、斗拱和樑枋上都繪製了最高等級的「金龍和璽」彩畫。樓體的四周為回廊環繞，廊深3米左右，廊外設漢白玉欄杆和矮牆。整座天安門城樓的外觀富麗堂皇，雄偉壯觀。特別是你穿過天安門，往裡面的午門走去的時候，比較一下裡面和天安門形制相仿的那幾個城門，就更感受到天安門的氣派了。

在天安門城台的下部開有城門五闕。正中的門洞高大寬敞，專供皇帝出入。城門上原掛「天安門」牌匾，1949年以後改掛巨大的毛澤東畫像。畫像每年國慶日前都要更換，歷史上在1950年、1953年和1969年進行過三次改版。目前使用的是1969年第四版的作品，繪製在一整塊玻璃鋼板上，外框高6.4米、寬5米，內

框高5.8米、寬4.4米。畫像的兩側鑲嵌有兩幅巨型標語「中華人民共和國萬歲」和「世界人民大團結萬歲」。標語各長30米、高2.2米，原以繁体字刻在木板上，1964年換成簡體字，1970年後改用了金屬材料製作。1988年1月1日起，城樓開始對社會公眾收費開放。

　　說起天安門上面的毛澤東畫像，倒跟我家有點關係。因為1949年懸掛的第一張是舅舅周令釗畫的。我曾經問過他當時的過程，他記得很清楚。

　　1949年開國大典前夕，裝修天安門的工作交給了當時的華北軍區政治部宣傳部，真正落實具體工作的是宣傳部所屬的文工團舞美隊，也就是現在的北京軍區戰友文工團。天安門兩側紅牆上，要寫上兩幅巨大的橫幅標語：「中華人民共和國萬歲」、「中央人民政府萬歲」這是新聞總署署長胡喬木擬定的。而畫毛主席

今日北京天安門

藍天下的天安門

畫像的任務責無旁貸地落在了由徐悲鴻任院長的國立藝專（解放後與華北大學藝術系合併，改為中央美術學院）身上，徐悲鴻找了他請來教書的「實用美術系」的講師周令釗來畫。我問過舅舅，為什麼那麼多畫家中，就選了他這個最年輕的來做這件最重要的工作？他說大概是因為先前畫過毛澤東的肖像，引起領導注意了。那是在1949年4月20日，當時在北平六國飯店舉行國共和談，市政府到藝專找了他畫的一幅戴八角帽的毛澤東油畫肖像，懸掛在會議室內，開會的中央領導看了肖像，都說畫得好，這樣就讓徐悲鴻讓他趕快趕畫一張大的，掛在天安門城樓上，開國大典時候用。

　　當時周令釗只有30歲，他不認為自己是因為超人才幹，而僅僅是機緣。我想，之所以他被委託畫這麼重要的一張作品，其實跟他的能力和背景是分不開

的。1948年，周先生應邀到當時徐悲鴻任院長的國立藝專任教於實用美術系。他常帶領學生們畫宣傳面、寫標語。北平解放後，由於沒有大型會堂，許多國家級的會議都在王府井協和醫院對面的美院禮堂舉行，而佈置會場的任務便成為周令釗的「家常便飯」。在長期的實踐中，他成了美院有名的「快手」──構思快、動手快，並為一些領導同志所熟知。

接到任務，周令釗便帶著助手、他的學生、也是他的妻子陳若菊來到天安門，在城樓上的大殿外搭起腳手架，開始了工作。周令釗選取了北平和談時用的那張毛主席戴八角帽的照片，畫得很輕鬆，不像現在我們看見的那張肖像那麼一絲不苟的嚴謹。要把小照片畫成巨幅畫像，必須放格，太大了，沒有這麼長的尺子，他和陳若菊專門做了一個粉線袋，兩人一邊拿一頭，像木匠那樣彈線、打好格子。每天天亮時，周令釗就開始作畫，直到天黑看不見為止，他還一次次地爬上爬下，好看看畫得像不像。到9月30日，畫像基本完成，當時北平市市長聶榮臻特意來看畫像。他對畫像上毛主席的神態和表情比較滿意，但提出開國大典是個莊重的時刻，領子應該扣起來好些。他走後，周令釗馬上進行修改，改完後已經精疲力盡，便回家睡覺去了。剛剛上床，天安門的工作人員就來敲門，說你先別睡了，事情還沒完哩！原來，有關領導又提出主席像下面「為人民服務」5個小字還是去掉的好。於是，周令釗馬上起床，從美院宿舍一路小跑，火速趕回天安門。此時，他看到畫像已經掛上了城樓，聚光燈也打開了，下面還架好了架子等著他來修改。他趕快一手拎著顏料桶，一手拿著筆爬上去。他把那5個小字先抹去，然後補上與衣服同色的顏料，還要在上面補一枚扣子，使之看起來「天衣無縫」。但由於畫太大，梯子又小，他只能改完一邊，下來，再上去，如此反覆很多次才大功告成。改完了以後，天都快亮了。我去年到他家看他，九十歲的人了，對當時的情況記憶清清楚楚，笑著說：大典的時候，可能那塊最後修改地方的油畫顏色都還沒有乾呢！這段經歷現在已經像是傳奇，在網上流覽一下，不難找到各個細節的回憶的，可惜當時匆忙，連張工作照片都沒有留下來。

我有時候站在天安門城樓下面，看門樓上的毛澤東肖像和兩旁的標語，因為時間長了，這幾個極為政治性的東西都好像變成天安門城樓的一個有機組成部分了。走進故宮，看見其他城樓光光的，沒有這兩組裝飾，反而好像覺得缺了點什麼一樣。

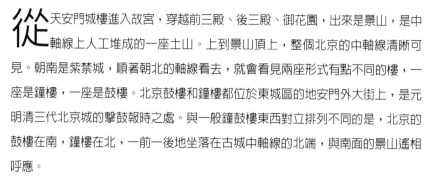

chapter

24

鐘鼓樓

從天安門城樓進入故宮，穿越前三殿、後三殿、御花園，出來是景山，是中軸線上人工堆成的一座土山。上到景山頂上，整個北京的中軸線清晰可見。朝南是紫禁城，順著朝北的軸線看去，就會看見兩座形式有點不同的樓，一座是鐘樓，一座是鼓樓。北京鼓樓和鐘樓都位於東城區的地安門外大街上，是元明清三代北京城的擊鼓報時之處。與一般鐘鼓樓東西對立排列不同的是，北京的鼓樓在南，鐘樓在北，一前一後地坐落在古城中軸線的北端，與南面的景山遙相呼應。

鼓樓通高46.7米，坐落在高4米的磚砌台基上，占地面積約7000平方米。樓體面闊五間，形制為三重簷歇山頂、灰瓦綠琉璃剪邊屋面。從外觀上看它是一座兩層的建築，實際在兩層之上還有一個暗層。鼓樓的底層為磚石結構，前後各有券門三道，左右各有一道，東北角還設邊門，內砌69級式石階可通上下。二層以上為木結構，四周修有回廊，外側設望柱和欄杆等。

上世紀20年代
初期的北京鼓樓
（拍攝者姓名不
詳）

↓左頁下圖至右
今日北京鼓樓
鐘樓裡的大鐘
登上鐘樓還真不
是太輕鬆

今日北京鐘樓，守望著古老城市的四合院和小胡同，見證著拔地而起的現代化北京。

鼓樓歷史上曾經三毀四建。最初建於元至元九年（1272年），名齊政樓，取金、木、水、火、土、日、月七政之意，後來被火焚毀。大德元年（1297年）重建，之後再次毀於火災。明永樂十八年（1420年）二度重建，不久因雷擊被毀。嘉靖十八年（1539年）第三次重建，終於留存至今，只在清嘉慶五年（1800年）和光緒二十年（1894年）進行過部分修整。

鼓樓內部通體彩畫，金碧輝煌。二層原本置宋代的銅壺滴漏和鐃神，用來報時，但在清初遺失。清代起改用時辰香定更次，並設主更鼓1面和群鼓24面報時，象徵一年二十四節氣。現在僅存一面主鼓，直徑1.71米，高2.22米，鼓面由整張牛皮蒙成，上面刀痕累累，是被八國聯軍所砍。1924年時，鼓樓曾一度改名為「明恥樓」，陳列展覽八國聯軍的圖片、實物和模型等。

鼓樓前在元代時是北京城重要的商業區。根據古代都城「左祖右社，前朝

北京中鼓樓（Stephen F. Dale攝影）

鐘樓上面望北京

後市」的規制，鼓樓正處在皇城之後，而且附近多有權貴宅第，不遠處的積水潭和什剎海也都是商賈雲集之所，因此帶動了鼓樓前商業的發展。直到王府井、西單等商業街興起後，這裡才逐漸衰落。1949年後，鼓樓商業街重新繁榮，在保留老字型大小的同時，又新開了許多商店、飯店和風味小吃店，成為北京城北地區的商業中心之一。

鐘樓在鼓樓以北約100多米處，原是元代萬寧寺的中心閣，始建於至元九年（1272年），後來毀於戰火。明永樂十八年（1420年）與鼓樓一起重建，成為鐘樓，但不久後就再次被毀。清乾隆十年（1745年）奉旨重建，兩年後竣工。這次為了防止火災，建築全部採用了磚石結構。曾被北京防空指揮部作為辦公地，1980年代後騰退。

鐘樓占地約6000平方米，為重簷歇山頂建築，通高47.95米。底層基座的四面均有券門，內設75級石階可上二層的主樓。主樓面闊三間，上有黑琉璃瓦綠剪邊覆頂，下有漢白玉須彌座承托，四面分別開一座券門，券門的左右各有一座石雕窗，周圍環繞著石護欄。

鐘樓的正中立有八角形的鐘架，懸掛「大明永樂吉日」鑄的大銅鐘一口。鐘高7.02米，直徑3.4米，重63噸，是中國現存體量最大、分量最重的古代銅鐘，有

↑上圖
今日北京鼓樓

↓下圖
1871年的北京鼓樓（南向）

↑上圖
今日北京鼓樓（側面）

↓下圖
1910年的北京鼓樓（東向）

「鐘王」之稱。它的鐘聲悠遠綿長，圓潤洪亮，在過去北京城尚無高大建築的時代，可以傳播數十里遠。原先鐘樓內懸掛的並不是這口鐘，而是同樣為永樂年間所鑄的一口大鐵鐘，但因為音質不佳，後來才改用銅鐘。原鐵鐘則被置於牆邊，目前已被大鐘寺古鐘博物館收藏。

在鐘樓附近，曾經還有過一座金爐娘娘廟，祭祀一位工匠的女兒。傳說她為了鑄鐘而捨身跳入熔爐，才使他的父親終於在規定的期限內鑄造出符合要求的銅鐘來。目前該廟僅存遺址。

根據明清規制，鐘鼓樓每天兩次鳴鐘，寅時的稱為「亮更」，戌時的稱為「定更」。戌時開始在每個更次擊鼓，直到次日寅時。這被稱作「晨鐘暮鼓」。

1924年以後，隨著鐘錶的普及，鐘鼓樓也不再用來報時。到了2001年的歲末，為慶祝新年，才重新鳴響大鐘和更鼓（仿製）。此後也偶爾為慶典或旅遊活動奏響鐘鼓。

鐘樓和鼓樓是北京城最高的古建築之一，對研究明清兩代的建築工藝具有一定的參考價值。而且它們正處在古城中軸線的北端，和南面的景山遙相呼應，互為借景，也是研究北京城規劃佈局的重要實物資料。

我在美國找到最早的這兩個城樓的照片是1871年拍攝的鼓樓，有趣的是有一張美國攝影師赫伯特‧懷特（Herbert White）在1907年從鼓樓上面拍下來照片，上面有兩個中國苦力，現在去同一個角度看下面，鼓樓大街雖然建築不同了，但是佈局依舊。而鐘樓的照片，我現在手上有的是1920年拍攝的和現在的格局和形式基本完全一樣。

25

古觀象台

靠近北京建國門的立交橋旁邊，可以看見一座觀象台，很多去北京的人都注意到的，但是專門去參觀的人不多。

北京古觀象台位於北京城池東南角，元大都東南角樓處。台的東側原本與明清北京城牆相連。城牆在1957年後被拆除，因此現僅存古觀象台。台體平面呈方形，高17.79米。台頂東西長23.9米，南北寬20.4米。最初台基用黃土夯築，四周砌磚。1979年至1983年維修加固後，台體採用了空心結構，並開闢為展覽廳。

目前觀象台上安放清代主要由西方傳教士製造的黃道經緯儀、赤道經緯儀、地平儀、象限儀、紀限儀、天體儀、地平經緯儀、璣衡撫辰儀等八件大型銅鑄天文儀器。

觀象台西側有紫微殿、晷景堂、壺房、東西值房等附屬建築。明清時為欽天監官員來觀象台觀測時的工作用房，現成為中國古代天文成就展的展廳。

北京古觀象台始建於明朝正統七年（1442年），此後連續從事天文觀測工作近500年（至1926年），是全世界現存的古代天文機構中，連續觀測時間最久的一座。它的建築組群完整，設備配套齊全，並且充分體現了東西方科技、文化的相互交融，因而在國際上久負盛名

古觀象台最初為元代的司天臺。元（蒙古）滅金、宋後，將開封和杭州的司天監人員都集中到了大都。在王恂和郭守敬的帶領下，他們改築大都城的東南角樓，建立司天臺，並且製作了渾儀、簡儀、圭表、渾象等觀測儀器。元末明初，司天臺毀於戰火，設備全部運往南京的雞鳴山觀星台。永樂十八年（1420年）明成祖遷都北京後，由於設備依然留在南京，所以較長一段時間內只能憑肉眼觀測。

老北京古觀象台上（攝於1870年代）

古觀象台（引自ChinaTourismAdvisors.com）

圖為外國記者於1946年在北京古觀象台上拍攝的照片，可以看到當時的北京內城城牆和東南角樓，圖中的儀器大部分是由比利時傳教士南懷仁（Father Ferdinand Verbiest）在1670年代主持建造的。

1880年間北京古觀象台上的儀器

北京古觀象台（攝於1870—1880年間）

　　正統四年（1439年）至七年（1442年），行在欽天監監正皇甫仲和仿照南京的設備，複製了渾儀、簡儀、圭表、渾象等儀器，並將內城城牆的東南角即元司天臺的舊址改築為觀星台，從此開始了連續的天文觀測活動。

　　台邊西側最初建有紫微殿，數年後的正統十一年（1446年）又增築了晷景堂，從而形成目前的建築佈局。崇禎二年（1629年）至八年（1635年），徐光啓、李天經等人先後製作了一大批天文儀器，包括紀限儀、平懸渾儀、平面日晷、轉盤星晷、候時鐘、望遠鏡、交食儀、列宿經緯天球、萬國經緯地球、沙漏等，安放在臺上。

　　清代起觀星台改稱觀象台。康熙八年（1669年）至十二年（1673年），比利時傳教士南懷仁按西方天文學的度量制和儀器結構，在明代儀器的基礎上督造了黃道經緯儀、赤道經緯儀、地平經儀、象限儀（地平緯儀）、紀限儀（距度儀）、天體儀等大型新儀放置臺上，原有的儀器則被移往台下。康熙五十二年（1713年）至五十四年（1715年），法國耶穌會傳教士紀理安又設計製造了地平經緯儀。這時由於設備增多，場地顯得不足，因此將觀象台向東延伸五米，並重新安排了儀器的位置。乾隆九年（1744年）至十九年（1754年）仿照古代渾儀並採用新刻度製造了璣衡撫辰儀，是清代鑄造的最後一件大型天文儀器。

　　1900年八國聯軍攻佔北京，觀象台所在

環繞在新建築之中的古
觀象台

的内城東南屬於德國佔領區。八國聯軍總司令、德國元帥瓦德西參觀古觀象台後決定將臺上天文儀器作為戰利品運回德國。他在聯軍佔領軍軍事會議上提出觀象台的古天文儀器是德軍戰利品，引起法軍不滿。法軍統帥優依隆提出，觀象台中有的儀器是在法國製造的，因此法國應該獲得一部分。經過爭執，兩國佔領軍決定平分古觀象台儀器，德國有優先挑選權。最後的商議結果是，明代渾儀、清代天體儀、璣衡撫辰儀、地平經儀和紀限儀器歸德國，明代簡儀、清代地平經緯儀、黃道經緯儀、赤道經緯儀和象限儀歸法國。

1900年12月，德法軍隊將觀象台的天文儀器拆卸，運往兩國使館。此後清廷緊急製作了小型地平經緯儀和折半天體儀以供使用。法國獲得的五具儀器一直存放於使館中，後迫於公眾輿論，在1902年歸還中國。德國獲得的五具儀器於1901年8月運往德國，按照德國皇帝威廉二世的命令，於1902年4月安置在波茨坦皇家花園的桔園前。第一次世界大戰後，依據凡爾賽條約第131條的規定，這些天文儀器也於1920年6月被歸還中國，1921年4月運抵北京。

↖↘ 左頁上至下圖
北京古觀象台遠眺
外國記者1871年拍攝
的北京古觀象台上的天
文儀器
位於建國門内大街附近
的北京古觀象台

這個觀象台現在被夾在重重疊疊的高層建築、立體交叉橋中間，我看天象是觀不到什麼的了。但是知道這段歷史，還是很有意思的。

去年和阿城、陳丹青幾個朋友在丹青的畫室聊天，阿城說了件很有趣的事，說皇城裡面原來宵禁，入夜不許任何娛樂活動，因此北京的商店、餐館、旅店、妓院什麼的全部都在城外，也就是前門外面的大柵欄、宣武門、崇文門外的一帶，非常繁華，城裡的皇親國戚、達官貴人要尋樂會友的，都還要出城。因此，這一帶是北京最早的商業中心了。

當然，這三個城樓——前門、宣武門、崇文門外的商業區，最集中的還是前門外的大柵欄。大柵欄位於天安門廣場以南，前門大街西側，從東口至西口全長275米。現在在大柵欄分佈著11個行業的36家商店，平均客流量15—16萬人，節假日20多萬人。但由於北京整體商業環境的提升，零售業的重心早已不在前門地區，大柵欄的商業地位也日趨衰落了。

明張竹坡《京師五城坊巷胡同集》中並未收載「大柵欄」這個地名，在前門外路西只有廊房頭條、廊房二條、廊房三條和廊房四條，其中的廊房四條就位於現在大柵欄的位置，可見在明朝還沒有柵欄這個地名。而所謂的「廊房」指的就是用於臨街經營的店面房，由此可見，在明朝雖然沒有大柵欄這個地名，但大柵欄所在的位置就已經是一處商賈雲集的繁華商業區了。

明弘治元年，為治理京師社會治安，在北京各條街巷門口，設置了木質柵

一眾老友相聚在丹青的畫室，聽阿城侃老北京，不亦樂乎。

↑上圖
繁忙的崇文門大街

↙左下圖
今日大柵欄，依然充滿活力。

↓右下圖
1946年前後的北京大柵欄

↑上圖
阜城門於1965年拆除，建起了北京的二環路。

↓下圖
1871年，外國攝影者從前門瓦城城牆上拍攝的前門牌樓和前門大街——當時這裡已經成為北京繁華的商業區了。

說起瑞蚨祥

| 1 | 3 |
| 2 | 4 |

↑由1至4圖
1870年代北京外城街
頭景象
老北京街道上的店鋪
門面（1874年）
老北京的街頭景象
（1870年代）
1870年代北京店鋪門
面——天增號

欄，柵欄由所在地點居民出資修建，從此以後直到清朝末年在北京的街道上共修建了一千七百多座柵欄。其中廊房四條的柵欄由商賈出資，格外的大，因而被稱為大柵欄，久而久之大柵欄就取代廊坊四條成為這條街道的正式名稱。

　　光緒二十五年大柵欄發生火災，木質柵欄被燒毀，從此以後大柵欄只存其名，直到2000年北京市政府又在大柵欄街口修建了鐵藝柵欄，真正的柵欄才又回到大柵欄。

　　作為一個有著數百年歷史的老商業街，在大柵欄有不少國內外聞名的老字型大小，如經營中藥的同仁堂，經營布匹綢緞的瑞蚨祥，經營帽子的馬聚元，經營布鞋的內聯升，經營茶葉的張一元，經營醬菜的六必居，此外還有一品齋、步瀛齋、聚順和、長乘魁等都是擁有百年歷史的老字型大小。

　　曾經在京城流傳順口溜「頭頂馬聚元，腳踩內聯升，身穿八大祥，腰纏四大

↑ 上圖

外國記者大約在1910年拍攝的阜城門大街，朝東看去是望不到頭的街舖商號，街道已相當寬整平坦，兩旁的建築也井然有序。

↙ 左下圖

大柵欄街口的水果攤——還是有點城外的味道

↘ 右下圖

北京歷史上最早的電影院「大觀樓」就座落在大柵欄

「恒」以此作為有身份有地位的象徵,其中提到的馬聚元、內聯升、八大祥、四大恒都是大柵欄的商戶銀號。

除了商號,大柵欄還曾經是京城的一處娛樂中心,歷史上曾經有過五個大戲樓:慶樂園、三慶園、廣德樓、廣和園、同樂園;北京歷史上最早的一座電影院大觀樓也是坐落在大柵欄的。這裡的「八大胡同」是紅燈區,現在大規模拆遷,只留個說法了。這裡目前的商業開發在設計上是失敗的,一點特色都沒有,如果拿張這裡現在的照片給大家看看,還不知道是瀋陽還是廣州的商業街呢!一個城市從有特色給整到毫無特色,也真是令人傷心啊。

其實,不僅僅這三個城樓外是商業區,阜城門、朝陽門外也都曾經很繁盛過的。我看過一張1910年在阜城門上拍的照片,阜城門外大街還是很繁華的呢!

chapter

27

東交民巷

和中國其他主要大城市都有外國租界比較，北京倒沒有租界，除了東交民巷之外。因此，要找北京的西式建築的起源，除了教堂之外，就得到這裡來看看了。不過這裡一直給各種政府重要部門佔用，高牆深院，現在走走，除了牆之外，大概看不到什麼了。加上近年的開發建設，沒有人重視北京最早的西人區的保護，這裡和上海租界、廣州沙面、天津五大道的狀況更加不可同日而語。

東交民巷原名東江米巷，是北京市東城區的一條胡同，胡同西起天安門廣場東路，東至崇文門內大街，全長近3公里，是老北京最長的一條胡同。

元朝時，東交民巷和廣場西側的西交民巷是連在一起的一條胡同，名叫「江米巷」。由於當時這條胡同內有元代控制漕運米糧進京的稅務所和海關，成為南糧北運的咽喉要地，因而得名江米巷。明代時修建棋盤街，將原來的江米巷截斷成為東江米巷和西江米巷。在東江米巷設有六部中的禮部以及鴻臚寺和會同館但主要只接待來自安南、蒙古、朝鮮、緬甸等四個藩屬國的使節，因此會同館又被稱作「四夷館」。到了清代，會同館改名四譯館，並修改政策只允許外國使節在這裡居住四十天。

1860年第二次鴉片戰爭中國戰敗後，根據清政府與英、法、美、俄簽訂的《天津條約》中相關條款規定，1861年3月英國公使正式入住東江米巷的醇親王府（當時名為梁公府，系康熙皇帝第七子鐵帽子醇王允佑的府邸）；法國公使正式入住安郡王府（當時名為純公府，系努爾哈赤之孫安郡王岳樂的府邸）；美國公使進駐美國公民Dr. S.SWilliam位於東江米巷的私宅；而俄國公使則入住清初在這裡修建的東正教教堂俄羅斯館。隨後各國公使館均選擇東交民巷一帶作為館址，到1900年義和團運動之前這裡有法國、日本、美國、德國、比利時、荷蘭等多國使館，義和團運動爆發後，這裡因為洋人麇集而被作為攻擊的重點，曾有童謠念道「吃面不擱醋，炮打西什庫；吃面不擱醬，炮打交民巷」，前者指的是位於北京西皇城根的西什庫教堂，後者即指東交民巷。

1900年義和團運動之後，根據《辛丑合約》的規定東江米巷改名Legation Street（使館街），其在中方繪製的地圖中則正式更名為東交民巷，成為由各個使館自行管理的使館區，清政府在這條街上的衙署，僅保留了吏、戶、禮三部和宗人府，其餘盡數遷出。隨後在這裡出現了英國匯豐銀行、麥加利銀行，俄國俄華道勝銀行，日本的橫濱正金銀行，德國德華銀行，法國東方匯理銀行等外資銀

↑上圖
原美國公使官邸現在成為北京員警博物館

↓下圖
1920年的美國公使館內的公使官邸，是由美國建築師設計的，混合採用了殖民時期風格和文藝復興風格。

↑上圖
1900年的英國
大使館大門

↓下圖
這張20世紀初年的老照片是從北京內城城牆上拍攝的美國公使館，遠處可以看到故宮的金黃琉璃瓦屋頂。

行，還開辦了法國郵局、醫院等設施，並出現了大量西式建築。這塊使館區在辛亥革命後一直保留。直到1937年抗日戰爭爆發後，除德國、義大利等軸心國外交官之外，其他國家的外交人員撤出北平，這塊使館區才移交給國民政府。

1949年以後這裡仍被作為使館區，與中華人民共和國建交的民主德國、匈牙利、緬甸等國的使館沿用了這裡舊有的建築，直到1959年遷往朝陽門外三里屯的第一使館區。文化大革命期間，這裡由於其歷史的特殊性，再次受到衝擊，街名被改為「反帝路」，很多西式風格的建築遭到破壞。1980年代以來，隨著北京城市建設的發展，東交民巷的建築亦受到衝擊，匯豐銀行、怡和洋行、俄羅斯館的舊址因拓寬馬路被拆除；德華銀行於1992年被拆除；日本使館舊址被北京市政府佔用；街上還興建了很多高層建築和現代建築，整條街的風貌遭到了極大的破壞。目前東交民巷是北京市文物保護街區。受到文物部門的保護。

因為這裡長期是外國人居住和工作地方，也就是具有租界性質的區域，因此外國人拍攝的照片特別多，比如我手頭有的1900年拍攝的英國大使館，大門現在依然沒有多大變化，實在難得。這裡現在是國家安全部，絕對進不

／／右頁上圖
今日正義路旁的綠化帶
→→右頁下圖
這張老照片大約攝於1900年，由南向北展示了當年的護城河，後來這裡沈淪為一條臭水溝了，解放後改造成綠樹成蔭的正義路。

↑上圖
今日東交民巷

↓下圖
解放以後，東交民巷的外國建築雖然有些被拆除，但相當大的部分保留了下來，當年的英國大使館現在是國安部所在地。

1905年的東交民巷，
左前是法國使館，遠景
是聖麥克教堂。

去參觀的了。北京市委和市政府所在的正義路，在義和團事件時候原來是一條臭水溝，現在改造得綠樹成蔭，實在是北京市內難得一見的一條可愛而安靜的街道。東交民巷有幢天主教教堂，是給當時這裡公使館的外國人做禮拜用的，叫做聖麥克教堂（St. Michael's Catholic Church），文化大革命期間幾乎給紅衛兵整個搗毀。1989年重建，現在叫做東交民巷天主教堂。教堂旁邊有個高牆院落，原來是法國公使館，文化大革命期間，給改造成中國長期供養的柬埔寨諾羅敦・西哈努克親王府，我想這應該是新中國建造的唯一的親王府了。其實，有一個公使館的建築現在依然在那裡，就是美國公使館的公使官邸，我手頭的舊照片是1920年前後從城牆上拍攝的這個公使館，因為這個官邸最靠前門、就在天安門廣場邊上，因此解放後就歸市公安局使用了。我覺得，東交民巷是北京文物建築中最不受重視的一個部分了，這裡面大概有民族情緒因素，認為外國人占了中國的地方，是恥辱的標誌。如果用這個觀點去指導城市改造，大上海第一個應該拆除的區域恐怕就該是外灘了呢！

東交民巷內的天主堂
（聖麥克教堂）

去北京的人不去王府井好像劉姥姥沒有進大觀園一樣,而北京人如果說要去逛逛王府井,同事朋友就會覺得你大概出什麼毛病了,就好像上海人突然說要去逛逛南京路一樣。其實王府井這些年給改得七零八落,高樓林立,特色全無,已經成了一個超級大mall了,我總是勸那些沒有來過北京的人說,不需要去那裡湊熱鬧了!

歷史上的王府井還是很有光彩的。這條北京最出名的商業大街全長1.8公里,最近改造之後,有一段成了步行街。王府井大街歷史可相當悠久了,計算起來有七百多年呢。如果查查歷史記載,王府井大街的名字可是改來改去,改過好多次的。

在元大都時,這條街叫丁字街。到了明永樂年間,這條大街上共建有十座王府,故改名為十王府街。再到清乾隆年間,這條大街上只有八座王府了,於是不再叫「十王府街」,稱為王府大街。到清宣統時,此大街被分成四段名稱不同的街道,北段仍然叫王府大街,中段恢復元代的古名丁字街,南段打出了一口供王府飲用的甜水井,得名王府井大街。1916年中華民國第一任大總統袁世凱下令將王府井大街改名為莫里遜大街。1934年,丁字街改名為八面槽。我早年來北京,聽見好多老北京人說去王府井的東安市場買東西,都是說去八面槽的。

中華人民共和國成立後,廢除莫里遜大街稱呼,改稱原來的王府井大街。1965年王府大街、八面槽、王府井大街三段合併為一條王府井大街。文革期間,紅衛兵為了「打倒帝王將相」、「掃四舊」,將王府井大街改稱「人民路」。王府井百貨大樓整個立面上的大字報居然貼到了四、五層,不知道那些紅衛兵是怎麼可以爬到哪麼高的。

早些年,王府井還的確是個消費熱點,那是因為整個北京商業不發達的原因,要消費就得到這裡來。記得1977年,四人幫下臺後,這裡首先恢復「王府井大街」。其實即便在文化大革命期間,來這裡買東西的人還是很多,百貨公司、新華書店裡面永遠

永遠人頭湧湧、永遠水洩不通的王府井，已經感受不到多少「京味」了。

改個不停的王府井（此圖摘自
BeijingUpdates.com網站）

王府井上的新東安市場

1995年，當時的北京市委強行拆毀王府井中心區，「麥當
勞」迫遷事件由此而起。

1950年代新建的北京王府井百貨大樓（引自 oldbj.com網站）「王府井」在很長一個時間內，是國內一流購物中心的同義詞，各地都有叫做「王府井」的各色店舖，此風氣一直流傳到現在。

夜幕下的王府井

北京王府井步行街

今日東安市場

1992年，麥當勞第一家在中國開設的分店座落在長安街和王府井的交口上。

是人頭湧湧，水泄不通的。

小時候來最喜歡的是當時的東安市場，這是是王府井最早的商場，約成立於清朝末年，數十年來坐落在王府大街北頭，有各色充滿古都風味的古玩店、字畫店、文房四寶店、綢緞店、成衣店、皮貨店、鞋帽店、瓷器店、中西樂器店、收音機店、傢俱店、中西舊書店、舊貨店、新舊照相器材店、寄賣行、中西餐館、小吃店等。現在新的東安市場，座落在王府井大街南頭，完全蛻變成一座多層的、索然無味的新式百貨商場，一座世界任何大城市都有的百貨大樓，失去昔日古老北京商場的特色。不知道當時批准這個方案的市政規劃部門的腦子裡想的是什麼呢？

chapter

29

王府井上的東堂

北京市東城區王府井大街74號，有一座天主教堂——王府井天主堂，俗稱東堂，又名聖若瑟堂、八面槽教堂，是耶穌會教士在北京城區繼宣武門天主堂之後興建的第二所教堂。

王府井天主堂現存的教堂建築是一座三層羅馬式建築，在建築細部的處理上，融入了許多中國傳統建築的元素，整座建築成功地融合了中西建築的風格。2000年伴隨著王府井大街的改造，北京市政府投資在教堂前興建了一個廣場，從而使王府井天主堂成為王府井步行街的一處景觀，而王府井天主堂也因之成為北京最為市民所熟知的一座天主教堂。

興建王府井天主堂的是葡萄牙籍耶穌會傳教士利類思和安文思，他們於明朝末年在四川從事傳教活動，後被攻入四川的清軍俘獲，依照清軍的慣例被分派在肅親王的王府內做雜役。在此期間利類思和安文思繼續從事傳教活動，並且贏得肅王的尊敬，脫籍成為自由人。此後他們更進一步與清朝皇室接觸。清順治十二年，順治皇帝下詔賜予兩人銀兩

今日東堂

1946年的北京王府井東堂

↑左圖
1900年的義和團時
期，東堂曾被嚴重毀
壞，現在的東堂基本保
持著1904年重建時期
的巴洛克風格——這是
當時非常流行的教堂建
築式樣。
↗右圖
位於北京王府井的東
堂，始建於1655年，
歷經自然和人為災害，
多次重建。

以修繕住宅，兩人借機請求將他們在八面槽的住宅改建為教堂並得到了順治皇帝的允許，建成了北京第二座天主教堂。最初的東堂系民居改建，建築整體呈現中國傳統建築風格，僅在建築細節上施以有關天主教教義的裝飾。

康熙初年，利類思和安文思重建了東堂，將原本的中式建築改建為西式風格的建築。同年安徽人楊光先為謀求欽天監監正的職位，向輔政大臣遞交《請誅邪教狀》，指控時任欽天監監正的耶穌會傳教士湯若望等人謀逆。康熙四年，湯若望、南懷仁、利類思、安文思被判入獄，北京城內掀起了反天主教的浪潮，在這次反天主教的浪潮中，王府井天主堂受到了較大的破壞。

康熙六年康熙皇帝親政，以鰲拜為首的輔政大臣在與皇帝的權力鬥爭中失利，受輔政大臣庇護的楊光先被罷官，由他掀起的教案得到平反，一度被沒收的王府井天主堂發還教會。

康熙五十九年，北京發生地震，宣武門天主堂和王府井天主堂在地震中被毀，康熙六十年主持王府井天主堂的費隱重建了王府井天主堂，重建工程由葡萄牙國王斐迪南三世資助，傳教士利博明作為建築師設計，傳教士兼清宮廷畫師郎

士寧主理了建築的繪畫和裝飾，當時的教堂門窗均有彩色玻璃花窗裝飾，堂內聖像很多出自郎士寧之手，有著極高的藝術價值。

嘉慶十二年東堂的傳教士在搬運教堂藏書過程中引發火災，包括郎士寧手繪聖像在內的大批文物被焚毀。在此期間，清政府一直對天主教採取比較嚴厲的禁止政策，這次火災更是直接導致了政府沒收東堂房產，拆除教堂建築。至咸豐年間這裡仍是一片空地，據史料記載當時東堂：「大堂雖未焚坍，亦令拆毀，飭修士等盡移南堂居住」。

咸豐十年第二次鴉片戰爭後，清政府發還了東堂、南堂、北堂和西堂的教產。

光緒六年天主教北京教區主教田類思向歐洲募款重建王府井天主堂，光緒十年新東堂建成。新建的東堂為磚木結構羅馬式建築，作為內部空間支撐結構的木柱均取自黑龍江的赤松，牆體則以城磚砌成。建築平面取十字形，正面建有三座鐘樓，均做穹頂結構，鐘樓頂端均裝飾有十字架。

在1900年爆發的義和團運動中，東堂於6月13日再次被毀，在堂內避難的一批信徒也被燒死。1904年法國和愛爾蘭用庚款重建了東堂，這就是東堂現存的建築。重建後的東堂完全恢復了義和團運動之前的形制與規模，

1966年文化大革命爆發，8月21日王府井天主堂關閉。此間教堂被八面槽小學佔用。1980年開始修復，12月24日正式開堂恢復宗教活動。1990年王府井天主堂列名北京市文物保護單位。

目前王府井天主堂主體建築保存完好，建築坐東朝西，面闊25米，開間30間，建築整體坐落在青石基座上，正立面共有三座穹頂式鐘樓，樓頂立十字架3座，中間一座鐘樓高大，兩側的鐘樓和穹頂均相對較小。教堂堂部空間內有18根圓形磚柱支撐，柱徑65釐米，柱礎為方形，堂內兩側掛著耶穌受難等多幅油畫。

1988年王府井大街的改造開始，東堂周圍的建築陸續拆除。2000年經過王府井大街改造工程，圍牆被拆除，教堂院門向西移動，在教堂西側形成了一個城市廣場，成為王府井大街的一道景觀。

雖然中國信奉基督教的人不多，但是好多北京年輕人結婚還是喜歡到這裡來照相，我有時候從東堂前門過，看見婚禮拍攝人群，很慶幸這座差不多算是王府井上唯一古跡的教堂，總算給保留下來了。

從北京看中國近年的建設速度,是最典型、最集中的,印象也最深刻。中國大陸的經濟自從 1978 年的「開放改革」以來,發展相當迅速,多年保持 10%左右的平均經濟增長率,使中國在短短的 20 多年中一躍而成為世界名列前茅的經濟大國,國家經濟生活面貌因此發生了天翻地覆的改變,這是有目共睹的。經濟發展的各個門類,比如製造業、服務行業的發展相當驚人,而其中最令人側目的,還是中國的建築業。從南到北,從東到西,全國可基本是一個大建築工地。住宅、商業樓宇、公共建築和基本設施的建設項目如雨後春筍一樣不斷湧現,高速公路、涵洞、橋樑、車站、碼頭、港口也與日俱增,這種城市建設的速度,全國城市化發展的速度,在中國是史無前例的,大約在全世界現代經濟中也絕無僅有。記得 1999 年我在上海開會,住在市中心的「新錦江酒店」,上海會議主辦方面招待我們在酒店頂層的旋轉餐廳吃飯,那個餐廳一小時轉一個圈,坐在那裡吃了兩個鐘頭的飯,看了兩次 360 度的上海全景。那天天氣不很晴朗,有些霧靄,高層建築從四面八方的雲中好象是沒有根一樣「拔地」而生,看著周圍密林般一棟接一棟的高層建築,對其龐大的數量暗暗吃驚。上海的東道主告訴我:

如雨後春筍般拔地而起的北京新樓群

↑左圖
北京的交通建設──京
承高速
↗右圖
北京新地鐵

上海在 10 多年內建造了 2000 多棟高層建築。我想：這個數字應該是世界之最了，因為無論是 1873 年後的芝加哥高層建築熱潮，還是 19 世紀末開始的紐約曼哈頓建造熱潮，也沒有在如此短的時間內建造過那麼多高層建築。即便在經濟曾經一度高速發展的日本、亞洲「四小龍」（南韓、臺灣、香港、新加坡）和「新三小龍」（馬來西亞、泰國和印尼），也從來沒有過如此高速的摩天大樓建造速度和規模的。

這幾年來，我因為在北京有些教育、出版方面的工作，還擔任了幾個開發公司的設計顧問，因此進出北京特別多，對北京這些年的發展印象也特別深刻。這樣的規模、速度，可在人類歷史上大概也就這一次了吧？說空前絕後我估計不會太離譜。

西方已經越過了建築和城市發展的高潮期，我在美國各地、在歐洲和日本出差，都很少見到建築工地、很少見到手腳架和塔式吊車的。在那裡，建築和城市的開發早就進入一個很溫和、很有節奏的成熟階段，大部分人都已經有自己的住宅，建造業是一個適度發展的行業，而不是一個熱點。在中國則完全不同，整個國家就是一個大建築工地，如果在那個城市中看不到工地、看不見手腳架和塔吊倒有些古怪了。即便到拉薩、青海、甘肅的南部，那裡的城鎮中洋溢的也是一派興旺的建築熱潮。在中國各種類型的建築中，基本建設和住宅建設是最轟轟烈烈的。從1980年代開始的住宅建造和發展高潮不僅迄今毫無減弱的樣子，並且已經成為與電訊、汽車、教育並列的中國國內經濟發展的四大主要支柱之一，在國民經濟發展中扮演著越來越重要的角色。

中國大陸的城市開發、住宅區的發展，早期是在市中心少數遺存的空地上開

北京車站

始的。開始是逐步把條件惡劣的舊宿舍區進行拆遷重新開發、或者把舊棚戶區拆除，建造市內的新城市區，特別是住宅區。由於這些新住宅區還是建造在市內，與城市的原有系統密切結合，商業、學校、服務設施、公共設施、公共交通系統都完善，因此，雖然這些早期的住宅無論從規劃、設計來說，都談不上好，但還是很受歡迎的。隨著城市急劇發展，市中心地帶人口稠密，拆遷問題複雜，而可以利用的土地日益枯竭，市內的地價暴漲，投資的比例自然急劇增高，因此，住宅開發很快就從市內向城外郊區轉移了。除了少部分樓盤以見縫插針的方式依然在舊城區內開發之外，目前大部分住宅區是在城市的周邊地區開發的。從所謂的城市邊緣，或者稱為「城鄉結合部」，逐步向更加週邊的農村地區推進。城市的不斷蔓延，是中國大陸近20年城市發展的一個很突出的特點，模式大體差不多，都是從市中心向周邊蔓延發展。這樣一來，幾乎所有城市的尺度都比20年前要大好多倍。大凡住宅開發到新區，公路網也伸延到住宅區，城市就象山東人攤大餅一樣，越攤越大了。北京建造二環路的時候我就有種感覺：這種環會越來越多，

一個接一個地套下去。不幸言中，二十年，一個巨大的、繼續在發酵的、單一中心的北京大餅已經攤在那裡了。

作為一個置身於外的觀眾，一個局外人、一個做設計理論的人，對北京的這種發展我有什麼感受呢？

從北京龐大的居民住房需求的角度來看，我的第一感覺是欣喜的。我見證過一個四合院住二十戶人家的歷史，知道在那種環境下，個人居住空間和公共空間的長期嚴重缺乏，生活的壓力有多大。隨著城市的建設發展，越來越多中國人的居住條件得到了本質的改善，這當然是很好的事情。我去過北京一些朋友的家，一些藝術家的工作室，都超大超豪華。不但已經與國際接軌，簡直超越國際水準了。城市化的發展，也改變了中國數千年以來的農業為中心的經濟和人口形態，這都是走向現代化的重要步驟。

我的感覺之二則是很大的憂慮，對開發過快和無序所造成的各種消極後果的憂慮。比如，過度依賴汽車，使首都變成了「首堵」；再比如，城市無限度的蔓延，造成對自然環境和農田的破壞，造成生態的不平衡，造成歷史文脈的毀壞，繼而導致傳統城市的結構、傳統生活方式的改變等等。在北京體現得淋漓盡致。雖然會有人認為，這不過是典型的理想主義書呆子的杞人憂天，不屑一顧，但這種憂慮絕對是有根據的，絕對不是空穴來風。在商業利益的驅動之下，房地產成為一個經濟的熱點，房地產公司也就越來越多，中國現在據說有3萬多個房地產公司，數量之巨，也算世界之最了。商業住宅區的興建象洶湧的大海波濤，一浪高過一浪，在全國各個城市，尤其是大城市迅速蔓延。數量之多，規模之大，令人咋舌。為了促進銷售，住宅設計上不斷推出各種所謂的「風格」作為噱頭，「風格」接踵而至，令人目不暇給。明眼人看去，這些浮躁惡俗的所謂「風格」，絕大部分僅僅是一種商業推廣手段，並無半點建築文化的積累和沉澱。中國住宅建築這種排山倒海的營造規模，迅速地改變了中國城市的面貌，地無分東西南北，全國住宅建築都一個模樣，也就造成了全國的城市的「千人一面」。原來的北京，還有「東富西貴，南貧北賤」的說法，姑不論這種說法是否準確，但不同地方就是有不同的感覺。現在在北京走走，哪裡都一個樣，王府井、國貿中心、西單什麼的，有什麼區別嗎？清一色巨大的shopping mall，全世界標準的連鎖店。我有時候也問自己：我幹嘛要從美國飛14個小時，然後坐進「星巴克」咖啡館，

喝我昨天在洛杉磯的「星巴克」喝的同樣的咖啡呢？有人會說：這就是全球化啊！我不能認同。北京就是北京，它在中國民族的歷史上，在中國人的心目中，是無可取代的、獨一無二的！可是，中國還能夠在這樣的狂潮裡面保留多少北京的痕跡呢？

在這股急劇增速的營造高潮中，當很多城市從經濟低水準時期的簡陋宿舍，一下跳到商業性極強、形式極為浮躁的住宅社區階段時，其間缺位了一個深思熟慮的規劃過程，失落了一個高瞻遠矚的長期方針，甚至留給開發者、設計者思考的時間都不夠。於是，住宅所在地的自然資源、自然景觀、樹木和植被、濕地和丘陵等等，還有與歷史人文有關的人文積澱，比如歷史建築、城市的歷史街道佈局、歷史遺跡等等，遭到毀滅性的破壞，豔俗的商業風格取代了自然景觀和歷史文化，就成了一個相當普遍的、觸目驚心的現象了。全球這方面最典型的案例莫過於北京這二十年的建設了。

在新聞上看北京被拆毀，和自己目睹北京被拆毀，感覺是完全不同的。我卻不幸見證了這個拆毀歷史城區的過程。前面說過，我在「文化大革命」期間，曾經在北京大雅寶胡同舅舅家住過，目睹北京把建國門到日壇之間的宏偉巨大的城牆拆除的過程；1970年代，又見證了拆除前門邊的城牆，建造民用住宅的過程，我當時雖然年紀不大，但也覺得傷感。好不容易，那些政治的狂風暴雨總算過去了，歷史來到了新世紀的門檻上，沒想到拆的規模和速度反而更加快更加大了。1995年左右，我在中央美術學院講課，當時的副院長和評論家范迪安（後來做了中國美術館的館長），還有藝術評論家殷雙喜來找我，說王府井口上原先麥當勞

↓左至右圖
若不是路牌上的中文字，你能分出這是在北京？紐約？法蘭克福？
在發展中如何發揚和傳承城市的文脈、氣度，是規劃者必須重視的一個重要課題。
北京的「拆」，也是高速的，幾個月不見，一條胡同就整個消失了，很是讓人心疼。
一個個閃亮的玻璃盒子從車窗外飛馳而過，令人應接不暇，北京特有的雍容，沉穩氣度，還剩下多少呢？

所在的那塊地給香港的長實集團買去了,把上面原來的老建築全拆了,要建一個超大的商務中心,叫做「東方新天地」,叫我去王府井看看。我們在鐵皮圍欄上找到一個縫隙,拉開就鑽進去了。那可是王府井啊!我們三個人站在那裡,好像宇航員在月球表面登陸的感覺,四邊空無一物,只有春天的狂風吹起地面的塵土撲面而來。往南看,協和醫院孤零零的屹立在那裡。那種感覺實在極為怪異,因為這裡不應該是這樣的。這裡是北京歷史的一塊,就突然一下子給刷去了。對北京未來的不安感,從那個時候開始在我心裡就越來越強烈。

2002年元月份,我因為開會而住在北京崇文門附近的一個酒店裡,那酒店房間的窗朝南,下面是一大片正要被拆除的舊城區。記得是晚上,很冷,窗外刮著風,四周很靜,只聽到淒厲的北風呼嘯聲。從窗戶向外望去,那片建於清代的住宅區內,居民已經全部被疏散了,只有那一大片黑沉沉的典型的北京四合院群落,就像給判了死刑的犯人一樣,瑟縮地等著推土機來把它們夷為平地。我突然感到很淒涼,穿上外套,走出門去。穿過昏暗的街道,我走進那片空無一人的胡同中,感覺好象是走進了歷史。半掩半開的木門,在風中咿呀著響,風穿越院落,刮起塵土,在胡同和小庭院中亂撞。院落中那些葉已落盡的槐樹、榆樹、棗樹,枯枝指向昏黃的夜空,在寒風中搖曳不定。那些色彩斑駁的舊門楣,那些曾經精緻的磚刻影壁,那些破舊的石鼓門檻,歲月在這裡積澱了起碼三百年,但卻會在幾小時之內毀於推土機的鐵鏟之下。我在那些空曠的街道上漫無目的地走著,只聽見冷冽的北風呼號和自己的腳步聲。街角一盞路燈還沒有熄滅,那是一個沒有燈罩的裸露燈泡,在寒風中搖晃,拖帶出街頭、破舊房舍和雜物的朦朧不清的搖曳影子。面對這即將被抹殺的歷史陳跡,那是一種令人肝腸寸斷的感覺。同時也感到不可思議:怎麼會是這樣?而這種推翻、抹殺、毀滅歷史沉澱的事,其實每日每時都在各地的城市中發生著。

過了一年,2002年初,我在北京參加另外一個會議,又住近了南小街口上的國際飯店。我一向喜歡北京那種傳統的用瓷瓶裝的優酪乳,凡在那家旅館住,不論是冬天的晚上冒著寒風、還是夏天的正午頂著烈日,只要有機會,就會跑到旁邊小街上一家小店去買上好幾瓶,拿回酒店,放在房間裡的電冰箱裡,感覺特別好。這次一來,又想去買優酪乳,走出酒店的西大門,突然發現那條小街不見了,所有我曾經很熟悉的街上的舊建築全被拆光了,整條街被擴寬了,並且建起

旅館後原來的小街區已
被夷為平地

一大堆很簡陋、很醜陋的住宅樓。7層高的居民樓，沒有設計和安裝電梯，基本是現代城市貧民區的做法。面對著這些半年內湧現出來的新樓，目瞪口呆。那種驚人的拆建速度，那樣不容討論、不容考慮的態度，那種對待北京舊城遺留部分的無以復加的簡單粗暴，實在有些叫我瞠目結舌。好像是英國的《經濟學人》雜誌有過一篇文章，問道：如果威尼斯要拆除一棟16世紀的房子，全世界都會震怒，而中國人卻大張旗鼓的把一個15世紀的北京城拆了，試問世界應該如何反應？看了那篇文章之後很沮喪，有一種無名的悲哀，有一種無可奈何的憂愁。我們能夠做些什麼呢？

在大規模拆建的過程中，也有一些重要的古建築被保留下來，但是那種保留，是割斷城市傳統結構的，這些古建築孤零零的屹立在那裡，周圍的傳統的城市卻完全消失了，結果那些古蹟倒好像是後來加上去的裝飾，那些形式醜陋的、所謂「歐陸風格」的住宅區卻成了城市的主題了。這種情況在整個遠東地區都有不同程度的發生，你在北京的高速公路上看雍和宮就是這種感覺。

開發和保護，歷史與現代，在一些人看來是矛盾的，其實只要主事者頭腦清醒，拿出魄力來，這本來不應該是個大問題。就拆毀大量的古建築的問題，國內也有好多學者不斷呼籲，不斷提倡，但就是沒人聽，起不到任何作用。記得早幾年北京要開拓那條所謂緩解交通問題的「平安大道」，多少學者聯名上書，請求改規劃，請求再考慮，請求緩建，結果也還是推土機解決問題，多少古建築消失在飛揚的塵土中，代之而起的是一條索然無味的新街，要命的是交通依然阻塞！

在大規模的建設熱潮中，缺乏對城市未來形態的長遠規劃，這當然不只是北京的問題，甚至不止是中國的問題。然而全世界都只有一個北京，中國人怎能不對它投注下極大的關心。北京的未來應該是什麼樣子的？它的城市結構、建築形態、居民構成和生活方式、經濟著力點和發展方向，自然環境和歷史文化的保護水準，等等，是一篇大文章，是一個複雜的系統工程，需要慎之又慎地處理。可我們大部分城市只有一個宏偉的擴建目標，而這個目標往往還和當屆市政府長官的升遷拉上了密切關係。所謂政績工程，就是要做出一個看得見的紀念碑式的城市構造，並且要儘量和前任拉開距離，否則如何能夠「脫穎而出」呢？官員的任期有限，要在有限的時間裡作出吸引眼球的「業績」來，哪有時間從長計議，前瞻

1	3
2	4
5	

←←左頁由1至5圖
北京新東方天地建築群
北京新建築
被牙尖嘴利的北京人調
侃為「婦聯大肚子」的
全國婦聯總部大樓
前門附近的北京供電局
大樓
幾個月不見，酒店後面
的四合院和胡同就被拆
的無影無蹤了。

↑左圖
北京西客站——
一座全無格調的巨無霸
↗右圖
新建的交通部大樓

考量呢？因此，市政建設的持續性就不在考慮之列了。而合理的規劃、持續性的執行恰恰是一個城市之所以能夠成為有統一面貌、有獨特個性的城市之要點。紐約曼哈頓的規劃基礎就是1811年做的，沿用至今近200年了，依然遵循不悖，才成就了世人心目中今天的紐約啊。北京這樣重要的大城市缺乏一個具有前瞻性和持續性的規劃，城市的建設變成了簡單的占地、拆遷、集資、建房等具體事務性的操作，鮮有政府宏觀戰略與住宅開發戰術的密切配合。市政規劃還是處於消極的控制，或者填空式地批准項目的水準上，並沒有把城市發展的形態與住宅開發有機結合，作出戰略性的、具有前瞻性的現代化的城市發展綱要來。我常常想：我們的市政官員們在想些什麼呢？他們有想過我們的城市，十年以後怎麼樣？百年以後怎麼樣嗎？

北京不斷的向外擴展，是人口增多、經濟發展的必然結果，也不僅是中國現象。無論在那個發達國家中，城市的擴展，或者叫城市的蔓延，總是從裡到外，而在美國這樣高度成熟的經濟大國中，開發更經歷了從裡到外，又開始從外到裡的過程，從都市化，到郊區化，再從郊區化回復到「新都市主義化」，是一個否定之否定的螺旋發展過程。城市的住宅發展，首先是從市中心開始的，在市中心見縫插針建造住宅，特別是公寓型的集合住宅，由於工作在市內，商業也在市內，住宅也在市內，城市內部就成為一個日益擁擠的中心，這個過程在所有工業化國家的早期都經歷過，叫「都市化」(urbanization) 過程，往市內發展的傾向就「都市主義」（urbanism）；在都市化成熟之後，市內人口擁擠，中心土地缺乏，生活品質下降，治安條件不佳，中產階級居民開始遷出中心，房地產開發也因此朝郊區擴散，中心城市的發展就開始朝四周蔓延、向郊區擴展，建造了許多位於城鄉結合部位，位於郊區的住宅區，之後再向外擴展，佔用周邊的農田，因

為市場需求大，土地廉價，因此這些在城市外緣的住宅區規模也越來越大，整個過程是一個擺脫中心城市束縛的經歷，是一個從市中心向郊區的發展過程，在英語中叫「郊區化」（suburbanism），或者「非都市化」（de-urbanization），提倡放棄中心城市而向城郊發展的理論就叫「非都市主義」（de-urbanism），或者叫「郊區主義」（suburbanism）。北京的發展有點獨特，在於把西方的三個階段同時實施：都市化、郊區化、新都市化一起並存，這種情況使得外國規劃專家在研究北京規劃的時候有點不知所措，因為從來沒有見過啊！

前面談了不少關於北京的規劃，該聊聊北京的建築了。北京的建築包括了傳統上的老建築，也包括了民國期間的一些探索民族和現代建築結合的作品，日軍佔領北京之後，這部分的探索就結束了。解放後早期的建築，主要是各種政府機關的大院建築、早期傳統和現代結合的再探索，到1959年以建國十周年的十大建築達到高潮，這個階段就結束了。文化大革命期間基本沒有什麼值得看的建築，倒是徹底拆了北京城牆值得記住。1980年代的北京，集中在建造各個部委的辦公大樓和各種大型公共建築，好像新的火車站，機場的新航站樓之類，而1990年代以來就是房地產開發的狂熱時代。進入到21世紀，前二十年綜合，加上奧運會促進的新建設浪潮，大規模投入建造公共交通系統，特別是地下鐵和輕軌交通等新公共設施。房地產在高價位背景下的持續發熱，用各種名義肆無忌憚的繼續拆毀老北京剩餘的部分，北京的傳統建築已經不成片了，新城區蔓延到不可思議的尺度，歷史留下來的老北京被切割成一塊塊零星的「補丁」。北京也逐步成了世界建築的一個試驗場場，這之中夾雜了太多的功利、政績、民族情緒的動機，因此很難再就建築談建築了。

這樣來說北京的建築，不知是不是有些過分悲觀呢？

建築的基本功能是給人住的，我們就先來看看北京的民居吧。

北京是個正方結構的城市，其中四合院曾經是民居的主要形式，豐富得不得了。因四合院結構而形成道路，除了大道之外，巷子都叫做「胡同」，因此到北京，走胡同，看四合院就是認識北京的開場鑼鼓了。

所謂「四合院」，基本格局為一個院子，四面建有房舍，通常由正房、東西廂房和倒座房組成，從四面將庭院圍合在中間，形成一個院落型住宅，故名四合院。

四合院至少有3000多年的歷史了，在中國各地有多種類型，其中尤以北京四合院為典型。四合院通常為大家庭所居住，提供了對外界比較隱密的庭院空間，其建築和格局體現了中國傳統的尊卑等級思想以及陰陽五行學說。

在現代，隨著家庭結構和社會觀念的變遷，傳統四合院的宜居性受到了挑戰。而在城市規劃過程中，傳統四合院也面臨著保護和發展的矛盾，一些四合院被列為了文物保護單位，同時也有一些被拆除，北京四合院因為原來區域大、內容豐富，並且各種歷史人物都曾經在這裡居住過，因此特別引起國人注意。現在這種大規模的拆毀四合院，也就自然引起全世界的關注了。

古代盛行的四合院是廊院式院落，即院子中軸線為主體建築，周圍為回廊鏈結，或左右有屋，而非四面建房。晚唐出現具有廊廡的四合院，逐漸取代了廊院。宋朝以後，廊院逐漸減少，到明清逐漸絕跡。

元明清時期四合院逐漸成熟。元世祖忽必烈「詔舊城居民之過京城老，以貲高（有錢人）及居職（在朝廷供職）者為先，乃定制以地八畝為一分」，分給前往大都的富商、官員建造住宅，由此開始了北京傳統四合院住宅大規模形成時期。1970年代初，北京後英房胡同出土的元代四合院遺址，可視為北京四合院的雛形。後經明、清完善，逐漸形成北京特有的四合院建築風格。

在古代，四合院基本上滿足了一家人生活的需要，那時兩進四合院以及更大的四合院通常是官宦和士紳的住所。但到了現代，一方面，四合院基本上都沒有上下水、暖氣等衛生設施，另一方面，像四世同堂那樣的大家庭也比較少見了。此外，隨著科技的發展，出現了汽車、空調等設備，原來的四合院已不能滿足現代生活的需要，有錢的人家通常願意在交通方便的郊外購置別墅，而不是生活在人口密度較高的市區。因此作為民居的四合院是否還有存在價值，也是近代以

另一處整治後重新煥發青春的四合院。

矛盾先生故居，是一座小巧的二進四合院。

小院人家

來，一直有爭論的問題。

隨著老城區保護的開展，對原有四合院進行了改造，例如1990年由清華大學吳良鏞教授主持的對北京菊兒胡同四合院的危改專案，在保留院落結構的基礎上，將原有四合院的平房改為樓房，增加了廚房、衛生間等設施。該改造工程獲得了聯合國的世界人居獎。北京南池子危改中，也將部分四合院房屋改成兩層，並修建了地下車庫。2006年，北京市公佈了《北京四合院建築要素圖》，作為對四合院保護、修繕、翻建、改建的參考依據。

過去的四、五十年裡，北京的很多四合院淪為了大雜院。而改革開放後隨著城市改造的開展，很多傳統四合院被拆毀了。如1998年拆除康有為的粵東新館，2000年拆除趙紫宸故居，2004年拆除孟端胡同45號的清代果郡王府，2005年拆除曹雪芹故居，2006年拆除唐紹儀故居。與此同時，一些四合院被列入北京市和各區縣級的保護院落。

北京是四合院最常見也最有特色的一個城市，因此人們提起四合院常常就是指北京四合院。除王府、高官住宅外，北京四合院的基本特點是：住宅基本由平房組成，當中圍成的院

落接近正方形,四面各房屋獨立,以廊相連,院門多開在東南方位。

從空中俯瞰北京城,可以看到一片灰瓦的房屋圍著一個四方的院子。院子裡綠蔥蔥的樹木成為灰色的建築的點綴,也給四合院裡生活的人們提供了樹蔭。北京的四合院現在已經和北京胡同一起,成為北京傳統文化和民俗的代表,成為北京城市的明信片。

「文化大革命」以前,我基本每年都會去北京過暑假,住在舅舅家,在大雅寶寶胡同5號,是中央美術學院的教授宿舍。那個是很出名的四合院,黃永玉先生在他的《比我老的老頭》中還寫到的。

最近看中央工藝美術學院老院長張仃先生的兒子張郎郎寫的《大雅寶舊

事》，提到他住過的大雅寶甲二號，就在旁邊。

1964年夏天，我在那裡過了一個多月的暑假，學了不少東西，1966年的冬天，1967年的夏天，我也在那裡住過一段時間，真實地認識了四合院的生活。

那是一個幾重的院子，院子中間都有顆不太成樣子的榆樹。「文化大革命」之後，美院遷了好幾戶人家進來擠著住，在院子中間搭了臨時的廚房棚。住在同一個院子裡，大家抬頭不見低頭見，倒沒有了在美院內那種劍拔弩張的氣氛，反而有些家人似的感覺。只是教授們被整怕了，之間的話少了。

前院是董希文先生的家。董先生是油畫家，1967年文革期間，董先生已經患病，很沉默，天氣熱的時候他坐在院子裡，望著空洞無物的畫室。他的大作《開國大典》的那種絢麗是否還在他的心中呢？他會在院子了給絲瓜澆點水，很瘦，很憔悴。見面時，我總叫他一聲「董先生」，他總說：「好，喜歡畫畫，好。」

中屋是我舅舅周令釗先生，對我走上藝術和設計道路最有影響的人，就數他了。他是個很天真的畫家和設計家，名利看得淡。他與候一民先生設計了中國的全部人民幣圖案，他畫了開國大典天安門城樓上的第一張毛主席肖像，設計了好多次天安門十一遊行，設計了全國運動會的開幕式。沒什麼人知道，他也無所謂。他是個很忙很忙的人，除了文革被批鬥的時候以外，文革後期，他在文物局修復文物，每天要去故宮上班，也還是忙。他住的一套居所中開了天窗，在一張比較矮的大案子上作畫，那是我學習美術的開端。我去北京，他有時會帶我去崇文門的新僑飯店吃西餐，那可是當時難得的享受。

後面院住著李可染先生，中國國畫中數一數二的大師，也是話少的人。早

→左圖
經過整治，老四合院也可重新煥發青春。
→右圖
幾十年裡產權不清，住房建築嚴重滯後，優雅的四合院也就淪落成大雜院了。

從大門看，過去這裡住的應該是大戶人家。

東四十四條內北溝沿胡同23號，原梁啓超故居，是一個二
進的四合院。解放後陸續擠進了50多戶人家。
綠蔭森森四合院，一方天井幾樹花──北京民居的傳統形
式

後海北沿──今日大戶人家

←由左至右圖

東四十四條內北溝沿胡同23號，原梁啓超故居，是一個二
進的四合院。解放後陸續擠進了50多戶人家。

綠蔭森森四合院，一方天井幾樹花──北京民居的傳統形
式

北京雨兒胡同31號四合院前影壁
（引自ChinaTourismAdvisors.com）

一旦產權歸屬理順了，業主就有積極性來維修、翻蓋現存
的四合院。

←←左頁圖
胡同小景

四合院內一景

蘇式彩繪的「蠻子門」

上匆匆出門，胳肢窩裡揣個布包袱，是畫筆。院裡的人叫「李先生早」，他都很和藹的答應，為人很低調。不認識他的人，在路上遇到了，恐怕會當他是個普通公務員呢。

我沒有在大雅寶5號遇見過黃永玉先生，雖然非常喜歡他的畫，也很想見見他。他原來住在張汀先生住的那個大雅寶甲2號，到60年代已經搬到離北京站不遠的罐兒胡同去了。

四合院的過道裡有個電話機，全院就這麼一個電話，一旦鈴響，小孩子都搶著接。然後大聲叫：「李伯伯電話，董伯伯電話，周伯伯電話」。那些小孩子中有董先生的女兒董一沙，李先生的兒子李庚，周先生的女兒周蓉，還有一些，名字卻已經不記得了。

207

廣亮大門

金柱大門

如意門

蠻子門

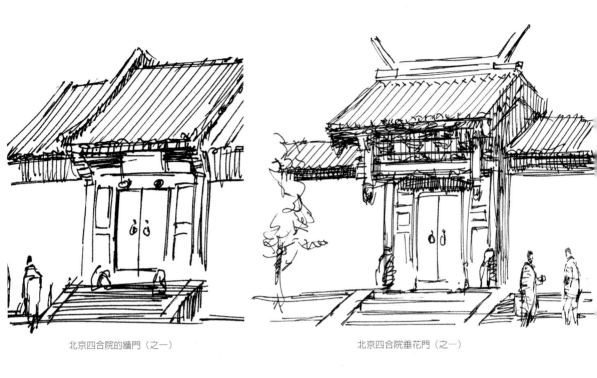

北京四合院的牆門（之一）

北京四合院垂花門（之一）

北京四合院的牆門（之二）

北京四合院垂花門（之二）

那個院子好像一葉疾風暴雨中的孤舟一樣，雖然經歷了最動盪、最慘烈的「文化大革命」，但是卻還是有種風雨同舟的內斂力。社會的動盪，好像到了大門口就停住了，既便紅衛兵狂熱的抄家衝擊了這裡的人，但是紅衛兵走後，也還是左鄰右舍，互相關心的。因此我總是想：這樣一種半封閉性的生活空間和氛圍的創造，恐怕也是四合院的功能之一。

說起北京的民居，自然要說到四合院。其實所謂的四合院，早在西周時期就已經形成基本格局，但不知為什麼就像跟北京有緣似的，一直是北京民居的代表建築。在其他的地方，雖然也有四合院的基本結構，比如江南民居，但是後面住宅建築兩層樓，形成了四水歸堂的天井，就兩回事了。

四合院是以正房、倒座、東西廂房圍繞中間庭院形成平面佈局的傳統住宅的統稱。其歷史之悠久，分佈之廣泛，在中國民居中佔據首位，堪稱我國漢族居民住宅區的正宗典型。如果稱四合院是中國傳統住宅最基本的形式，大約不會差太遠。

經過長期的積累，到明清兩代，以北京為代表的四合院形成了一套成熟的結構和造型。

四合院的主要特徵是對稱式的平面和封閉式的外觀，由於各地自然條件、風俗習慣不同，衍生出各種各樣的平面和立面。以北京為代表的四合院其主體佈局一般為「一正兩廂」：「一正」即正房，也稱上房，為宅主或老長輩的住所，坐北朝南，位於中軸線上，其開間、進深、高度和裝飾均為全宅之冠；「兩廂」指沿南北軸線相向對稱佈置的東西廂房，為晚輩的住處。

王國維認為，四合院的佈局與我國封建宗族制度有關，它不僅創造出舒適的日常起居條件，而且能滿足大家庭共居下長幼有序、內外有別、主尊奴卑的使用要求。

四合院是封閉式的住宅，對外只有一個街門，關起門來自成天地，具有很強的私密性，非常適合獨家居住。院內，四面房子都向院落方向開門，一家人在裡面，天倫之樂，十分融洽。由於院落寬敞，可在院內植樹栽花，飼鳥養魚，疊石造景。住房舒適，也依然有濃縮的自然空間。

北京現存的四合院其實新的少，建國以後基本沒有人再蓋四合院了，因此，

經過整治的一座四合院
——對待傳統建築，
「拆」並不是唯一的選擇。

都是古董文物。住在四合院裡，就是住在歷史裡。的確，每次走進北京的四合院，好像時間就停滯了一樣。現在住高樓易，住四合院難。

老北京常誇耀的「天棚魚缸石榴樹」，文化大革命前還見過，以後就沒有了。去年中國青年出版社的總編輯王寒柏請我和藝術家呂勝中吃飯，飯館就開在原來慈禧太后娘家的院子裡，絲瓜架下的確又有了「天棚魚缸石榴樹」，很自在。

汪曾祺形象地把四合院比喻為「一個盒子」。原因是「北京人理想的住家是獨門獨院」。四世同堂，在一座天圓地方的全封閉式四合院裡其樂融融……可算舊時代北京人對生活的最高理想。據說只有在那樣的境界裡，才知道什麼叫天倫

之樂，以及什麼叫大隱隱於市。

北京的四合院大多分內外兩院，內院用於居住，由正房、耳房及東西廂房組成；外院則用作門房、客廳和客房。還有些大型的住宅，或向縱深發展，增加幾進院落，或橫向發展，增加幾組平行的跨院。雖然都叫四合院，但四合院的貧富貴賤，還是可以分得很清楚的。有些建得很簡單，占地也少；有些則造得很繁複乃至豪華，面積也大得多了。四合院裝飾性的附屬設施有景壁（也叫影壁）、垂花門(或屏門)、抄手廊、南山牆、後罩樓等等。

時光流逝，日月無情，加上幾十年來產權不清，大部分四合院只有人擠著住，沒有人動手修，都殘缺破舊了。就像汪曾祺說的：「除了少數宅門還在那裡挺著，大部分民居的房屋都已經很殘破，有的地基基礎甚至已經下沉，只有多半截還露在地面上。有些四合院門外還保存已失原形的拴馬樁、上馬石，記錄著失去的榮華。有打不上水來的井眼、磨圓了棱角的石頭棋盤，供人憑弔。西風殘照，衰草離披，滿目荒涼……」。

然而，對北京四合院最大規模的集中破壞卻是在當下，以各種名義，包括舉辦奧運會、處理危房之類，用推土機成片推翻。已經不是改造了，而是把中國住宅的歷史硬生生切去一塊。走在北京街頭，望見那些字跡醜陋、筆劃潦草、畫著紅圈的斗大的「拆」字，實在心痛。

青磚紅牆、典雅古樸的菊兒胡同，是吳良鏞先生設計的。

←左圖
北京西寺三條一座四合院的大門和院牆——北京已經有了不少成功整治老舊四合院的實例，看來除了在牆上圖個「拆」字，再打個圈之外，還有很多更好的處理辦法啊。

胡同深處

胡同，亦作「衚衕」，指狹窄的街道，多見於中國北方，現以北京的胡同最為著名。

根據史料記載，胡同一詞最初見於元雜劇。元代雜曲名家關漢卿的《單刀會》中，有「殺出一條血胡同來」的臺詞。元雜劇《沙門島張生煮海》中也有如下對白：「張羽問梅香：『你家住哪里？』梅香說：『我家住磚塔兒胡同。』」其中提到的磚塔兒胡同就是今天的磚塔胡同。

明沈榜所著《宛署雜記》中記載：胡同本元人語。

根據史料記載和民間傳說，目前學術界對「胡同」一詞含義和來源的解釋主要有三種：

水井：在蒙古語、突厥語、滿語中，水井一詞的發音與胡同非常接近，在歷史上，北京吃水主要依靠水井，因此水井成為居民聚居區的代稱進而成為街道的代稱，由此產生了「胡同」一詞。

元朝時遺留的名稱：蒙古語將城鎮稱為「浩特」，蒙古人建元朝後，按照自己的習慣，將中原城鎮街巷也稱為「浩特」，後來「浩特」演化為「火弄」或「弄通」，進而演化成今日的「胡同」和「弄堂」。

胡人大統：認為「胡同」一詞是元朝時政治口號「胡人大統」的簡化版。

胡同的歷史和現在的北京城一樣久遠，現在的北京舊城是以元大都為基礎修

入冬的北京胡同，深深淺淺的灰，是它的主色調。

胡同中的孩子們

拆毀中的大甜水胡同

胡同雪景

無奈與不捨

建的，元大都城共有十一座城門，城門內的大街構成了全城主幹道。主幹道相交形成若干長方形居民居住區，居住區中又有等距離東西走向的若干小巷，這些小巷就被稱為胡同。當時規定大街寬二十四步（約37.2米），小街寬十二步（約18.6米），胡同寬六步（約9.3米），胡同、小街和大街構成了完整的的元大都城市街道體系。

明北京城是在元大都的基礎上修建的，基本沿襲了元大都的格局。內城包括磚塔胡同在內的許多胡同都是元代的遺存。但自明開始，對城市建築的規範越來越寬鬆，出現了許多斜街和不規則的街道。

歷史上的北京以胡同眾多而著稱，民間曾流傳「有名的胡同三千六，沒名的胡同賽牛毛」的說法。元《橋津志》記載元大都有「三百八十四條火巷，二十九條胡同」；明朝張爵《京師五城坊巷胡同集》一書中記載，明朝北京共有街巷胡同約一千一百七十條，其中直接稱為胡同的約有四百五十九條；清朝朱一新《京師坊巷志稿》一書中所列的北京街巷胡同名顯示，清朝時北京有街巷胡同二千零七十六條，其中直接稱為胡同的九百七十八條；1944年日本人多田貞一在《北京地名志》記載，當時北京共有三千二百條胡同；1949年的統計顯示北京城區有名字的街巷6074條，其中胡同1330條，街274條，巷111條，道85條，里71條，而習慣上，人們把上面提到的胡同、街、巷、道、里統稱為胡同。

由於胡同和北京歷史密切的淵源，胡同和四合院被看作是北京平民文化的象徵，以胡同遊為主題的北京風情遊也逐漸升溫。

但是隨著城市的開發，越來越多的胡同和平房區成為危房改造的對象：一方面是居住在舊城區的市民日益感到老式房屋不堪使用，生活不便，另一面是市區政府和房地產開發商急於利用舊城大片的土地，在來自底層和上層雙重的重壓之下，北京的胡同正在以每年數十條的速度加速消失，取代胡同的是現代化的、但沒有北京建築特色的高樓大廈和通衢大道。因此，一些文化人士發出警告：文化的北京正在因為胡同和四合院的消失而消亡，世界城市建築史上的經典之作——明清北京城正瀕臨徹底消失的邊緣。

2004年2月1日，建設部簽發《城市紫線管理辦法》，規定國家歷史

胡同一景

文化名城內的歷史文化街區的保護範圍，即紫線範圍內，禁止進行違反保護規劃的大面積拆除、開發；禁止對歷史文化街區傳統格局和風貌構成影響的大面積改建；禁止損壞或者拆毀保護規劃確定保護的建築物、構築物和其他設施；禁止修建破壞歷史文化街區傳統風貌的建築物、構築物和其他設施；禁止佔用或者破壞保護規劃確定保留的園林綠地、河湖水系、道路和古樹名木等；禁止其他對歷史文化街區和歷史建築的保護構成破壞性影響的活動。這一管理辦法為北京舊城胡同和四合院的保護提供了重要的法律依據。

在歷史上和現實中，胡同都是城市普通市民生息的場所，胡同在北京文化的形成和發展中產生了關鍵的作用。相比於代表皇家文化的紫禁城、天壇、頤和

走進北京的胡同

元代建都北京時，將京城分成四十六坊，這坊門就是每個坊的臉面。　　生機盎然的老胡同

胡同深處

園，胡同可以說是北京平民文化的代表。青磚灰瓦清水脊幾乎已經成為老北京的象徵。

北京胡同的名字從不同側面反映了舊北京的地理、政治、軍事、經濟、文化、宗教和民俗，是研究北京歷史文化的重要資料。

北京胡同的命名有很多種類型：

以衙署命名：如北兵馬司胡同、府學胡同、外交部街、內務部街等；

以人名官名命名：如三不老胡同（原名三寶老爹胡同，指三寶太監鄭和）、武定侯胡同、石老娘胡同（西四北五條）；

以貿易市場命名：羊肉胡同、花市大街、缸瓦市、米市大街等；

以**寺廟命名**：寶產胡同、磚塔胡同等；

特殊標誌命名：如鐵獅子胡同、耳朵眼胡同等；

以**器物命名**：如煙袋斜街、紗帽胡同；

以**動植物命名**：如高義伯胡同（原名狗尾巴胡同）；

以**形狀走勢命名**：如弓背胡同、一尺大街等；

以**水井命名**：如福綏境（原名苦水井）、王府井大街、龍頭井胡同等；

走在北京的胡同裡，聞到四合院天井裡飄來的槐花香。

從中華民國時期開始，北京進行了多次胡同名稱改造，修改了一些不雅的名稱，如蠍虎胡同改為協和胡同；王寡婦斜街改為王廣福斜街；驢市胡同改為禮士胡同；狗尾巴胡同改成高義伯胡同；劈柴胡同改成辟才胡同等。

東交民巷是北京最長的胡同，而一尺大街、小喇叭口胡同是最短的胡同，九灣胡同是拐彎最多的胡同，錢市胡同是最窄的胡同，磚塔胡同是最古老的胡同。不過這些胡同都在迅速消失中，如果有機會，儘量去看看，拍點照片留個紀念吧！

改造後的西四北胡同——改造或拆毀，存乎一念之中。

chapter

33

北京的現代民族建築

北京現在是國際建築試驗場，誰都來插一腳，做點外國沒有辦法批准的試驗性建築，刺激國人的視覺，不懂的人說北京走向未來了，懂文化歷史的人說北京給毀了。

以我個人的觀點來看，北京是座無可取代的歷史名城，因此建築應該有承繼性，也同時要有符合現代和未來發展的內涵，現代民族建築可能是北京最需要走的方向。

其實，自從民國以來，就不斷有人在努力探索這個方向。日軍佔領北京以前，北京已經有相當一些很不錯的民族化的現代建築建成了，好像協和醫院、燕京大學、北京圖書館；建國以後，初期也有少數部委大樓用大屋頂結構，雖然在1957年反右運動中給批評，但是到1959年前夕建造的十大建築中，還有稍微晚一點落成的中國美術館這類建築中，民族元素還是很突出的被強調了，可惜是沒有延續下來。現在的人，包括剛剛從學校裡出來的年輕人、職業白領，到政府官員，多半都喜歡洋的、試驗性的，而對於全世界都很崇拜的中國民族建築形式卻感覺索然無味，我們這類人只有望洋興嘆的份了。

因此我在這裡單開一章，講講北京的現代民族形式的建築吧！雖然我們沒有力量改變行政部門的作為，但是起碼可以給讀者提供機會——瞭解一下我們曾經做了一些多麼好的作品。

北京市文物保護建築——民國參眾議院舊址，現在是新華社總社的大禮堂。

我們學習中國建築史，講得最少的是民國期間的建築，好像推翻清朝以後，一直到解放前夕，中國就沒有做過什麼建築一樣，其實是意識形態掩蓋了歷史、壓倒了學術的結果。這個時期在公共建築上推行的民族現代化，對中國建築的發展其實引起相當積極的作用，北京圖書館的設計，燕京大學的設計，協和醫院的設計，都是其中很傑出的代表。過去不講這些作品的原因，無非是因為其中好多是外國人做的，而且是在國民黨當政的時候做的，與政治大氣氛不合。現在的中國，開放改革快三十年了，對歷史的東西，應該比較有理性的寬容度了。何況如果不講這段，北京建築好像就缺掉了一部分。這裡我選擇兩個項目談談，也希望大家有時間可以去看看。

燕園春秋

清末，美國教會在北京創辦了三所大學——北京匯文大學、華北協和女子大學和通州協和大學。1919年前後，三校陸續合併，成為一所新的大學，並聘請正在南京金陵神學院任教的美國著名教授司徒雷登擔任校長。當時在校名問題上曾經有過一段小插曲：由於先行合併的是匯文大學和通州協和大學，而匯文大學的英文名稱 是「Peking University」（即「北京大學」），所以合併後的學校曾經打算掛出「北京大學」的牌子。然而這與已經名滿天下的「國立北京大學」幾無二致，顯然不妥。為此，甚至專門成立了一個由蔡元培等人組成的五人委員會去研究，最後決定採用了誠靜詒先生的建議，定名為「燕京大學」。

燕京大學名義上是私立的，但實際上它是由教會辦的，學校的經費是教會出的。基督教教會的根據地主要是美國和加拿大，以美國為主，在紐約有「中國基督教大學董事會」，在上海有「中華基督教教育會」。多的時候，支持著16所大學，

1950年代初，新北大遷進了原燕京大學的校園。

原燕京大學老圖書館

到1947年即抗日戰爭勝利之後，還保留著幾所。燕京大學是其中之一，也是規模最大、辦得最好的一所，畢業的人也多，在政治上、國際文化上影響是最大的。創建新中國無線電電子學的清華教授孟昭英、享譽國內無線電通訊科研教學領域的華南工學院教授馮秉詮、著名歷史學家週一良、新中國的女外交家龔澎和著名電影演員孫道臨，以及大陸的知名教授侯仁之、王鍾翰、趙理海等人，都是該校校友。

由於當時燕京大學在城中的校舍局促狹窄，司徒雷登力圖在京郊選擇新的校

址。勺園在清華園的西南面,在海澱的北面,在圓明園廢址的正南面,東面是城府村,地點極好。交通較清華園更方便,為去頤和園必經之路。不過雖說是舊家名園,但年代久遠,早已荒蕪,木石無存,只有進門後一座石橋,是勺園舊物。司徒雷登看中了這裡,但這裡卻是有主的,是當時陝西督軍陳樹藩的私產,原是為其父退居林下,頤養天年之用的。司徒雷登為此去了一趟西安,由西安教會聖公會西安中學校長董健吾的介紹,找陳樹藩,想以三十萬兩銀子的代價購買此園。他們在易俗社聽秦腔,認識了兩位元老人,其中一位正是陳樹藩的父親,婉轉說明此意,陳父當時未置可否。不久陳樹藩請客,慷慨秉承父意,將勺園送給燕大,不過有兩個條件,就是在校園內為陳父立塊紀念碑,另外將陳樹藩創辦的存德中學作為燕京大學的附中,每年可以保送五十名學生上燕大。司徒雷登大喜過望,雙方欣然達成協定。

燕大有了校址,便邀請美國著名建築設計師亨利‧墨菲(Henry Killam Murphy)設計營建,完全採用宮殿式建築。不幾年,在末名湖畔,一所美侖美奐的新學舍便建成了。全校共占地770餘畝,其中勺園舊址占300餘畝,另外買進了徐世昌的鏡春園、張學良的蔚秀園、載濤的朗潤園。全部建築費用,一共用了360多萬銀元,建成66棟建築物。一時燕大校舍、協和醫院、北平圖書館先後建成,成為鼎足而三的中國宮殿式現代建築群的樣板,不但譽滿全國,而且引起世界建築界的注意。而司徒雷登在接下來的十幾年裡,連續10次回美國募捐,為燕大的發展奠定了雄厚的經濟基礎。

燕京大學遠在城外,自有諸多不便。為了創造理想的教學條件,燕大校方對教職員宿舍區的建設給予極大的重視,建於勺園舊址東側的燕南園和東門外的燕東園,便是誕生於那個時期。燕京大學在教職員住宅的建設上可謂精益求精、不惜工本。除了泥石磚瓦取自當地,其他建築材料多由國外運來,門扇窗框的木材都是上好的紅松,就連門上工藝精良的把手也全由黃銅製成。房間裡鋪設了打蠟地板,屋角有造型典雅的壁爐,衛生間裡冷、熱水分路供應,每座住宅還有獨立的鍋爐房以供冬季取暖。家家門前屋後都有一個寬敞的庭院,花草林木格外繁茂。各自相對獨立的庭院或分或合,在校園裡形成了一個景色別緻的特殊區域。與教學區和辦公區飛簷斗拱大屋頂的中國傳統建築風格迥異,燕南園和燕東園採取了美國城郊庭院別墅的模式,多是一色的灰磚小洋樓。

→ → 右頁上圖
秀美的北大校園

燕南園並不大，總共只有17幢住宅。然而，正所謂「山不在高，有仙則名；水不在深，有龍則靈」。曾經在這裡居住過的，差不多都是大師級的人物。比如歷史學家洪業、向達、翦伯贊，數學家江澤涵，物理學家周培源、饒毓泰、褚聖麟，經濟學家馬寅初、陳岱孫，哲學家馮友蘭、湯用彤、馮定，生物化學家張龍翔，化學家黃子卿，語言學家王力、林燾，美學家朱光潛，生物學家沈同，法學家芮沐，文學史家林庚，歷史地理學家侯仁之……真可謂大師雲集！當然，國內外其他許多學府也各有自己的教職員專屬住宅區，但是，像燕南園這樣因名家薈萃而聞名於世的，可不是太多。

燕京大學，有最充足的外匯經費，有世界第一流的學人、教授，有風景幽美、建築華麗、湖光山色的校園。燕京教授多是中外聞人，北伐之後，更來了不少名家：如顧頡剛、鄧之誠、容庚、錢穆、郭紹虞、吳其昌、吳文藻等，都是名實兼備、又肯實幹的專家。著名的美國記者斯諾三十年代中期也曾在燕京大學任教。因而在文化古城時期的燕大，在辦學經費、辦學環境條件、師資力量三個方面，都是一流的。

燕京大學和美國學術界的關係極為密切，燕京法學院和普林斯頓大學有協

→ → 右下頁左至右圖
北大未名湖
北大歷史系大樓，也是
燕京大學老宿舍。
北大健身中心（原燕京
大學體育館）

作關係，得到經濟援助，可以互換教師。文學院與哈佛大學有協約，其他如紐約協和神學院、哥倫比亞大學等美國著名大學都和燕大有合作關係。因而它的學術交流、人材交流，都是多方面的，世界性的。

燕京大學的本科有3個學院，18個學系。文學院有國文學系、英文學系、歐洲文學系、歷史學系、哲學系、社會學系、新聞學系、音樂學系；理學院有化學系、生物學系、物理學系、地質學系、心理學系、家事學系；法學院有法律學系、政治學系、經濟學系。另有宗教學院、研究院以及制革專修科，屬化學系；幼稚師範，屬教育系。燕京大學的學費、宿費、雜費，一學期一百五六十元，在當時是個十分龐大的數字。那些「高門大戶」的子弟倒還不在乎，一些海內外鉅賈的子弟也無所謂，但對於普通人家子弟，這樣昂貴的費用，就不容易擔負了。但如果能考進燕大，努力再爭取到好成績，那還是有辦法讀的。學校提供名目眾多的獎學金，若能獲得其中一個，便可解決問題了。自然，更為貧寒的青年，或是要賺錢養家的人，要想攻讀燕大，那就困難了。不過，即便家中再有錢有勢，而功課不好，中英文不過關，智力不足，那也是考不上燕大的。當年漢花園、清華園、燕園，這「三園」的入學考試都不是好闖的關。

燕京大學在1937年七七事變之後，因係美國教會學校，司徒雷登又當了校長，對付日本人，學校未受太大影響，繼續維持了幾年。直到1941年太平洋戰爭爆發，日本兵在這天一大早就把燕大全部封了門。後來，連司徒雷登都被日軍關押，在集中營裡度過四年。等到抗日勝利之後，燕京大學才重新復校。1952年，高校院系調整，北大遷入燕大的校址，兩校實行合併，燕京大學就此終結。至於對燕京大學的中國傳統建築的規劃、設計起到如此重大貢獻的司徒雷登，也因為毛澤東的「別了！司徒雷登」一文，在中國人心目中成了灰溜溜地逃走的美帝國主義在華最後一個代言人。他的種種貢獻，自然從來沒有人敢說了。其實這位當年學子口中的「司徒校長」，一直到離任返美後，對中國人民仍然是友好的，五十年代初，他曾鼓勵原燕京大學的校友回國服務，說「你們的前途在中國」。

一九六二年，司徒雷登病逝，遺願是骨灰埋葬燕園，那是他為「故國」（司徒雷登出生在中國杭州，一直稱中國為其故國）教育灑下數十年心血的地方，也是他的夫人埋葬的地方。至今未獲批准。

協和醫院

　　早些年，我到北京常會去王府井校尉胡同的中央美術學院。從王府井走進胡同，迎面看到的就是協和醫院那巍峨的中式大樓。後來中央美術學院拆遷了，我到北京開會，住在東方新天地那個建築群中的君悅酒店裡，窗戶打開，後面就是協和醫院的樓，那種肅穆和壯觀，還是讓我感動。這麼中國味十足的建築群，竟然是美國人建議、美國人設計和建造的，想想也真讓人吃驚。

　　1930年代，中國經歷了一場探索民族建築和現代建築結合可能性的運動，在中國現代建築史上留下濃重的一筆，只是現在已鮮為人知了。一方面，當時的國民政府成立了一個委員會，叫做「中國傳統固有形式」委員會，在南京、上海、廣州各地的公共建築中探索民族形式；而另一方面，外國人也開始在中國興建的建築裡提倡中國傳統風格，協和醫院就是這樣一個典型例子。這所醫院全名叫「北京協和醫學院附屬協和醫院」，是美國人建造的醫院，迄今為止，一直是北京首屈一指的頂級好醫院。

　　國民政府遷都南京，在全國提倡「民族固有形式」建築探索，在北京有很突出的成就，協和醫院的設計，雖然不是直接受這個行政指令的影響，但屬於受這個時期全國風氣的影響，應該是沒有疑問的。

　　20世紀初期，洛克菲勒基金會由於有洛克菲勒的標準石油公司（Standard Oil）龐大財富撐腰，開始資助符合社會利益的一些大型的長期專案。基金會當時

→左圖
小洛克菲勒（Jobo.
Q. Rockefeller. Jr.）
→右圖
北京協和醫院

1921年，北京協和醫院董事會在醫院內留影。前排穿深色西裝手執禮帽者是醫院的主要捐資者約翰‧Q‧小洛克菲勒。

的顧問弗雷德里克‧蓋茨（Fredrick Gates）傾向於先在遠東實施一項計畫。他先是提議在中國建一所綜合性大學。但是，洛克菲勒基金會經過討論，否定了這個建議，認為這是「一個當時無法實現的夢想」。

基金會的注意力很快轉向了醫學，特別是公共衛生和醫學教育及研究。蓋茨和另一位董事傑爾姆‧格林（Jerome Greene）對以遠東為用武之地極感興趣。1914年1月，在一次為期兩天的會議後，洛克菲勒基金會決定在中國開展醫學工作，並派遣一個代表團赴華考察。

代表團在華受到當時的袁世凱總統、黎元洪副總統及其他高級政要的接見，參觀了北京和天津的醫學院及醫院，隨後又奔赴中國各地的許多地方——濟南、漢口。長沙、南京、蘇州、上海、香港、廣州、廈門和臺灣。所有這些地方至少有一名代表團成員去過，每個人都寫下了詳細的筆記。是年10月底，代表團向紐約洛克菲勒基金會董事會提交了一份詳細報告，名為《中國的醫學》。報告中，對當時中國的總體衛生醫療條件、中國政府和民眾對西方醫學的態度、外國教會組織和非教會組織在華設立醫學院的標準，中國的法醫學、中國女性醫生的教育等基本狀況，作了比較全面的介紹，建議洛克菲勒基金會在華大規模開展醫療方面的援助工作，並提出一個雄心勃勃的行動建議：敦促基金會應成為「中國醫學教學工作中的一個重要因素」；教學應基於「最高的實用標準」；在今後一段時間內，以英語作為主要教學語言等。報告並建議援華的第一個醫學機構應該設在北京，並與當時北京已有的由英國和美國教會團體聯合主持的協和醫學院建立聯繫。這份報告中提出的「次級建議」還包括：援助中國各地的其他醫學專案，為在歐洲和美國的醫學院中求學的中國學生提供獎學金等等。

董事會於1914年11月批准了這份報告，並建立了一個名為洛克菲勒基金會中國醫學委員會（China Medical Board [CMB] of the Rockefeller Foundation）的組織，負責開展這項工作。

CMB與倫敦傳教會（London Missionary Society）簽署了一項歷史性協定，以20萬美元購買了該會在北京的協和醫學院的房產。這所學校被重新命名為北京協和醫學院，CMB（中國醫學委員會）向這所學校提供每年五萬三千美元的全面

資助，決心要「建立一所不亞於歐洲或美國任何地方的優秀醫學院」。

　　老協和醫學院的占地面積和建築規模顯然太小，不能適應CMB計畫中的「優秀醫學院」的發展要求。因此，洛克菲勒基金會很快便以12萬5千美元的價格另外購買了老協和醫學院附近的豫親王的地產。此後，洛克菲勒基金會撥款100萬美元，作為北京協和醫學院的土地、建築和設備費用。負責這個專案建設的柯立芝在現場看見王府，深為傳統中國建築的壯麗所傾倒。在初次目睹豫王府風貌幾天後，他寫道：「從那時起……我一想到所有這些有著雕樑畫棟，絢麗色彩設計的建築竟然要被毀掉，便感到難過。」柯立芝10月返回紐約後，立即向中國醫學委員會提交了他的初步報告，其中討論了拱頂和琉璃瓦，並附有一些草圖，展示了傳統的中國瓦房屋頂。

　　協和醫院的建築群，採用西方空間佈局、中國宮殿形式的外形設計，可以說是二十世紀初期最優秀的結合典範了，雖然它是一個公共建築群，但是它的意義和影響力已經超越了公建範圍，而是給中國建設界對於如何將傳統形式與現代的功能目的相結合，提供了一個新的思考方向。

　　建成後的協和醫院建築群，外貌上完全保持了中國傳統建築的風格：中心對稱，飛簷斗拱，綠色琉璃瓦的大屋頂，仿漢白玉的回廊…不過，這些飛簷斗拱都是用水泥製成的，只是一種形式上的仿製，並沒有功能性的作用。應該說是在探索中國傳統民族形式如何與現代建築相結合的一種初步嘗試，尚不能說是一種成功，但無可否認，這是一種非常有意義的嘗試，是重要的一步。

　　CMB的工作進展順利，1917年9月，協和醫學院預科學校開學；1919年，協和醫學院開學；1919年9月，第一批女學生跨進了協和醫學院預科學校的大門；1921年，協和醫學院招收了第一批女學生，並成為中國第一所男女合校的醫學院；1920年，協和醫學院護士學校開學。協和醫學院是當時中國最現代化的醫學院，對全國醫學院的建設合發展起到重要的推動作用。

　　美國石油巨頭約翰.D.洛克菲勒(John D. Rockefeller)慷慨解囊提供了建造醫院的全部資金。後來，洛克菲勒基金會又為中國的醫學院畢業生去國外學習和讓中國婦女在美國接受成為護理教師的培訓設立了獎學金。

　　來自洛克菲勒基金會賬簿的最終數字表明，北京協和醫學院的土地、建築和設備的全部費用達到了在當時令人瞠目結舌的750萬美元。洛克菲勒基金會自該校

1915年建立以來對它的總投資額高達4460萬美元，成為洛克菲勒基金會有史以來在單一計畫上投入的最大數額的捐款。

北京協和醫學院的正式開辦典禮於1921年9月舉行，洛克菲勒基金會的代表小洛克菲勒（John D. Rockefeller, Jr.）親率代表團趕赴中國，主持了開幕式。從美國遠道而來的小洛克菲勒在開幕詞中展望未來，並希望有朝一日能將這所學校完全交給中國人。他說：「顯而易見的是，無論西方醫學能為中國提供什麼援助，除非它被中國人接管，並成為中國國民生活的組成部分，否則它對中國人民來說用處不大。因此，我們必須企盼有朝一日，這所學校的大多數職務，如果不是全部的話……都由中國人擔任；而學校的董事會……將有著名的中方人士參加；除學雜費收入外，目前這所學校所需的資助和外國捐款……正如世界其他國家類似級別的醫學院校的情況一樣，將由來自中國人的捐款和中國政府的補貼所取代。讓我們攜手朝著這一目標向前邁進，這將使西方所能提供的最佳醫學永遠紮根於中國的土壤。」

一位心情激動的參加者這樣描述道：「初秋的北京分外美麗。胡同裡不像平時那樣塵土飛揚令人窒息……透過清潔的空氣，遠處的西山呈現出綠色和紫色；點綴著玲瓏小亭的景山在眼前突兀而起，還有皇城那巨大的城門和金色屋頂的紫禁城，綠色大屋頂的豫王府與之相比並不遜色，那是我們的新醫學院和醫院。」

光臨的科學代表團來自世界各地，遠至日本、朝鮮、印尼、菲律賓、英格蘭、蘇格蘭、愛爾蘭、加拿大和美國，中國的許多省也派來了代表。

協和醫學院第一屆學生於1924年畢業；1929年4月，在紐約舉行的北京協和醫學院董事會年會上，選出了由一些著名中國人士組成新的董事會，其中包括胡

協和醫院內

1921年，北京協和醫院及協和醫院正式開幕典禮。

北京協和醫院

適，他是一名出色的哲學家和外交家，在哥倫比亞大學（Columbia University）獲得了博士學位，此外還有張伯苓博士、伍朝樞博士、施肇基博士、周詒春博士、翁文灝博士，以及曾任該校第一位中國人院長的劉瑞恒博士等醫學界泰斗。新中國於1951年接辦了北京協和醫院。

　　當我站在酒店的視窗旁，望著對面協和醫院綠色的琉璃瓦頂，不由得想起了這個醫院的好多故事。其中最著名的要算北京人的頭蓋骨了。幾個「北京人」頭蓋骨出土之後，就是放在這裡研究和保存的。日軍侵華的時候全部神秘失落，不知所終。是日本人拿走了？還是美國人帶走了呢？是丟失了？還是被毀掉了呢？至今仍音訊全無。這樁往事，更給協和醫院添上點神秘的色彩了。

　　現在協和醫院周邊的舊建築全部拆毀殆盡，就剩它孤零零地在那兒矗著，像是很突兀的一個標本一樣。讓人瞧著，心生不忍。

北京十大建築指在二十世紀五十年代，為迎接中華人民共和國建國10周年興建的，包括人民大會堂在內的十項大型建築工程。這十大建築是：

1 · 人民大會堂

2 · 中國革命博物館及中國歷史博物館（今合併為中國國家博物館）

3 · 民族文化宮

4 · 北京火車站

5 · 工人體育場

6 · 全國農業展覽館

7 · 釣魚臺國賓館

8 · 民族飯店

9 · 華僑大廈

10 · 革命軍事博物館

其中除華僑大廈已經拆除建造新樓了，軍事博物館比較明顯受蘇聯建築影響，工人體育場是一個比較功能性的建築以外，其他幾棟則多有民族內涵的引用。多少年過去了，還是耐看。

為迎接中華人民共和國建國10周年，當時的中央人民政府決定在首都北京大興土木，建設包括人民大會堂在內的國慶工程，由於這項計畫大體上包括10個大型項目，故又稱「十大建築」。1958年9月6日，時任北京市副市長的萬里召集了北京1萬多名建築工作者開會，作關於國慶工程的動員報告。除了組織北京的34個設計單位之外，還邀請了上海、南京、廣州等地的30多位建築專家，進京共同進行方案創作。建築專家、教授、工人、市民都提出了自己的建議，人們對各項工程先後提出了400個方案，其中僅人民大會堂就提出了84個平面方案和189個立面方案，並結合工程對天安門廣場提出了多種規劃意見。

從1958年9月5日確定國慶工程的建設任務，僅僅用了不到一年的時間，到1959年9月就全部完成了人民大會堂、中國革命和中國歷史博物館、中國人民革命軍事博物館、北京火車站、北京工人體育場、全國農業展覽館、釣魚臺國賓館、北京民族文化宮、民族飯店、華僑大廈共10座建築，總面積達67萬平方米。著名建築家張開濟回憶說：「20世紀50年代的國慶十大工程，在短短不到一年的時間內就全部建成，創造了世界建築史上的奇跡。我當時陪同蘇聯建築師參觀十大工

↑ 上圖
農展館外有兩組巨大的群像雕塑，與展館的建築風格十分協調。

↓ 下圖
五十年代北京十大建築之一——全國農業展覽館。在我的記憶中，似乎並沒有在這裡看到多少農業方面的展覽，記得蘇聯衛國戰爭勝利後，大概在50年代初，曾舉辦過一個規模宏大的全蘇聯農業展覽，展覽館的建築和戶外雕塑都令人印象深刻，不知道這個農展館是否師法「老大哥」的呢？

↑上圖
人民大會堂的入門大廳，設計上很注重民族的形式和內涵，雖然建成將近六十年了，還是很耐看。

↓下圖
五十年代的北京十大建築之一——人民大會堂

位於人民大會堂對面的中國國家博物館,也是1959年的北京十大建築之一,為了在體量上與大會堂相稱,特意在門廊的後面設計了一個留空的小廣場。

程,他們都不相信這些建築是在這麼短的時間內建成的。」

　　人民大會堂建於1958年10月至1959年8月,建築面積達171,800平方米,比故宮的全部建築面積還要大,是世界上最大的會堂式建築。人民大會堂的建築動機來源於1959年中華人民共和國建國十周年紀念,展現十年來的建設成就。中國共產黨、中央人民政府、國務院決定興建十大建築,這些建築追求建築藝術和城市規劃、人文環境相協調。人民大會堂集中了當時全國各地的建築材料,建築工人加班進行建設,僅僅用了10個月就完成了從設計圖紙到從內到外所有裝修及設備的安裝調試。人民大會堂建成後一直使用至今,每年3月舉行的全國人民代表大會、中國人民政治協商會議(合稱兩會),以及五年一屆的中國共產黨全國代表大會均在此召開。目前,人民大會堂已向公眾開放。

　　中國歷史博物館現在叫做「中國國家博物館」,在人民大會堂對面,天安門廣場東側,原來是兩個博物館:中國歷史博物館與中國革命博物館,後來合二而一了。

　　中國歷史博物館的前身為1912年7月9日成立的「國立歷史博物館籌備處」。1949年10月1日,在中華人民共和國成立的同日,更名為「國立北京歷史博物

↑由左至右圖
中國美術館的建築裝飾
非常精緻考究
綠瓦白牆的民族文化
宮，建築風格是十大建
築中最輕鬆的一個。
金碧輝煌的中國美術
館，也是五十年代的十
大建築之一。

館」，隸屬中央人民政府文化部，1959年更名為「中國歷史博物館」。

中國革命博物館的前身為1950年3月成立的國立革命博物館籌備處。1960年正式命名為「中國革命博物館」。1959年8月，位於北京天安門廣場東側的兩館大樓落成，同年10月1日，在國慶十周年之際，開始接待觀眾。2003年2月28日兩館合併為中國國家博物館。國家博物館總面積65,000多平方米，中央部分和兩翼的中部是十二根巨型方柱式的門廊。穿過門廊，走進中央大廳，整個建築分成互相對稱的南北兩部分。

現該館正在進行擴建，建築面積將由現在的6.5萬平方米增加到19.2萬平方米。工程於2007年4月開始至2010年完工，將成為世界上面積最大的博物館。中國歷史博物館是中國收藏本國古代、近代文物資料及研究歷史科學和有關學術問題的機構，館藏文物共62萬件；陳列以中國通史為主，面積有8,000平方米，陳列文物資料約有9,000件。

歷史博物館珍寶展展出中國最頂級的文物，包括漢朝金縷玉衣，東吳的青瓷羊，唐三彩，戰國陶質雕塑等，這些文物經常能在中學的歷史教科書中見到。

歷史博物館常有來自外省、外國博物館的短期展出，日本、義大利、希臘、埃及等國都曾在此展出國寶級文物。

　　而中國革命博物館是中國收藏1840－1950年間中國近代革命資料的機構。主要是中國近代革命史的陳列。

　　這個博物館的設計是張開濟先生主持的。

　　2000年中央美術學院成立建築分院，和北京建築研究院合作，成立那天有個酒會，也請了我去，出席的都是美院的領導、元老，北京建築界的元老和大設計師，忽然大家起立鼓掌，看見90多歲的張開濟先生在夫人陪同下走進美院的雕塑陳列館，他是中國現代建築的奠基人之一，大家對他的尊敬是難以言表的。酒會上，我去酒台取點飲料，看見張老想吃奶油蛋糕，他夫人勸他少吃，他笑得好像個頑童一樣，可愛極了。我過去問候他，也就站在那裡聊了聊，其中我問他當時如何考慮作一個實際建築面積小，但是外形看起來和人民大會堂對稱的博物館的時候，他笑著說：院子啊！因為要和人民大會堂對稱，因此採用了以「目」字形為基礎的平面佈局，其實就是圍合了幾個院子，擴大了建築外部看到的體量感，這個做法，當時是因為資金不足，現在正好給加建預留了足夠的空間。

　　北京民族文化宮地處北京西長安街北側，東臨西單繁華商業區，北靠北京金融街，是新中國成立十週年首都十大建築之一，曾被英國出版的《世界建築史》列為新中國一宮，1999年被國際建築師協會第二屆大會選為「當代中國建築藝術

237

民族文化宮的建築裝飾
明顯帶有少數民族裝飾
紋樣的動機

精品之一」，1994年在北京「我喜愛的民族風格建築」評選活動中，榮列五十座
中選建築榜首。1998年開始，國家投資1.6億元人民幣，對民族文化宮進行抗震加
固和全面裝修。這個建築色彩是白色牆面，綠色琉璃，很輕鬆。是我很喜歡的一
個建築設計。

　　北京火車站是當時中國規模最大的現代化鐵路客運站。這個大型交通樞紐建
築的設計者是楊廷寶、陳登鰲。車站坐落於北京市東城區東二環以內、東長安街
以南、原內城城牆以北、崇文門與東便門之間。在北京城牆拆除之前，進出站的
列車都從東便門城門下通過。北京站原址位於正陽門甕城東側，建於1903年，
舊稱「京奉鐵路正陽門東車站」。曾經使用過許多名稱，如「前門站」、「北平
站」等，最後在1949年9月30日改稱北京站。中華人民共和國成立後，北京站的
新建成為重要建設，與人民大會堂等並列為1950年代首都「十大建築」。1959年
1月20日開始在現址修建，位於原址的所有建築基本全部被拆除，

↑上圖
1959年的首都十大建築之一——工人體育場

↓下圖
不少北京市民在工人體育館外晨運

五十年代北京十大建築之一的北京火車站

我第一次來北京是在前門車站上下車的，那個時候北京站還沒有建。

前門車站建成於1906年，火車最早是從北京去奉天的，因此當時的全稱應該叫「京奉鐵路正陽門東車站」。現在這個車站整修一新，又重新把這個全名寫上去了。是個新古典主義的建築，建築身上有紅磚和白粉牆交叉組成的條狀裝飾，這是英國人在東南亞殖民地公共建築上經常用的方法，在馬來西亞、新加坡特別多見，俗稱「血繃帶」（blood bandage）式，他們在吉隆坡、在新加坡就這麼叫，但是這個俗名在中文中就很犯忌了。從清朝末年一直到1949年，前門車站一直都是中國最大的火車站。1959年，新北京站建成後，前門車站才漸漸「下崗」了，後來就變成了鐵路職工的俱樂部。不過，要是記得這個車站的各種歷史，倒是很有趣的，據說沈從文先生剛剛從湖南到北京，在這裡下車，在月臺上跺跺腳，叫了一聲「北京！我來征服你啦！」何其壯觀，沒有想到，北京倒把這個文才橫溢的青年給整垮了，一個那麼精絕的作家壓得只能躲在歷史博物館裡面研究中國古代服裝歷史。京劇大師程硯秋拒絕給日本人演出，就是在這個月臺上被偽憲兵揪打，結果那四個狗腿子被頗有些武功的程硯秋打得落花流水，也是一時新聞。

現在去看看這個車站，卻有點淒涼，各種色彩刺目的小吃店，手機城的招牌，爭先恐後的貼滿了這個精緻的古老建築的空間，映襯之下，那往日的舊磚牆就顯得更為凋零。我根據拍的照片畫了張畫，故意把那些招牌全部模糊處理，就

240

是希望大家也有我當時看見這個車站的感覺。記得巴黎的奧塞美術館，原來也是個火車站，為1900年世界博覽會建造的，現在成了一流的藝術博物館，為什麼我們非把這麼好的一個文物拿來賣手機、開低廉的飯館呢？

北京站是在1959年9月14日落成的，成為中華人民共和國當時最大的客運鐵路車站。北京火車站占地面積25萬平方米，總建築面積8萬平方米。毛澤東為北京站題寫了站名。

在1996年北京西站（西客站）建成以前，北京站一直是北京最重要的車站，也是全中國客流量最大的車站。北京發往全國各地的主要慢車、快車、特快和直達列車均從北京站發車。同時，北京站也是重要的中轉站，因此也一直超負荷運轉。即使在西客站建成以後，北京站也依舊繁忙。現在，北京站主要營運京滬線、京哈線的客運列車。從北京到東北、華東等地區的客運列車都從北京站發出。

此外，北京站還有開往俄羅斯莫斯科、蒙古烏蘭巴托以及平壤的國際旅客列車。

在北京的十大建築中，公眾去得最少的是釣魚臺國賓館了。這個綠樹環繞的花園一樣的賓館區，總有一種神秘的色彩。

其實，在1959年以前，釣魚臺就已經是一座皇家園林風貌的賓館了，不過在1959年添上了好多座具有民族特色的賓館建築，成了不少政治活動的中心，因而聲名日隆。

釣魚臺在北京海澱區玉淵潭東側，是一處古代皇家園林及現代國賓館建築

↓左圖
民族飯店夜景
↘右圖
釣魚台國賓館也是五十年代的十大建築之一。過去一直是中央領導人的住所以及招待外國重要來訪者的國家級賓館。現在在沒有國外賓客的時候，也適度向國內公眾開放。

群。國賓館園區南北長約1公里，東西寬約0.5公里，總面積42萬平方米，總建築面積16.5萬平方米，湖水面積5萬平方米。金代章宗皇帝（西元1190年至1208年）完顏璟曾在此築台垂釣，「釣魚臺」因而得名，迄今已有800餘年。至清代，乾隆皇帝（西元1736年至1795年）敕命疏浚玉淵潭並在此興建行宮，收為皇家園林。現代的國賓館園區是由中華人民共和國政府於1958年至1959年在古釣魚臺風景區基礎上擴大修建，用做來訪國賓的下榻及會晤、會議場所。

釣魚臺國賓館地段極為敏感，附近有海軍總醫院、國家外匯管理局、中央廣播電視塔、中央電視臺、中華世紀壇、國家稅務總局、鐵道部、軍事博物館、國家統計局、國務院港澳辦等。因此不是一般民眾能來的地方。

1958年接待來北京參加國慶的外國元首及政府首腦，中央政府於選址古釣魚臺風景區，責成外交部組織、籌畫、營建國賓館，並定名為「釣魚臺國賓館」。經一年多努力，於1959年建成17棟接待樓，全部是二層青磚紅瓦樓房。各樓從中心湖南側起始，沿逆時針方向，由「一號樓」編號至「十八號樓」，其中為尊重外國習慣，不設「十三號樓」；而為尊重中國傳統，以「芳菲苑」替代「一號樓」稱呼，以「八方苑」替代「四號樓」稱呼。

釣魚臺國賓館於1959年國慶慶典前夕啟用，以後陸續有擴建修葺。

釣魚臺國賓館環境寧靜幽雅，樓臺亭閣間有綠蔭花卉、林木石橋，古典情調與現代建築和諧結合。

這個賓館原來很低調，但是在文革時期卻大出了風頭。

1966年初，彭真（時任文化革命五人小組組長）曾在這裡組織寫作班子起草《二月提綱》。文革時成為中央文革小組的辦公地點（14號樓、16號樓），而康生（8號樓）、陳伯達（15號樓）、江青（先8號樓，後11號樓）、張春橋、姚文元（9號樓）、關鋒也都集中住在這裡，於是它就成了中央文革領導小組成員辦公、生活二合一的駐地。因為中央文革小組是文革的發源地，並處在運動的領導地位，甚至取代了中央政治局，與國務院、中央軍委鼎足而三，居於實際的權力核心圈子：政令從此發出，接見上下內外來訪者在此進行，幕後交易在此敲定。各派政治勢力都穿梭來往、角逐於這裡，或聯絡示好，或衝突交惡。

釣魚臺四周原是塗綠油漆竹竿紮成的籬笆，約略可見裡面的房屋樹木，1966年改築了圍牆，圍牆上安了電網。圍牆東面、北面各開一座大門。東面大門裡是

十大建築之一的軍事博物館，建築風格上明顯受到蘇聯的影響。

一座假山；北面大門裡砌了很大一個照壁，遮住行人視線，上書「為人民服務」五個大字。 東湖沿岸安裝著帶毛刺的鐵絲網，原本就遊人罕至的這裡更加幽深。其警衛由中央警衛局一、二處負責。

九大之後，中央文革小組影響漸次淡出，政治運作漸複常軌，這裡又成為「四人幫」成員集中居住的處所。後來居上的王洪文住16號樓；紀登奎、陳永貴、吳桂賢等文革升遷的政治局委員亦曾住在這裡。使他們的交往、磨合，除政治利益上的一致外，還增加了地利的方便。因此，釣魚臺就先後成為中央文革小組和四人幫的代名詞。作為地理名詞的釣魚臺就成了文革中重要的政治符號。

1975年由於陳永貴上書請求搬出釣魚臺，搬到東城區交道口四條一個老四合院裡。毛澤東批示曰「很好，釣魚臺無魚可釣」。於是住在釣魚臺的中央政治局委員先後搬走了。只有江青直到1976年毛澤東逝世後，才搬到中南海。

1980年釣魚臺國賓館正式對社會開放營業。記得當時一天住宿費為2000─3000元人民幣。根據當時接待處提供的市場報價，標準間（最便宜）298美元一天/夜，總統套房為3998美元一天/夜。在網上看到，現在要住一天總統套房，價錢已經是5萬美元了。

在北京，一提起「十大建築」，人們心目中浮現出來的就是59年興建的這十處建築。雖然後來也借用此名稱，選出過八十年代、九十年代的「十大建築」，但均不如最初的十大建築著名，也並未得到過廣泛的認可，在國際建築界幾乎毫無影響。

1959年的十大建築，雖然已經是半個世紀以前完成的建築了，但仍然很有看頭，而且遠比後來的那些建築更有深層的影響力。究其原因，我看不外是因為它們和北京傳統、北京的面貌，以及中國的文化和歷史有著密切的關係吧。

寫這本書，不對北京最近十來年建造的這麼多新的大型建築、住宅建築說點什麼，肯定不行，但是要說點什麼，也真不容易，因為雖然這些新建築體量很大，但設計上還是略嫌不足的。但中國的評論界慣於報喜不報憂，溢美之詞人人不嫌多，直白的批評能笑納的就不多了。好在我不是圈中人，也不打算擠進圈子裡去，所以還是秉持自己的一貫作風，有什麼說什麼吧。

2007年12月底，在北京出差，剛剛好有一天是週末，有空。和一個建築出版界的朋友一起去看建成不久的首都博物館新館，一方面是想看看收藏，二方面是看看建築。去了，展品印象不深刻，因為畢竟是新博物館，收藏有限，覺得基本是個北京市的歷史和民俗陳列而已，不過新館建築倒是宏大得很。

原來的首都博物館在北京孔廟，1999年由北京市政府投資，再做新館。新館於2006年5月18日開館，位置在長安街西延長線上，門牌是復興門外大街16號。設備頗先進，既不是純粹歷史，又不是純粹文物的綜合性博物館。以首都博物館歷年收藏和北京地區的出土文物為基本展品，以北京歷史、文物、考古搭配，目的是展示北京歷史，因此感覺就是一個北京城市的博物館。建設用地面積24800平方米，總建築面積63390平方米，地下二層，地上五層，北部設計了綠色文化廣場，東部設計了下沉式竹林庭院。建築物東西長152米、南北寬66米左右，建築高度41米。建築外形主要由矩形圍合結構、橢圓形外立面和金屬屋頂三部分組成。建築內部分為三棟獨立的建築，即：矩形展館、橢圓形專題展館、條形的辦公科研樓。三者之間的空間則為中央大廳和室內竹林庭院。地面上鑲嵌清代丹陛，大廳內有明代牌樓，橢圓形展廳的外裝飾，採用青銅材料，並飾以北京出土的西周時期青銅器的紋樣。鋼結構棚頂、玻璃幕牆，很是堂皇。

具有很典型的現代主義風格的這個博物館的建築，設計上很清晰和通透，整個新館是一個長方形的玻璃盒子，裡面一頭包一個依然是長方形的展廳盒子，體積大概是建築「盒子」的三分之一左右，是矩形展館。另一頭插了一個向北面傾斜的橢圓柱形，是橢圓形專題展館。其他的體積全部是一個龐大的巨大空間，氣勢倒是宏大無比，可也頗顯空空蕩蕩，讓人有些不得要領——為什麼要耗上這麼大的空間呢？

→→右頁圖
首都博物館近照

↑ 上圖
首都博物館的中央大廳,樓梯下是室內竹林庭院,圖中左側
部份是展覽場地,與整個展館相比,展覽場地顯得偏小。

↓ 下圖
首都博物館有一個巨大的入口大廳,大廳的地下層是一
個室內的竹林庭院,院內有銀行等服務設施。

首都博物館展出的老北京民俗泥塑

一直以來，博物館的設計都是服務於展示收藏的。到了1950年代，佛蘭克·L·萊特設計了紐約曼哈頓上東城第五大道上的古根漢博物館，採用螺旋形狀，當時引起紐約文化界的軒然大波，12個大藝術家聯名簽署了不在這個建築物裡面展示自己作品的聲明，所羅門·古根漢的兒子也反對父親這個選擇，結果要紐約市主管規劃的官員出面協調，才勉強完工，在萊特去世後三個月開幕。為了形成一條延續不斷的參觀線路，採用了一個從上而下的3度的螺旋型斜坡，構想雖然有創意，但是掛在裡面的大幅作品好像都掛歪了一樣。古根漢博物館不得已才在後面加建了一棟中規中矩的大樓，陳列尺寸比較大的藏品。當代著名的建築大師羅伯特·斯坦因（Robert Stern）在接受美國公眾電視網採訪的時候，曾經很直截了當地說：自從萊特的紐約古根漢博物館完成之後，誰還在乎博物館陳列的是什麼啊？

審視從1959年開始的博物館設計的發展，真的不難發現：博物館現在的功能似乎成了博物館建築本身的展示，而不是陳列內容了。從佛蘭克·蓋利的西班牙

畢爾包的古根漢博物館，到理查・邁耶的洛杉磯保羅・蓋蒂博物館，無一不是建築壓倒了收藏的。現在看到的北京的首都博物館也屬於這類。

我是個喜歡看建築的人，但是去博物館我還是希望首先看博物館的收藏、看展覽，因此對這種將博物館建築放在第一位，把館內的收藏倒壓到第二位的做法，並不太認同。

前天在學院的餐廳吃飯，門口有免費的《紐約時報》和《美國新聞》可以取閱，一般教授們都會在課間吃點東西，看看報紙。我隨手翻閱，看見《美國新聞》上有篇文章，報導諾曼・福斯特設計的北京第三號航站全部竣工的消息，這樣，北京機場的運客數量可以上升到4000萬人次，進入國際最大的機場行列了。美國有大約六個機場的吞吐量是6000萬人次的，因此文章上說，北京首都機場還要再加一個更大的航站樓，以達到國際水準云云。

2008 年北京舉辦奧林匹克運動會，為了這件國際大事，北京建造了六十多個新的大型建築，包括庫哈斯的中央電視臺大樓，「鳥巢」、「水立方」、安德魯「國家大劇院」那個蛋，等等。文章說：「中國現在已經成了全世界的建築試驗場了」。

北京的新建築中有些不錯的，比如英國建築大師諾曼・福斯特設計的北京國際機場第三號航站啓用，給國人一個認識什麼是真正的國際水準的航站的視窗。這樣的大師實在不多，不像安德魯設計個十三陵一樣的大劇院，或者庫哈斯設計的一個什麼扭曲的電視臺大樓，讓你費思考，讓你苦惱，他的作品就那麼純粹，那麼功能，那麼簡單和流暢，好就是好，無需那麼多解釋、隱喻、明喻、廢話。只是，機場的色彩是國內官方要求的，紅色多，金色多，嚴重混淆了機場內部的視覺導識系統，是一個敗筆。

不過，看著人家說中國成了國際建築試驗場，我感覺有點心酸。全球的設計，為什麼不在自己國內試驗成功了，再拿來推廣，而非要把一個歷史傳統深厚、文化積澱豐

首都博物館新館──轉引自新北京網站（www.beijingup-dates.com）

2008北京奧運主場——
「鳥巢」

富的中國，特別是一個千年古都北京拿來做試驗場呢？

　　1990年代開始的時候，國際建築進入到一個有點混沌的時期。1970、80年代曾經喧囂一時的後現代主義已經被逐漸揚棄，國際建築朝哪個方向走？大家都不十分清晰，各種探索都出現了。比較清晰的方向我看有比較純粹的現代主義的復興，在西方有人稱之為「新現代主義」，好像理查·邁耶（Richard Meier）的洛杉磯保羅·蓋蒂博物館（Paul Getty Center），有勒·科比意的感覺，但是進一步精緻化，給那些對包浩斯以來的現代主義依然有依戀情結的人以新的希望和信心，因而有人甚至稱之為「新包浩斯主義」；解構主義也是一個探索方向，佛蘭克·蓋利（Frank Gehry）先在西班牙北部一個乏味的工業小城畢爾包完成了他的古根漢博物館建築，隨意性、破碎感給那些看慣了規整建築的人一種耳目為之一新的感覺，因此一時成為熱潮，繼而建成了西雅圖的音樂中心、洛杉磯的迪士尼音樂中心，幾年之後，也好像有點審美疲勞了；而薩哈·哈蒂比較陽剛硬朗的解構手法，更容易營造，也更具有普及能力。這些人，其實是把建築當雕塑來

做，城市公共建築具有雕塑性，自然就成為地標，市政部門喜歡，但是如果把這個風格演繹到住宅和商業樓宇，造價高不用說，功能甚至品質也難以保證。以蓋利為麻省理工學院設計的斯達塔電腦中心為例，該建築建成後不久，就因滲漏問題而被MIT告上了法院。正如紐約時報的專欄文章所言：「一個由70億個部件構成的龐然大物，要想一點不出錯，機會恐怕很小。」看來，解構主義也是種很有限度的發展。高科技派流行已經二十多年，諾曼·福斯特、理查·羅傑斯都因為貢獻大，榮膺女皇冊封為爵士了，除了造價高以外，這派風格的延伸性還是比較好的。從宏觀情況來看，這幾派都是探索中的流派，外國少許有些公共項目，一般都是在一個足夠大的空間尺度中建造，比如佛蘭克·蓋利在洛杉磯做的迪士尼音樂中心，地處坡頂，四周無其他建築，很突兀的放在那裡，就好像是亨利·摩爾的雕塑一樣，怎麼怪也不為過。

開放以來，中國建築量成百倍的增加，使得中國突然成為最大的建築營造國，而又缺少一種對自己建築發展走向的信心，絕大部分人都沒有考慮好這個民族的建築未來應該是什麼基調的，什麼是中國現代化的建築。加上行政部門因政績炫耀要求而主張興建龐大的地標性建築，項目多，缺乏約束要求，於是，中國就突然成了國際建築界的試驗場。

全世界的建築師當然會不失時機地盯上中國這個巨大的建築試驗場，既然是

新近完工的北京國家大劇院

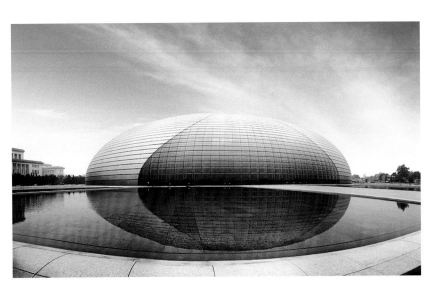

→ 左圖
被老百姓稱為「巨蛋」
的國家大劇院，就緊貼
在人民大會堂背後。
→ 右圖
建設中的CCTV大樓

試驗，就肯定有失敗的時候，國家大劇院肯定是個失敗的例子。人們在出現了這種情況的時候，通常就興師問罪外國設計師無能或無良，其實，他設計成什麼樣子是他個人的選擇，而實施不實施他的設計卻是我們自己的決定啊。所以說，根本問題不在於外國建築師，而在於我們自己在開發上沒有原則、缺乏自信、耐心和常識不足、行政干預過多。如此，最後受累的是自己，祖宗留下的城市文化蕩然無存，留下一堆或成功、或不成功的建築或建築垃圾。受益的是外國建築師，得到一個巨大的試驗場。

在國際建築理論界，法國的保羅‧安德魯的「巨蛋」基本已經被清洗出局了，永遠不會有在另外的地方出現這樣建築的可能性；諾曼‧福斯特的北京新機場則已經得到肯定，他一定會在世界其他地方贏得其他機場的設計項目的；荷蘭建築設計師雷姆‧庫哈斯的中央電視臺大樓國際建築界還在觀望；總部設在紐約的建築公司SOM公司在上海設計的金茂大廈得到國際建築界的一致好評，這個公司此後在中國已經接到了30多個工程；深圳單體投資最大的建築—會展中心，建築設計是德國GMP公司負責的，國際建築界反應不錯，這個公司肯定會有其他項目接踵而至，而美國李名儀‧廷丘勒建築師事務設計的市民中心，虛張聲勢，功能缺缺，詬病頗多，估計日後在外國不可能出現同類建築了。

我心裡常常在想，我們自己的建築師什麼時候能夠從目前給數量淹沒的狀態中伸出頭來，冷靜思考，找尋一條自己的建築之路。我總是竊想：未來中國的建築，應該是純粹現代主義加上某些民族的感覺的，而不是目前這種西方試驗性的產品。這個願望能不能實現，目前還很難說，就算有希望實現，看來還要等一陣子啦。

現在去北京的遊客，晚上很少不去什剎海走走，在酒吧裡喝杯啤酒、聽聽酒吧裡的流行歌表演的。夏天晚上去那裡，簡直就是摩肩擦踵，酒吧裡面人頭湧湧，對我來說，這個地方就很不浪漫，但是大家都說浪漫北京，什剎海是首選了！

　　幾年前，我出差到北京，住在西單一家酒店裡。一位外地的雜誌編輯專門來北京找我，希望約稿。那天我的日程有點滿，會議開到晚上快九點了，她就在外面等。會議出來才見到她，我說就在酒店咖啡廳裡談談吧，她說要帶我去一個非常非常特別的地方談，我問她是什麼地方，她說是煙袋斜街。我倒是沒出聲，我第一次去那裡的時候她還沒有出世呢。

　　在還沒有弄清楚，不同的人有不同的說法。感覺奇怪的是當地人不讀「shi sha hai」，而讀成「shi jie hai」，為什麼？也搞不清楚。前面提到過，什剎海、北海、中南海都是元代在開始修建引水入京工程時，營建的水庫，現在我們叫的什剎海，是北京北部的三個湖，分別是前海、後海、西海，舊時俗稱河沿。有些人說叫做「什剎海」是因周圍有十座寺廟而得名，包括廣化寺、火德真君廟、護

煙袋斜街的牌坊基座都是斜的

後海雪天胡同遊

後海滑雪場上滿滿年輕人的笑語歡聲

煙袋斜街上古意盎然的
小店

國寺、保安寺、真武廟、白馬關帝廟、佑聖寺、萬寧寺、石湖寺、萬嚴寺。但是
我知道除此以外什剎海附近還有廣福觀，大藏龍華寺等寺廟，因此肯定不是因十
個寺廟而得名的。

　　北京全城缺水，不像南方城市，到處是湖泊、河流，這個地方乾旱，因此大
凡見水的地方都非常受歡迎，而什剎海有北京城區內相對寬闊的水面，水面周圍
種著高大的樹木。因此的確風光秀麗，誇張一點的人說這裡是「北方的水鄉」，
其實有點過分誇獎，因為水鄉是什麼樣子的，這裡住的人未必見過呢！這種誇張

什剎海的後門橋

2001年出土的後門橋水獸

從古就有，說明北京的確缺水景。清朝人震鈞說：「若後海則較前海為幽僻，人跡罕至，水勢亦寬。樹木叢雜，坡陀蜿蜒。兩岸多名寺，多名園，多騷人遺跡⋯⋯湖上看山，亦此地最暢。昔翁覃溪先生曾集二十四詩人於湖上酒樓，每月有詩會。一時群羨為神仙中人」。清朝的李靜山有詩說這裡是：「柳塘蓮蒲路迢迢，小憩渾然溽暑消。十里藕花香不斷，晚風吹過步糧橋」。說到橋，這裡的確有座很小的石橋，叫做銀錠橋，位於後海與前海之間，在煙袋斜街南端，是座單孔石拱橋，因形似銀錠而得名。這橋我最早是學歷史的時候知道的，1910年汪精

255

1	3
2	4

↑由1至4圖
紅色「拒馬」宣示著主人的不凡身份
什剎海的銀錠橋，1910年汪精衛曾在此謀刺攝政王載灃。
後海一條街
後海所見──龍的傳人

什剎海的銀錠橋，1910年汪精衛曾在此謀刺攝政王載灃。

衛在此謀刺攝政王載灃，之所以載灃會在這裡過橋，是因為他住在這裡附近。的確，這裡風景好，又有水景，所以從前好多王公貴族都選擇住在這裡。什剎海周圍有許多王府和花園，如保存最好的恭親王府、醇親王府等。解放後，宋慶齡故居、郭沫若故居也在什剎海旁邊，什剎海邊的柳蔭街曾住過中國十大元帥中的三位。

這裡的王府、豪宅我也去過幾個，的確很講究。前海西街17號，是清朝後期恭親王奕訢的府邸及花園，恭王府及花園原是清乾隆時代大臣和珅的府邸，和珅被抄家後賜給了慶郡王愛新覺羅・永璘，後由於慶親王的孫子愛新覺羅・奕劻世襲降低為貝勒，由內務府收回。之後，又於咸豐年間賜予奕訢作為府邸，稱為恭王府。1921年，恭親王奕訢的孫子溥偉、溥儒（溥心畬）將恭王府和花園抵押給天主教會，後由輔仁大學買去作為校舍，先後為北京師範大學、中國音樂學院的校舍。恭王府建築曾部分為北京空調機廠佔用，1980年代騰退。1996年10月起，恭王府花園作為旅遊景點供公眾參觀。在北京，要看園林，除了龐大的頤和園之外，其實這裡很值得一看。

恭王府分為王府和花園兩部分，王府在南，花園在北，由高高的後罩樓將王府與花園分開。王府本身分中東西三路，分別由多個四合院組成，後為長160米的二層後罩樓。

恭王府花園也分為三路。中路是西洋門、獨樂峰、蝠池、安善堂，及左右配殿明道堂、棣華軒、福字碑、邀月臺、蝠廳。東路是怡神所垂花門、大戲樓、芭蕉院、西路是湖心亭、澄懷擷秀。此外還有龍王廟、榆關、妙香亭、流杯亭、藝蔬圃。

1	4
2	5
3	6

↑由1至6圖
冬日黃昏什剎海
冰封的什剎海依然紅火
京城百姓自費在什剎海上修建的「野鴨島」，給過冬的水禽一個溫暖的家。
薄暮冰封望海樓
什剎海冰場
嬉戲冰上的小女孩（怎麼沒有大人看顧?）

／上圖
原醇親王府

醇親王府是清朝醇親王的府邸，在北京有兩處，一老一新。老醇親王府在太平湖，也稱南府，太平湖醇親王府。因光緒帝出生於此，故成為「潛龍邸」。朝廷在後海給醇親王一個新醇親王府，也稱北府，後海醇親王府。四九年以後，太平湖醇親王府成了中央音樂學院，那個舊王府因此給改得沒有樣子了。而後海醇親王府則成了衛生部和宋慶齡的居所。

什刹海周邊住了好多名人，從清代就如此，以前是住的親王貴冑，解放後就住著領導。那些元帥、將軍、部長居住的地方現在還住著人，院門深鎖，大家也看不到。可以參觀的原王府有兩座：宋慶齡的故居是其中之一，另一座就是郭沫若的故居了。

什刹海西面的前海西街18號，是郭沫若1963年到1978年之間居住的地方。後闢為郭沫若故居，1994年成立郭沫若紀念館，郭沫若的生平和文學史學方面的成就及文物，就陳列在這裡。

郭沫若故居原址最早是和珅府邸的一座花園，後為恭王府的馬號，民國時達

仁堂樂家從恭親王後代手中買下來作為宅院。建國後，這裡先後成為蒙古人民共和國駐華使館和宋慶齡的住所。1963年宋慶齡遷往後海北沿居住，郭沫若遷居至此，一直住到1978年去世。1988年郭沫若故居被公佈為第三批全國重點文物保護單位，並向公眾開放。

郭沫若故居的院子是不規則形狀，大門為廣亮大門，前院有兩座小山，居住的院落位於院子的北部，是一個二進的四合院，進入垂花門後是由正房，東西廂房組成的院落，正房與東西廂房都有簷廊，還有抄手遊廊將簷廊銜接起來。從正房西側的耳房可以進入由後罩房以及東西暖廊組成的裡院。裡院的暖廊把正房的後簷廊，和後罩房的前簷廊連接起來，並用窗戶將靠外的一側封閉，窗戶下面安裝有暖氣。

郭沫若故居的正房五間耳房左右各兩間、廂房三間、後罩房十間。在後罩房和東西廂房分別是生平展，文學成就展和史學成就展。正房保持了郭沫若會客室、書房和臥室的陳設。後罩房有郭沫若夫人於立群的書房。

郭沫若故居的前院中有一棵高大的銀杏樹，被稱為媽媽樹，是從大覺寺移栽的銀杏樹苗，隨

著郭沫若一家搬遷到這裡。還有郭沫若坐像，二進院中種有臘梅和海棠。後院有葡萄紫藤之類的攀爬植物的架子。

我母親在抗戰時期和郭沫若一家很熟，因此以後來北京，她也多次到這裡來拜訪他們。母親和於立群有通信往來，有時候問郭沫若點什麼事，郭先生也會在於立群給我母親的回信上添上幾個字。若能保留到現在，應該都算墨寶了，可惜文化大革命期間給紅衛兵們全抄走了。站在這個院子裡，會想起郭沫若寫的那筆濃墨大字「壞人處處有，謠諑滿天飛」。

宋慶齡故居開放後，我進去看過。坐落於北京市德勝門內後海北沿46號，那是原大學士明珠宅第的一部分，乾隆年間成了和珅的宅第，嘉慶年間是成親王府，光緒年間成為醇親王載灃的府邸和花園。1962年起在醇親王府花園中加蓋一座二層建築。1963年4月完工，宋慶齡從現郭沫若故居遷居於此，直至1981年逝世。因為是王府等級的住宅，園林也很值得看，我去看的時候比較注意的是宋慶齡書架上的書，還有一部英文打字機，她和宋美齡好像都是英文講的比中文還好，因此有用英文寫作的習慣了。

↑由上至下圖
泛舟什剎海上
春到什剎海
後海宋慶齡故居入口。這裡原來是醇親王花園，大門是三間歇山卷棚頂的古建築。
宋慶齡故居

↑上圖
在這裡，有吃、有喝、有玩、有看，春夏秋冬，各展風情，不紅火才怪了。

↓下圖
什剎海的荷花市場牌坊

什刹海這一圈，對於平民百姓來說，倒不是這些他們從來進不去的王府官邸，而是環湖的眾多酒吧、咖啡館、飯店，在整座氣氛比較肅穆的城市中，這裡的確有一種其他地方缺乏的浪漫氛圍。

我手頭有一些中國獨立電影人製作的記錄片，其中一套記錄了一家曾經在這裡經營了一輩子北京小吃「爆肚」的鋪子，隨著城市改造，面臨搬遷的困境，印象很深刻。我自己對北京小吃並不是特別的喜歡，大概因為是南方人，早早就給廣州點心打了底，對北京小吃感覺還是比較粗糙，不過倒是有特色。因了這個特色，我就很希望北京小吃能夠給保留下來。因為和胡同、四合院一樣，小吃也是城市的一個有機的部分。我最驚恐的噩夢，莫過於有一天走進什刹海這裡，想吃點什麼，結果發現全是麥當勞、肯德基了。

最近在什刹海後海孝友胡同出現一個在四合院裡改建的小吃天地，別有洞天。據說是為奧運會而建的這個仿舊老北京老字型大小小吃四合院，面積達三千平方米，有16個單間包房，可容納400人同時就餐。仿舊庭院式的餐館內，大廳與包間裝修精細，桌椅與茶具古色古香。寬敞的大廳裡面還按照老北京傳統堂會的風格搭建了戲臺。穿過一條名為「門框胡同」的小吃作坊街，來到據說被稱為「小吃宴」的大廳，大廳東邊的戲臺上有演員正在舞動水袖，唱著京劇，食客群裡發出來一陣陣掌聲和喝采。

這倒真是做了件好事！據說這裡集中了十一家老北京傳統小吃店，多是從前門遷過來的。外加老字型大小「張一元」，集中在後海，稱為「九門小吃」，齊

九門小吃裡名為「門框胡同」的小吃一條街，老北京各家老字號齊聚這裡，倒讓食客大費周章——面對如此眾多美味小吃，如何選擇還真成了問題。　　「小吃大義」——後海孝友胡同的九門小吃

什剎海的老北京
九門小吃

齊亮相。我去了一次，四合院內熙熙攘攘，可是熱鬧。

　　對於老北京來說，這個小吃院子裡的鋪面可算耳熟能詳的，「乳酪魏」的乳酪、「俊王——德順齋」的燒餅、「白記」豆腐腦、「羊頭馬」切頭肉。在「門框胡同」裡專做「炒疙瘩」的「恩元居」，都是頗有名氣的。我來過一次以後，也帶朋友來吃。雖然有些朋友說在這裡請我吃飯有些忐忑，因為「不上檔次」，可我卻感覺這個檔次挺好的，地道啊！

除了大排檔似的散桌之
外，九門小吃裡也有雅
座、包廂，飲食環境還
是相當舒適的。（引自
www.bbker.com）

　　北京小吃品種多，也不油膩，好像驢打滾、艾窩窩、豌豆黃這類我都喜歡，「豆汁」我有點應付不了，但是這裡平民化的氛圍我是最喜歡了。來到這裡，有點像在洛杉磯去到長灘外的漁人碼頭一樣，人山人海，誰也不用擺什麼譜，大塊吃魚，大把吃蝦，大罐子喝可樂，大快朵頤大開心吧。

民以食為天，北京的小
吃街還真多！

　　你到北京，和北京人聊起北京的事，他們除了故宮、頤和園這樣的古典建築之外，最引以為自豪的大概就數小吃了。對於外地人來說，烤鴨、涮羊肉之類雖然出名，可也油膩得很，不是能夠老去吃的。因此，飲食方面最吸引人的就是這北京小吃。北京小吃有些已經流傳有近千年的歷史。由於北京作為都城，先後有不同民族的統治者，所以北

時代在變，北京在變，不變的是好吃的冰糖葫蘆。

东华门美食坊夜市

爐火正紅，香味四溢，不時還傳來一嗓子京味十足的吆喝，能誰抵擋這樣的誘惑。

你賣你的羊肉串、我賣我的龍鬚酥，攤連攤、個挨個、火火紅紅一條街。

冬夜的美食坊，依然火爆。

京小吃又融入了漢、回、滿各族特色以及沿承的宮廷風味特色。舒乙以四個字概括北京小吃:「小吃大義」。在小吃烹調方式上煎、炒、烹、炸、烤、涮、烙,各顯神通;至於品種,那就多了去了,比較出名的有豌豆黃、豆汁、焦圈、爆肚、驢打滾、愛窩窩、炒肝、炸灌腸、白水羊頭、茶湯、它似蜜、薩其馬……之類,總有幾十樣吧,多得我這個外地人數都數不過來。看看東華門外那條望不到頭的小吃街上的紅火勁頭,就知道北京人(當然不光是北京人)對北京小吃的高度熱情了。

過去經營小吃的基本都是家族單傳,各有獨特的風味,字型大小也是用食品加姓的命名方式,例如爆肚馮、羊頭馬、年糕楊、乳酪魏等等。但解放後這些個體手經營者都給慢慢滅了,公私合營後更是徹底銷聲匿跡了。開放改革以後,傳統小吃才又慢慢回過神來,虧得一些老把式還健在,一些正宗的小吃才續上了香火。這裡說的什剎海的這個小吃院是新開張的。想吃正宗北京小吃,還可以到南來順、護國寺、北海仿膳、牛街清真小吃超市等處去嘗嘗。

現在連小吃也開始進入工業化生產階段,出現了所謂「真空包裝」的「正宗小吃」,不但北京如此,全國一樣。在洛杉磯的華人超市裡,都可以買到揚州湯包、上海餛飩、四川紅油抄手了。偶爾買點解解饞,應應急還勉強,真要吃小吃,還得坐到那熱氣騰騰的蒸籠旁或劈啪作響的油鍋邊上去,那才吃得出味道來。

誘人的香味是這樣烤出來的

全聚德成了北京的一張名片,烤鴨香味已經傳到大洋彼岸。

什剎海酒吧

　　一個城市要營造能夠「套」住人的酒吧氛圍區，總有幾個要素：有歷史或者說法，街道要曲折狹小，地段要在城市中心附近，最好有市中心的景觀，什剎海這一片地方恰恰全部都有，這裡不做酒吧還找什麼地方啊？

北京有兩個酒吧集中的地方，一個是東面的三里屯，一個是什剎海。不過兩個酒吧區味道很不同，三里屯是比較另類的，走政策的鋼絲；什剎海是時尚的，正經八百的旅遊酒吧區。

　　我去過香港的蘭桂坊，也去過北京的什剎海，兩地雖然都時尚，但感覺上氣氛並不相同，大概跟不同的歷史沉澱有關吧。遊客的構成倒是很近似：白領、外國遊客，特別是年輕人多。這兩個地方，都是洋味重於傳統，雖然什剎海本是個傳統的地方，但是酒吧是個舶來品，因此是一種時尚的文化了。

　　我不能喝酒，喝咖啡也怕晚上睡不著，因此酒吧和咖啡館都和我沒有什麼緣分，非常可惜。不過要找個時尚地面和朋友聊聊，也還是得去這些地方，只是人家喝塔基拉龍舌蘭酒，我喝凍檸檬茶，慚愧。朋友中喜好時尚感的人多，特別是做設計的、寫作的，因此什剎海這裡的酒吧也去了不少。喝了不少檸檬茶。

什剎海酒吧街早上絕對是睡覺的，午後才慢慢醒來，下午兩三點鐘以後，這裡前海、後海兩岸的各色酒吧陸續開門，但幾乎一半的吧都不掛招牌。不熟悉這裡的人，要找朋友介紹、推薦的酒吧，還頗費功夫問呢！

　　比較有印象的什剎海酒吧，有「左岸左岸」，名字肯定來自巴黎的左岸。我在《巴黎手記》裡面寫道過，國內現在是一片左岸風，這就是一例。這家酒吧在前海北沿最靠南，據說是什剎海酒吧中最早的一家了。因為當時還是朝文化人的方向做，所以設計上比較合我們這些人的胃口：竹林掩映的小院，通透敞亮的大房間。牆壁塗成綠茶奶昔的顏色，傢俱和樑柱深棕色。青花瓷缸裡有金魚，抬頭放台老式英文打字機，到處是些舊物品，不像酒吧，倒像畫室。晚上燭光搖曳，喜歡他們經常放的百合花。我帶外國朋友去過幾次，這裡大概也因為來的外國人多，因此門口放的都是英文報紙和雜誌。這裡有一種叫做「愛爾蘭咖啡」的咖啡兌酒，很香，可惜我喝不了多少。

　　去什剎海這個酒吧區，很多人都是坐計程車在煙袋斜街下，走進來的，入口

一家叫做「木樓酒吧」，在煙袋斜街1號，實實在在的老建築，這座百年老樓是清代的一個煙鋪，直到今天，門口還有三根鐵煙杆，有點好奇，文革的時候怎麼躲過了紅衛兵的。

什剎海最早的酒吧還有一家叫做「老白的吧」，比較容易找到。先找到著名的烤肉季，從那裡往東，見一樹茂密蔥郁的紫藤掩映著一座矮腳木樓，就是「老白的吧」了。靠南窗的兩張紅漆小幾可以觀看整個什剎海，安靜而又有好景色，就是難得有空著的時候。木樓的大窗齊著桌面，黃昏時分，坐在這裡放眼望去，前海那片霧靄冥蒙的水面淡灰淡灰的，不由得生出幾分惆悵。

聽朋友說起，這裡還有家老店，叫做老祁的佛吧，據說開了也有三四年了，就在「銀錠觀山」邊上。店很小，裝修樸拙，傢俱都是粗木的。老闆老祁交遊甚廣，週末會有一些新銳的樂隊，帶著樂器來吧裡聚會。這個「佛吧」最大的特點是它的留言板，

↖ 由上至下圖
這家倚在煙袋斜街牌坊旁的「咖啡沙龍」門臉看去有點落魄王孫的感覺，客人要的正是這個調調。
有歷史的沉澱，有曲折的小街，位於市中心不遠處……所有這些條件後海都具備，酒吧街想不火都難。
「演藝酒吧」、「燒烤花園」……後海酒吧街好熱鬧。

一張晚報大小的白板，上面密密地貼滿了N次貼，寫著不同客人在不同情境下的不同心語。我最近去了一次，見到那塊留言板，倒立即想起洛杉磯靠近比華利山的一個小義大利飯店來了。那裡的桌上鋪著白紙，放一大盒蠟筆和彩色鉛筆，隨便塗鴉。進出的文化人、電影人不少，多是性情中人，不時會有令人驚豔的妙句或佳畫留下，店鋪裝裱起來，好像畫廊一樣。有點異曲同工的意思了。據說老祈佛吧的雞尾酒很有特色，不過那晚我看來這裡的人還是喝啤酒的多，喝雞尾酒的少，我則還是一杯檸檬茶。

香草吧在煙袋斜街的中段，在原來平房的屋頂上搭建的一個平臺，夜裡點上燈籠，很有氣氛。到這裡一次，想起昆明翠湖邊上的幾個酒吧，都是在屋頂上搭建平臺，晚上座無虛席，氛圍相似。

在網上曾讀到：「其實香草吧的亭子間最可愛。通向平臺的樓梯拐角處，原有一平方米的留白，老闆擺上了一張木桌、一把木椅、一本卷了角的《納蘭詞》……雖是架在老北京的平房上，但那份乾淨、細緻、精明，倒有老上海亭子間的味道。在飄雨的下午，一個人爬上亭子間，讓木屐在樓梯上敲下一連串懸念。坐在這裡，可以聞到小院裡泥土的腥氣；可以聽見雨滴沖刷灰瓦的迴響；一回頭，後院裡枝繁葉茂的柿子樹幾乎探進亭子間的視窗，片片肥美的葉子在雨露的滋潤下密稠稠，三分鵝黃，七分橘綠。」寫得太可愛了。

酒吧幾十家，也有吃飯的地方，速食店如「Nuagenua」，法文，讀都困難，吃的是越南菜，法國殖民地風情，木桌上鋪了粗布餐巾，用金絲繡了餐館的名字，精緻寫意。涼拌青木瓜秀色誘人，微酸爽口，是招牌菜。

「蓮和藕」是一家吃泰國菜的酒吧，和所有泰國菜館一樣，這裡也少不了賣冬蔭貢湯和泰式蝦餅，藕餡煎餃很精彩。

三里屯酒吧成了北京一道耀眼的風景線

散發著書香的小酒吧

夏日的後海露天吧

　　鋸古齋也在煙袋斜街裡，裝飾用了好多張老北京胡同油畫，掛在牆上，好像開了一個個窗口，很有懷古的味道。去喝過什麼倒不記得了。

　　有家西藏味道的小店，叫做「天堂之約」，在煙袋斜街東口，是真正的藏族女孩開的。店裡陳列著西藏的銀首飾、純手工粗羊毛背包，唐卡，還有一些尼泊爾的工藝品。不過我常有機會在香港逛市場，晚上在廟街和通菜街都有尼泊爾人擺攤子賣類似的工藝品，所以就不太在意了。

三里屯酒吧區

北京東面三里屯使館區附近還有一條酒吧街，就在朝陽區三里屯北路東側，工人體育場東。據說這裡的第一家酒吧成立於1983年，老資格了。因為在使館區內，所以吸引很多外國人來這裡喝酒休閒。有了這類客源，性工作者也多起來了，甚至發展到就在那裡從事性服務工作。那個地方很另類，英語說法叫做很funky，我是個煙酒基本不沾的人，因此去過一、兩次，受不了酒吧裡面煙味的嗆，就不去了。但是也知道那個地方名氣很大。

　　前年我在亞運村一個酒店住，check-in的時候，服務臺上有個外國小夥子問服務員怎麼去三里屯酒吧，服務員自然拿了張地圖告訴他如何如何去，他接著問服務員怎麼找同性戀酒吧，英語叫做gay bar，服務員大概從來沒有遇到過這樣的問題，傻了。我幫他解圍，叫那個外國小夥子自己打個車去，每家進去看看就知道了。我隨口問他怎麼知道那裡有gay bar，他拿了張德國報紙廣告給我看，赫然大字說北京同性戀的約會熱點就是三里屯酒吧街。真夠明目張膽的！

　　這個叫做「三里屯」的地方原是農村，因為距北京城門三里地而得名。三里屯路原是條做小買賣、農民擺賣菜蔬的街道。在1980年代後期，全北京第一間酒吧開設於三里屯南街，跟著就越開越多了。因為三里屯靠近領事館區，顧客中外國人很多。再加東城區外資企業雲集，各種級別的白領、金領、文化人、藝員、新人類、追時尚也就都來了。日間很冷清，熱鬧的是晚上九時之後。三里屯分為南街與北街，北街的酒吧非常密集，沿街道兩旁幾十個酒吧一家貼著一家。這裡的酒吧顯得非常都市化，並以聚集人氣、喧鬧豔麗為主題，蘭桂坊、No.52、地平

←←左頁圖
酒吧裡別出心裁的自
製裝飾燈

線、男孩女孩、簡單日子都是這裡叫得上號的店。曾經老土的「三里屯」已經和最時尚、最有品位、最In的生活方式聯繫在一起了。三里屯酒吧街的品牌知名度大約是最高的。據說在三里屯周邊三公里的範圍內有全北京40%以上的酒吧，這意味著約200家酒吧的規模。

在國內生活過幾十年的人都知道，在過去很長一段時間裡，中國人就沒有「夜生活」這一說。然而現在，儘管普通人眼中的酒吧還是一個模糊和曖昧的是非之地，酒吧卻幾乎成了夜生活的代名詞。三里屯不長的街道上聚集著幾十家酒吧，門臉兒貼著門臉兒，一樣的燈紅酒綠，一樣的歡歌笑語。在重大足球賽期間，三里屯酒吧街會豎起一個大型的賽程看板。在門前的人行道上，各家酒吧擺放的餐桌椅連成一體，路邊的護欄上，大樹、路燈燈杆間，懸掛著各式各樣的條幅和體育標誌。中外客人們邊喝酒，邊看電視，高聲議論著球賽可能的結果。

這樣的情勢當然會引起注意，政府也不能夠讓這裡隨意發展。因此，2004年6月，朝陽區國土房屋管理局於《北京城市房屋拆遷公告》中指定，三里屯區拆遷包括東至三里屯東樓，南至三里屯西區2號樓，西至南三里屯西區3號樓，北至工體路。當局計畫重建三里屯成為高檔的商場區，擴展三里屯的商業範圍，也是一個政府指導下的娛樂發展導向吧。儘管很多人都說隨著時代變遷和一撥又一撥的拆遷，三里屯已經被摻進了更多的工業化氣息。然而，在眾多新秀分散客源的同時，作為鼻祖的三里屯卻仍然是那麼紅紅火火。在那些忠貞的中外老客戶心目中，三里屯永遠是午夜最具風情的搖擺、探戈，是北京酒吧文化中不老的神話。

三里屯南的酒吧一條街

三里屯酒吧街上的常客是中外年輕人

現在來北京的遊客很少不去798廠這個前衛藝術的中心走走的。2007年11月,在北京述職的香港特區行政長官曾蔭權特地來這裡參觀,考察如何將舊工業建築建築區改造成為文化創意基地。2007年11月26日,更有法國總統薩科奇來798參觀,同行的記者都稱讚有加。可見這裡「牛」啊!

798藝術區是位於北京市朝陽區大山子地區的一個藝術園區,原為北京第三無線電器材廠,建築多為東德的包浩斯風格。1980年代到1990年代798廠逐漸衰落,從2002年開始,由於租金低廉,來自北京周邊和北京以外的藝術家開始聚集於此,逐漸形成了一個藝術群落。

後來不斷有一些出名的藝術家、藝術製作人到這裡租場地做工作室,開畫廊,舉辦展覽,接著這裡又舉辦「北京大山子國際藝節」,於是這裡就成了北京文化創意產業的地標。

我是學歷史出身的,幾十年來一直做設計史論工作,就來侃侃798 的歷史吧,它的來頭可不簡單。

第一個五年計劃期間,經周恩來總理親自批准,在前蘇聯、民主德國的援助下,在京郊當年還是一片荒涼的酒仙橋地區,建立起「北京華北無線電聯合器材廠」,代號718聯合廠。1954年開始土建施工,1957年10月建成投產,其速度之快在建國初期是罕見的。該廠與同時籌建的774廠、738廠建成後,酒仙橋地區成了中國電子工業的核心區,對國家的經濟建設,特別是對電子工業的建設、國防建設、通信工業的發展,做出過卓越的貢獻。1964年4月,四機部撤銷718聯合廠建制,成立部直屬的706 廠、707廠、718廠、797廠、798廠及751廠。

718聯合廠是第一個五年計劃156個重點專案之一,交由東德設計和建造。當時東德副總理厄斯納親自掛帥,組織了東德44個院所與工廠的權威專家,成立一個718聯合廠工程後援小組。最後集全東德的電子工業力量,包括技術、專家、設備生產線,終於完成了這項帶有烏托邦理想的盛大工程。當時東德自己的領土上都沒有這麼龐大的工廠,卻給中國建造了一個,因此這個設計寄託了許多德國現代主義建築師和設計師的夢。

該廠具體的廠房設計,是由東德德紹(Dessau)一家建築事務所負責的。德紹是世界上第一家現代設計教育機構──包浩斯第二階段的所在地,現代主義大師葛羅畢斯設計的包浩斯大樓就在德紹,是現代建築的奠基作。包浩斯雖然早已

↑上圖
青藤工作室正在舉辦楊堅油畫展
╱右上圖
展廳的一角將一些報廢了的金屬加工機床，排列成一個醒目的裝置，像是為「優先發展重工業」獻上的一首輓歌。
╱右下圖
798藝術區是位於北京市朝陽區大山子地區的一個藝術園區，原為北京第三光線電器材場，建築多為東德的包豪斯風格。

關閉，但是包浩斯的功能主義思想在德國還是很有影響。包浩斯風格是實用和簡潔完美結合的典範，德國人在建築品質上追求高標準，這個標準和審美立場都反映在北京這個廠房建築上了。比如，這個工廠的抗震強度的設計在8級以上，而當時中蘇的標準都只有6至7級；再如，為了保證堅固性，使用了500號建築磚。在設計中，德國設計師還注意到利用調整窗戶的朝向，充分利用天光和反射光，以保持光線

由工廠大車間改成的
798藝術中心展廳，牆
上還存留著文化大革命
的紅漆標語。

的均勻和穩定。

　　2000年12月，原700廠、706廠、707廠、718廠、 797廠、798廠等六家單位整合重組，成為北京七星華電科技集團有限責任公司。由於對原六廠資產進行了重新整合，一部分房產就被閒置了下來。為了使這部分房產得到充分利用，七星集團將這些廠房陸續出租。2002年2月，美國人羅伯特租下了這裡 120平方米的回民食堂，改造成前店後公司的模樣。羅伯特是做中國藝術網站的，一些經常與他交往的人也先後看中了這裡寬敞的空間和低廉的租金。從2002年開始，不同風格的藝術家紛至沓來，租下一些廠房作為工作室或展示空間。「798」藝術家群體的「雪球」就這樣滾動起來了。這裡的廠房屬於典型的現代主義包浩斯風格，建築風格獨特與現代藝術很協調，加上整個廠區規劃有序，道路通暢，因而吸引了許多藝術家前來工作定居，慢慢形成了今天的798藝術區。目前入駐北京798的文化藝術類機構近300家，各種雕塑、繪畫、攝影等獨立藝術工作室、畫廊、藝術書店、時裝店、廣告設計、環境設計、精品家居設計、餐飲、酒吧等各種文化藝術空間彙聚在這裡，已成為中國當代藝術的重要集散地，成為在國內外都具有影響力的文化產業區。

　　我到這裡來得很早，因為中央美術學院從1995年前後開始逐步遷出王府井老校區之後，先就遷移到718大院內，叫做「中轉校區」。我那些年常到這裡來講課

展廳的盡頭，是一個時髦現代的小酒吧，想起這裡曾經的揮汗如雨，心情不由得帶上了一絲苦澀。

和開會，常在院子了討論美院籌備成立設計分院的事。那時候原來的電子廠已經全部倒閉了，十樓九空，很是荒涼，1995年，中央美術學院雕塑系以每天每平方米3毛錢的低廉租金租用了一個3000多平方米的倉庫作為雕塑車間，接受政府委託製作盧溝橋抗日戰爭紀念群雕。做模型的時候，美院的領導還陪我去看過設計。這項雕塑工程完工後，翻模工羅海軍續租了這個空間，把它做成一個向藝術家開放的雕塑工廠。此舉開啓了798從廠區走向藝術區的先河，其實比美國人羅伯特還要早呢。跟著就有些畫家租了場地，也常叫我去看看。中央美術學院的新校區是在2000年落成的，這個校區帶來了幾百個美院老師，也帶來了幾千個美院的學生，美院這些現在時和將來時的藝術家們為798藝術區，注入了強勁的活力。在談到798的成功時，美院的影響力可是不容忽視的。

中央美院，清華大學美術學院（原中央工藝美術學院）等「殿堂級」的藝術院校也在798舉辦作品展覽。

此後，美國人羅伯特的藝術書店、黃銳的個人工作室、日本「東京藝術工程」畫廊陸續開張，「798」初現雛形。2002年9月，一直在尋找創作空間的徐勇發現了這個地方，「就好像做夢一樣」，他在驚喜中一舉租下了1700多平方米的廠房。

想起了「拿起筆，做刀槍」的年代

798一景

在工廠廠房裡開辦的「大窰爐」藝術工作室

現在的798，擁有200多家畫廊、藝術工作室、藝術公司、酒吧、健身房等，影響已經超越了國界。

　　2003年，美國《新聞週刊》評選出「世界城市TOP12」，北京798的空間重塑所代表的新風格得以入選。《紐約時報》稱「北京東郊出現了當代藝術 SOHO 區」，將這裡與美國紐約當代藝術家聚集區SOHO區相提並論。法國《問題》週刊也刊登了名為《新北京已經來臨》的文章，認為798的出現是中國正在甦醒的標誌之一。用英國當代藝術中心前任總監菲力浦・多德（Philip Dodd）的話來說，「798已經成為朝陽區最大最重要的品牌之一，從倫敦，到紐約，到巴黎，每一個關心藝術的人都在談論798」。

　　現在的798內，個人工作室、藝術公司、畫廊、酒吧、健身中心等機構一共200多家，據說，這裡除了那些還在生產的車間，每一寸能租的地方都租了出去。同樣是北京民間自發形成的活力地帶，與上世紀90年代初開始發展的圓明園村、什刹海、中關村相比，798僅用3年時間就完成了從升溫到沸騰的過程。

　　798藝術區的迅速竄升，帶動了地價飛漲，引發了土地產權所有者七星集團與藝術家們的矛盾。藝術區的土地使用權屬於798工廠的七星集團，廠方屢次想收回土地進行地產開發，這就意味著這裡聚居的藝術家們必須遷出。矛盾被媒體曝光後，從2004年7月以來，北京市市委書記劉淇、市長王岐山等先後對798多次明察暗訪，最後終於形成了謹慎的積極態度，即「看一看，管一管，論一論」。

　　現在全國大城市都在大談要打造文化創意產業，上海就是其中很張揚的一個。2004 年，由上海政府投資，由國外策展人幫助設計、規劃，將上鋼改造成一個藝術展示空間，並於 2005 年 12 月舉辦了中國雕塑百年展。在這個藝術區裡，藝術家完全成為項目主體，政府只做基礎環境建設，各方面反映不錯。2005 年 12 月上海舉辦了首屆上海國際創意產業活動周，宣佈近期就將啓動 18 個創意產業集聚區，目標是要和倫敦、紐約、東京站上同一個檔次，成為「國際創意產業中心」。深圳也提出了建設「設計之都」的城市夢想，並得到深圳市政府的積極扶持。

　　就我自己去過的這種藝術村和藝術區所見到的情況而言，感覺是政府對這些地方的管理，需要非常慎重。政府如果要幫忙，最好是用比較嚴格的合約關係約束業主方面隨意加價升租，其他一律少管。一旦政府要參與藝術家的活動，基本都砸了的。藝術是自由的事情，這點應該很清楚，試想一下：如果日本政府要指導宮崎駿創作動畫，肯定出不了宮崎駿這個人了。798如此，北京的另一個藝術家村也如此，那就是宋莊。

chapter

41

宋
莊
故
事

798 最近因為業主要漲租金、政府要幫忙策劃，弄得有點低潮，因此藝術家開始尋找比較便宜、自由的發展地方，這樣就造就了其他一些點的發展。經機場高速，沿路標通州區方向，通過京哈高速至宋莊（胡各莊）出口下來，就是現在北京的另一個熱門藝術家群落——宋莊。

從三環大北窰橋至宋莊鎮路程為25公里。 2008年元月份，我去那裡拜訪過被藝術家們稱為「莊主」的藝術評論家栗憲庭先生，在他家坐坐，聊天，對宋莊的情況算是略知一二。

中國現在非常有名的現代藝術家、設計家艾未未也選擇在宋莊做工作室，他在回答記者問題的時候，談到選擇宋莊是因為「這裡與城市比較遠，比較自由，沒有人搭理他們」。我說過，藝術是自由的事，管得越少越容易突破，因此，正是這群沒人搭理的人，讓這個比較自由的、一度荒涼的遠郊小鎮成了中國當代藝術，乃至當下社會進程中一個異乎尋常的關注焦點。尤其自2007年開始以來，宋莊在中國乃至全球藝術界的知名度突然爆發並持續擴散。

據說，在2007年7－8月的一個多月的時間裡，已經有20多名藝術家從全球各地遷居到宋莊小堡，目前整個宋莊藝術家已不少於1000人。小堡位於由多個村莊組成的宋莊核心區，在那裡，中國當代藝術的主要人物形成了一個核心圈，藝術家、批評家比鄰居住，畫廊、展覽、藏家此起彼伏。

栗憲庭來得很早，1995年左右就遷居到小堡來了，業界稱他為「中國當代藝術教父」。我問他來的時候有沒有想到這裡會這麼熱火，他說根本沒有預見到。在他眼裡，圓明園、宋莊等藝術村的形成都是一種偶然。他當時只是想住個「農家小院」的，但今天這樣的農家小院已經增值為藝術別墅了，他說十年前的5000元甚至可以買到一整個小院，現在光小院一年的租金就不低於一萬元了。

不過一般人都將眼光投在這1000多個藝術家中成功的那幾個身上，忘記了大部分在這裡的畫家還是處在奮鬥過程

宋莊「莊主」栗憲庭

氣派的宋莊美術博物館

中，不是人人都可以租整棟農舍做工作室，也不是人人都可以賣出好價錢的。因此，這裡的藝術家可以說是進出無常。相對藝術家的進進出出，宋莊本身其實是最大的贏家，賺了錢，也出了名。

　　原來小堡沒有一家飯館，現在大大小小已經有了46家飯館；原來沒有路燈，現在有了路燈還有了938路公交；原來沒有監視器，現在8個路口有了8個攝像頭；原來沒有廣場，現在有了小堡藝術廣場、藝術一條街；原來人口不多，現在常住人口1367人，外來人口4700人，而且多以青壯年為主。對此，宋莊政府當然是滿意的，他們也願意幫忙。他們很明白，穩住了藝術家群體，宋莊才能有更穩定的

宋莊美術館

2007年,中國——宋莊當代藝術巡迴展在北京、上海、瀋陽、山東等地展出。

宋莊一號當代藝術中心

發展,為此,他們成立了宋莊藝術促進會。我倒想起十多年前去圓明園村,看見村幹部趕藝術家走的態度,可見時代不同了,政府也會不一樣呢。

我問栗憲庭這個促進會的構成,他說是由宋莊鎮領導和藝術家代言人他本人等人分任會長、理事,將眾多藝術家確定為「會員」,配合促進藝術村的發展。目前正在建設中的宋莊藝術園區,占地400畝,已經通過藝術家之間的口碑相傳,成了吸引藝術家回流的「風向標」。宋莊為此專門成立了文化造鎮辦公室,發放藝術家資源調查表。2007年4月份破土動工的藝術園區,9月16日封頂澆灌,我2008年去的時候,看見那棟5000平米的大型藝術展廳已經完工了。這是宋莊藝術村的標誌性建築,暫時定名為中國宋莊藝術家群落,村裡計畫是要總投資在6000萬元以上,用3年時間完成規劃,而栗憲庭他們則正在規劃其中近200畝藝術家別墅的入住問題。

圍繞藝術園區,美國、臺灣地區等地的藝術家、畫廊也紛紛盯上宋莊這塊「飛地」。包括宋莊自身的藝術博物館,美國現代藝術博物館、臺灣香港畫廊也都在加緊建設中。

宋莊對這裡的經濟效益演算法很簡單,就是藝術家本身的消費,他們按照一個藝術家1年消費2萬元現金來估計,1000名藝術家就能帶來2000萬元的現金流,光服務業就能解決1000人的就業問題呢。

我去的那天天氣很冷,風也很大,但是和他們交談的時候,卻有一種暖洋洋的感覺。在這裡能夠感受到的一種穩定、長期發展的氣氛,是我早年在圓明園村、最近在觀音堂、798廠所沒有的。希望宋莊前途更好。

chapter
42

潘
家
園

北京有個不錯的住宅區開發專案，叫做「山水文園」，老闆請我擔任設計顧問，因此這兩年上北京經常要去那裡，在大望路和鴻雁路交界地段，附近就是聞名全國的淘寶地──潘家園了。因此，最近琉璃廠去得少，潘家園反而去得多了。

北京潘家園最初的定位是舊貨市場。位於北京三環路的東南角，規模在全國算是最大的了。每週四至周日開放4天，經營各種文物書畫、文房四寶、瓷器及木器傢俱等，共有三千多攤位，全國24個省市都有人在此設攤經營，還有許多少數民族在此經銷本民族特產，因此經營的商品絕對是五花八門，簡直像座當代中國民俗博物館。這裡是北京最便宜的舊貨市場，吸引著大批中外遊客。2001年10月底建成投入使用的工藝品大棚內，常有許多專業或業餘的書畫家在此直接銷售自己的書畫作品，因為價格比別處便宜，北京許多畫廊也從這裡進貨。對遊客來說，這裡幾乎成了來北京必看的一個景點。

在潘家園市場上有許多經營古舊書畫的攤位，特別是各個年代的宣傳畫，是影視作品中反映時代特點的重要道具，也是一些人收藏的物件，經常有國內外的客人慕名前來購買。這裡的商品品種多，從葦席到石雕、木雕作品，樣樣都有。市場上最吸引我的是一些從舊建築上拆下來的構件，比如雕花門窗等，有些相當不錯，價格還可以砍，運氣好的時候，可以買到自己心儀、價格也合適的東西。還有一些飯店的經營者為了迎合部分客人的懷舊心理，也來此購買舊門窗裝飾店堂。

潘家園最近外國人越來越多，這裡每個週末都吸引大批的外國人前來購物。有些人還成了這裡的常客。

潘家園位於北京西三環東路，可乘300路公車在潘家園站下車，或從北京火車站（東站）乘63路汽車。在長安街沿線可以乘802路空調車。

讀到謝其章先生寫的一篇題為《亦真亦假潘家園》的文章，我覺得倒是回答了好多人的疑問，因為好多人來潘家園，是希望「淘寶」，找個古董什麼的，賺一票，其實哪裡有那麼多古董啊！千萬不要人人以為自己好像馬未都那樣有眼力、有運氣，非要淘個什麼寶。說白了，這裡是贗品為主，因此來這裡買古董，就買個開心。持這等心態，來潘家園就總是高高興興的了。

謝先生寫道：「一日與友同逛潘家園，嘈雜市聲中，人氣似大盤全線飄紅，

笑嘻嘻和客人討價還價的玉器檔主

「到潘家園去掏寶」是不少遊客在北京的日程之一

聲名遠播的北京潘家園舊貨市場

視察潘家園，主席也走累了。

你擁我擠，『靠邊!』、『借光！』小潘家園真乃大世界也! 逛興正濃，友出『潘家園』叫我對對子，我脫口而出『賈雨村』，友會心而笑，繼而大笑，一笑解千愁，把歷年吃虧上當打水漂全拋於腦後，說說笑笑，接著逛。

都說潘家園儘是假貨，為什麼還那麼招人？連克林頓都派夫人去瞧瞧虛實。假貨那麼多，怎麼『打假英雄』王海一次也沒來過？這些情況都說明古玩行有它特殊的、約定俗成的遊戲規則，誠如收藏家馬未都所云：『瓷器作偽你看出來了，不能說這是假的，應該說這東西看新。買賣之間沒有假字，只有新老。你說誰的東西是假的誰也不幹，瓷瓶子有什麼真假!』我也老瞧見一些人指著舊書後面的『老定價』跟攤主『較真兒』，責問人家為什麼不按定價賣，真是外行話，按老定價賣還不賠到姥姥家去了。

『假作真時真亦假』的事我也說一件。一次於潘家園舊書攤見到一本30年代出版的魯迅著作《故事新編》，書是好書，開價一百，還價八十，不賣。第二個禮拜再去，書還在，扉頁突然多出了一行毛筆字——『次溪兄惠存，周作人贈，一九三三年七月十日』。攤主有點不好意思，我跟他講道理，周氏兄弟二十年就掰了，周作人不可能拿魯迅的書送人。收書者張次溪與周作人交情不淺，周作人送了張不少自己的著作，拍賣會上拍過，周的字跡你沒學到家，這下多少錢我也不買了。你以為你是誰，你不買有人買。第三個禮拜再去，書賣了，而且賣了個善價，買主就是奔『周作人』的簽名去的。我頓悟，有人知假，有人不知假，有人知假賣假，有人知假買假，玩兒唄，別太認『真』了。』

這段故事我實在覺得講的太精彩了。我也有一故事，一天早上我7點鐘就去潘家園，見一攤點有兩兄弟經營，三十來歲，穿著破舊，滿口邢臺口音，十足很鄉下的鄉下人，有點故意裝不懂文化歷史，他們在賣一堆文化大革命時期的木刻宣傳畫。毛主席指揮紅衛兵橫掃牛鬼蛇神這類，因為不是按照當時原作仿製，而是找人仿畫的，我一看就知道是贋品，因為我自己就是當年文化大

革命期間創作那些畫的紅衛兵中的一個，知道細微區別，做偽的人不懂，有些地方搞錯了。我問他們怎麼有這麼多存貨，他們給我立即編了一個故事，說是窮鄉僻壤的一個供銷社的樓頂上存的舊貨，問他們多少錢一張，他們說十塊，我想想也不算離譜，就買了一些，帶回美國，送給一些藝術家朋友，明說是贋品，他們還是歡天喜地，我也開心。

　　我一個朋友，迷古董迷到走火入魔地步，十年前從紐約回來，在潘家園買一住宅，天天淘寶，花了不少的錢，幾年前去他那裡坐，給我看堵得走道都有點水泄不通的公寓裡面的寶貝。我在工藝美術行業時間長了，1972年就開始在工藝廠做仿古工藝品出口，真古董是看過一些的。一眼望去，裡面幾乎沒有真的，但是想想：清代仿明代，雖然是贋品，也是古董了。民國仿清的，也是舊貨，何必說得人家不舒服呢！因此高高興興的說不錯，也是一種做法吧。

　　北京玩法多，潘家園算一類。

琳瑯滿目的潘家園

時尚京城

世貿天橋，時尚集團的總部便設在這裡
（引自新北京網站beijingupdates.com）

2007年，「時尚」集團已經從「中糧廣場」遷移到北京朝陽區的一個新的大廈裡面，兩邊圍合了一個宏大的時尚廣場，底層全部是世界最著名的時尚品牌的旗艦店。這座大廈位於朝陽區光華路，就叫做「時尚大廈」，坐落在北京現在的高級時尚中心——「世貿天階」這個建築群內。因為有著全亞洲最大的戶外液晶電視，「世貿天階」因此擁有了一句響亮的口號「全北京向上看」，讓幾乎所有的人都在第一時間記住了這裡，記住了「世貿天階」的標誌性建築——時尚大廈。

搬入新總部後，《時尚》雜誌兩位老總希望我過去看看，因此那天在另一個出版社開完會之後，就過去了。整個《時尚》總部的室內設計是集美組的北京分公司設計的，負責人梁建國是我在1980年代教過的學生，那天他也在等我。師生一次，師生一世，中國人大多有這種心理，因此我在看新總部的時候倒有了點檢查作業的感覺。新總部無論規模、環境，還是設計、設備，全都大大超過原在「中糧廣場」的舊總部，是我在世界各地看到過的最講究的雜誌編輯部了。我去過紐約幾家時尚雜誌的總部，論起堂皇程度和設計的講究，還不及這裡。

這棟大廈從18層開始，往上九層都屬時尚集團。集團的大堂在25樓，白色。高挑的天花板上用的是王羲之「曲水流觴」的概念，把原來用在園林中的流水概念放到天花板上，用得很巧。整個室內裝飾基本就是用漢字筆劃為動機，色彩控制得很素雅，也和文字、印刷、出版相關聯。

中國時尚業在這十年內發生了翻天覆地的變化，奢侈品的銷售已經接近全球之冠，高級白領、金領階級絕對人數已在全球名列前茅。這些因素，促使時尚類雜誌整體水準越來越有提高。

《時尚》的十五個雜誌編輯部分佈在這個大樓的各層中，如果要將一個一個編輯部全看上一次，恐怕半天時間還未必夠用。這裡的工作人員以女孩子居多，她們都穿著時尚，妝容淡雅，很是個做時尚的樣子。大樓裡一再出現的國際時

尚刊物的名字，好像《Cosmopolitan》、《巴莎》、《好管家》、《男人裝》（FHM）等，不停地提醒著：你是站在中國時尚的媒體中心了。

　　時尚雜誌集團是中國最大的這類刊物中心，他們大部分刊物採用和外國頂級的時尚期刊合作的方式，加上國內自己組稿，把國際最新的時尚諮詢和國內的時尚潮流結合起來，因此基本和國際時尚同步。內容包括了奢侈品、時尚品、時尚生活、健康和美容、白領類型的娛樂等等，在國內目前高速增長的經濟背景之下，讀者群越來越大，是一個很有前景的時尚期刊集團。其規模，估計在全世界也屬於最龐大之列了吧。

　　時尚品、奢侈品目前在中國、印度、俄羅斯急劇普及，已經成為全球最大的時尚品市場之一了。中國時尚奢侈品的消費水準每年用兩位元數字的比率在增長，估計到2015年會超過美國，成為全球最大的時尚奢侈品市場。根據Goldman Sachs公司在2004年12月發佈的一份報告：當年中國已是全球第三大的時尚奢侈品消費市場，占全球銷售的12%。要知道從2004年到現在，中國一直維持著接近10%的經濟增長比率，因此，這個市場份額現在肯定比12%要大得多。

　　要講北京時尚界，這個題目太大了，我會在另外一本書裡講得細一些的，這裡僅僅以《時尚‧巴莎》這本雜誌的編輯部為例，談談我的粗略印象。

　　這本雜誌的母本是美國的《哈珀斯‧巴莎》，是一本國際性的高級時尚雜誌，從2001年開始與時尚集團合作。時尚集團的時尚雜誌一般都以本土文化為主要訴求的核心基礎。《巴莎》是做奢侈品牌的女性雜誌，如果市場成熟程度不足，沒有足夠大的奢侈品牌的消費群體，雜誌就不可能有足夠的讀者。這是為什麼在集團的這麼多本雜誌中，《巴莎》啟動得比較晚的原因。看得出來，集團領導對於市場得觀察，時機的拿捏，還是很有心得的，這份雜誌的最終成形和中國市場的成熟度是密切相關的。

　　中國版巴莎的總編蘇芒最近在媒體中介紹過自己辦雜誌的理念，中國媒體看來不但對這個急劇發展的時尚雜誌集團感興趣，對蘇芒這時尚而精緻的總編也很感興趣，所以報導特別多。

　　我讀到過一篇蘇芒講她辦《巴莎男士》的文章，寫她在2005年夏天為《芭莎男士》製作大型英倫專輯時的一些感受和經歷。文章中提到：2004年在她而言是很重要的轉折時期，那一年她讀了陳逸飛的《新銳期刊勢力》……看見蘇芒提到

陳逸飛，倒勾起我對陳逸飛辦時尚雜誌的一些回憶來了。

那是陳逸飛講他苦苦創辦《青年視覺》時尚月刊的感想。2004年，陳逸飛請我去商談如何創辦一所他理想中的設計學院，當時初步定名為「東方視覺藝術學院」。我們都是80年代去美國的，甘苦全知，並且他和我是同齡人，大家也談得來。吃飯的時候，我問他：老陳啊，你回國之後累成這個樣子，有什麼自己的目標沒有實現嗎？在外人看來，你已經名利雙收，成就斐然了，可以慢點啊。他說：我還有三個心願：第一，出一本國內第一的、國際第一流的時尚雜誌；第二，辦一所國內最好的設計學院；第三，拍一部自己喜歡的好電影。說完，拿出來一本厚厚的雜誌給我看，說：我的第一個願望現在完成了。這本雜誌就是《青年視覺》，厚達416頁採用全彩印刷和國際流行超大型開本（230×300ｍｍ），給我看的是試刊號。陳逸飛說他創辦這份雜誌的目的，是他主張的「大視覺」、「大美術」的原則。就是通過現代手段，使視覺藝術更接近人們的現實生活。他認為，希望獲得視覺快感是人類的本能，而現代人對視覺藝術的渴望，已經滲入到對生活品質的追求。因此，作為視覺藝術家，他從事的種種活動，無論是拍電影、設計時裝，還是現在辦的《青年視覺》雜誌，都與視覺藝術有關。他希望通過出版這一手段，向更多的人們傳遞視覺美感，以實現視覺教育功能。這麼一本精美的雜誌，當時定價為30元人民幣。我翻閱了一下，人文、時尚生活、文化藝術、影像思維、環境和室內設計、工業設計等等內容都有，圖片很漂亮，難得的是文章的文筆也非常講究。我問他針對的讀者，他說主要針對白領青年這一消費

今日京城，時尚SOHO（引自新北京網站beijingupdates.com）

曾經的「藍螞蟻」，已進入塵封的歷史

Fendi在長城上舉行時裝秀

書報攤上的時尚潮流

群體，因此需要信息量大、新鮮、具收藏價值。

　　這本雜誌出了一段時間後，聽說和出版方面有齟齬，好像是出版方把陳逸飛排擠出去了，個中內情，我不瞭解，印象中好像是出版方認為雜誌知名度已經建立，不需要原創人了。其實，一份雜誌的品牌，往往取決於一個或者幾個人的思路和品味，少了這樣一位對時尚把握很到位的靈魂人物，這份雜誌也就逐漸褪色、淡出了。近年回國，書店、書報攤上都沒有見到了，真是可惜。時尚雜誌在中國的破土而出，並不是一件容易的事啊。

　　蘇芒在陳逸飛的這本小書中，接觸到了好多原先不知道的時尚概念。這本書第一次讓她知道還有類似《The Face》、《Wall Paper》這樣尖銳新潮的時尚雜誌。幾個年輕人，抱著理想，就能做出這麼優秀的時尚雜誌來，這給了她很大的鼓舞。

　　蘇芒還提到那一年對她刺激很大的另外一件事，是她參加了一個男士護膚品在中國的上市活動。這個國際化妝品集團在演示的時候，放映了好多壯美、健康男性的圖片，還有這類產品在國外市場的資料。蘇芒當時感覺有強烈的衝動，她後來在一篇文章裡寫道：「為什麼中國男人還停留在財富證明一切、或者不修邊幅的魏晉名士派層次上呢？他們真的不知道光潔清爽的面容比煙薰火燎的滄桑更

好看、香水味比煙味更迷人？魅力，不是指一個人的財富而是他對待生活和別人的態度。」她認為並非中國男人沒有對美和品味的需要，而是缺乏群體的認同、缺乏教育、更沒有獲得品味的簡單途徑。這種衝動就成了她辦雜誌的宗旨了。

《時尚·巴莎》這本雜誌，給我印象最深的倒還不是內容，而是他們對市場定位鍥而不捨的態度和努力。蘇芒說她在受命出版《巴莎男士》的時候，就和劉江談了三個主要問題，都是市場定位方面的，繼而形成自己的行銷策略，包括創立自己的整體識別系統，具有標誌性的封面特徵，注重有效的廣告宣傳規模，輔之以各種類型大規模的所謂「震撼上市」的活動；編輯上努力做到受眾具體擬人化；推廣節奏上的時間密集，加上注重分銷管道深入，等等。

我聽說過蘇芒是學音樂出身的，恰巧我的父母也都從事音樂教育，自己是在音樂學院的大院裡長大的，音樂會培養你一種很細膩的時尚感，因此，看到蘇芒辦好了這份雜誌，不會覺得是偶然的。她自己也說：「因為父母是搞藝術的，自己身上潛藏著藝術氣質。因此不會被社會上的一些商業的、約定俗成的東西所淹沒，還能保留一點心靈的淨土。」

和藝術不同，設計與市場的運作關係非常密切，自己是做設計理論的，看一份時尚雜誌的時候，不光會看版面，看內容，對其經濟營運也會很注意。我問過《時尚·巴莎》的廣告收益，蘇芒回答得很坦率。他們針對性很清楚，在廣告選擇的時候首先過濾掉一些不屬於自己範疇的內容，比如《時尚·巴莎》雜誌廣告上的產品價格都有一個底線，太便宜的產品廣告就不能做，因為不是這本雜誌的讀者群會考慮的產品。時尚雜誌是廣告先行的，要做到廣告有效率，雜誌內容重要，統一的形象和個性也很重要，又要時尚、又要文化、又要時髦、又要高雅，想面面俱到，不可能。一本好的雜誌從頭到尾表現出來的精神應該是一致的。蘇芒說，辦雜誌的人要知道這本雜誌是一個市場，不是為編輯們自己圓夢。

我離開蘇芒辦公室的時候，問劉江是怎麼培養出這麼一批幹練的女孩子的，他很輕鬆的笑笑，說是給她們充分發揮自己的空間和時間，同時讓她們有強烈的事業感和責任感，做雜誌是她們自己的事，這樣才能投入，才能夠做好。是啊，人才是重要的，一個人的天生的素質後天很難改變，但是通過好的環境和條件可以讓素質得到提高，得到昇華。加上給以寬鬆的編輯自由度，讓編輯們把雜誌當自己的事業來做，而不僅僅是來上班，雜誌哪能做不好？編輯怎麼會不能幹呢？

chapter
44

美院記憶

　　本來書寫到這裡就可以收尾了，但是因為多次提到我和中央美術學院、中央工藝美術學院的關係，也交待一下感受吧。

　　不記得是什麼人說過的：「你最早接觸一個城市的哪個部分，那個部分就會成了你對這個城市的先入之見。」我第一次去巴黎，住在左岸，後來居然就形成了一種左岸最好的心理，改都改不了了。最早去北京，就住東城，以後無論多少次去住西單、西城、亞運村，崇文門外，就是覺得那不算是北京，死乞白賴地要住回東城去。其實想想也沒有什麼道理，因為北京並不是我的城市，就那麼點早期的情結，就成了一種習慣、一種惰性了。

　　我住中央美術學院裡面，出門走走就是當時還很狹窄的金魚胡同，走到王府井，就看見東華門和紫禁城的紅牆了。故宮就那麼那麼的近，真是好像夢一樣。

　　中央美術學院原先在王府井邊上的校尉營，對面就是洛克菲勒基金會建造的協和醫院，旁邊就是吃烤鴨的全聚德，頂頂方便的地方。這個學院原來是叫「國立北平藝術專科學校」，解放後和華大三部美術系合併而成。北平藝專前身是「國立北京美術學校」，1918年由著名教育家蔡元培先生建議成立的，這是中國歷史上第一所國立美術教育學府，也是中國現代美術教育的開端。而華北大學美術系的前身是1938年創建於延安的「魯藝」美術系。1950年4月，在北平藝專和華大三部美術系合併的基礎上，成立了中央美術學院。毛澤東題寫了院名，任命徐悲鴻、江豐當院長和黨委書記，後來幾任院長有吳作人、古元、靳尚誼，現在的院長是潘公凱。

　　我第一次去中央美術學院的時候，還是個孩子。那時候，大部分老師還住在進了院子右邊後面的幾排一層樓的宿舍裡面，長排宿舍門口裝有長長一列水龍頭，大家都在那裡洗漱、用水，倒不覺得簡陋。學院一放暑假，畫室全部關門，很安靜。

　　1950年美院才成立，我去的時候學院還只有3年的歷史，是所很新的學校。前一年徐悲鴻因腦溢血剛剛突然去世，但是齊白石還在，住在西城跨車胡同自宅。父親帶我去那裡求過畫，我本來以為可以看見這個老人的，在我那個年紀，他簡直就像是個神話，滴點墨水就能讓晶瑩剔透的蝦子遊動起來。結果院子都沒有進，只是在門房交了定畫的錢。過了幾天去取，是一幅畫在扇面上的荔枝。父親說齊白石每天早上起來就畫一批，掛在院子裡晾衣服的繩子上吹乾，再取下來略

作修飾、簽名蓋章，要算「批量產品」了。不過他功夫已經到了神品的水準，因此即便是隨筆揮灑，也還是精品。記得當時父親是花了80塊錢買的那個扇面，那畫我很喜歡，因為是自己和父親一起去買的。1966年「紅衛兵」來抄家，伸手就給撕碎了。

據說中央美術學院在日本人佔領北京的時候是一所日本學校，因此，這裡畫室的門基本都是日式，是橫拉開的。我去看畫室，注意到的確如此，中國人很少有這樣設計的。房子矮矮的兩層，灰撲撲的，乍一看，毫不起眼，仔細看，也不起眼。門口三棵白皮松，那時還是小小的，我特別喜歡。1995年去講課的時候，靳尚誼先生告訴我要遷到三元橋外望京那邊去，我還特別說希望這三棵白皮松也遷過去。2000年遷校儀式上，靳院長告訴我：「白皮松也完好遷過新校區了」，聽了真是開心。

雖然美院的歷史可以從北平藝專算起，我習慣還是認為它是1950年建立的。北京在解放後，開始建立一系列冠名「中央」的學校，如中央美術學院、中央音樂學院、中央戲劇學院等等，有了「中央」級別，其他省市的就是二流的了，浙江美術學院是重要的學院，當時不得不改叫「中央美術學院華東分院」，林風眠先生自行辭職，幾年之後改為浙江美術學院，不服氣啊！開放改革之後，終於改為「中國美術學院」，把氣爭回來了。不過把學院叫中央，自那時開始，就基本形成格局，大家心裡也是這個感覺：中央的就是強過地方的。其實藝術這東西，相當個人化的，和地緣，和政治，並沒有多少必然聯繫。不一定你叫「中央」它就真成中央了的。

小時候去中央美院，僅僅是看舅舅和舅媽。後來去得多了，就越來越喜歡美

中央美院老校舍

走進這塊牌子後面的校園，是多少中國 中央美院新校園一角
孩子握起畫筆時候的一個夢。

院了。我最終走上藝術和設計理論的道路，其實和中央美院對我的影響是有關係的。美院是中國最高藝術學府，有點高不可攀的感覺，我當時絕對沒有想到自己後來會和美院有這麼多的關係，認識這麼多的人，還當了它的客座教授的。

徐悲鴻當院長，時間很短，好多當時的學生都沒有見過他幾面，1953年就去世了，還是壯年，可惜可惜。遺孀廖靜文主持了他的紀念館，原來是在北京站旁邊，我去過那裡，很幽靜，有好多徐先生的遺作展出，後來那裡搬遷了；之後美院的主要領導是江豐，他對傳統畫意見很大，喜歡寫實主義。江豐在1957年被打成右派，「文化大革命」之後重新出來主持美院工作。他比較支持創作，不少青年畫家對他都有很好的印象，好像陳丹青、羅中立、張紅年、高小華這些人，都得到過他的支持，當然是後話了。

江豐第一次主持美院領導工作的時候，正好中蘇蜜月期，蘇聯藝術的影響自然大起來了。除了派人出國留學之外，還請蘇聯專家來中國辦了油畫訓練班，就是中央美術學院的馬克西莫夫專家班。這個班的影響可大了，直到現在，還能夠感覺到這個學習班對中國藝術的巨大影響。一個班就影響到一個國家的藝術，世界藝術史上也難有其他的例子。

上個世紀五十年代和六十年代裡，我連續去了幾次北京過暑假，都是在舅舅家裡住，年紀小，對當時藝術界正在經受的一些衝擊並無感覺。第一個大衝擊，是蘇聯展覽館開幕，那是1956年。那時在我的眼裡，北京的蘇聯展覽館建築就好像一個現在孩子眼中的狄斯奈樂園一樣，那麼神奇，漂亮得不可思議。尤其是其中的造型藝術館，可把我完全驚呆了。第一次看到列賓、蘇里科夫、列維坦、西

施金、涅斯傑羅夫、克拉姆斯科、謝羅夫和蘇聯藝術家的原作，對一個喜歡藝術的孩子來說，完全是一種震撼。我想對中國當時大部分的藝術家、美術學院的學生來說，更加如此。對中國藝術界造成重大影響的第二個衝擊，就是當時派出了第一批美術學生到蘇聯留學，他們大部分都就讀於列寧格勒的列賓美術學院，畢業之後回國擔任各個美術院校的主要領導工作。他們在蘇聯時間不短，回國的時間大約應該是在1960年代，中蘇關係那時候已經破裂了。其中有幾位我認識，比如林崗先生，還有邵大箴先生等等。第三個直接對中國藝術造成全面影響的大衝擊，就是在中央美術學院舉辦的蘇聯畫家馬克西莫夫主持的訓練班。

中央美術學院的元老之一鍾涵先生是馬克西莫夫專家班的學員，他原來是在清華大學讀建築的，後來改到這裡學美術。在眾多的老一輩畫家中，他是少有的能寫評論，懂俄文和英文的一位。馬克西莫夫在華講課的時候，正式的翻譯是佟景韓先生，而鍾涵先生也做過一些。我在他家聊天的時候，他講過一些當時的情況給我聽。

馬克西莫夫全名叫康斯坦丁・麥法琪葉維奇・馬克西莫夫（1913－1993年）。建國初期，中國奉行的是「一邊倒」的政策，即在政治、經濟、軍事、科技、文化各領域全面與蘇聯合作，向蘇聯「老大哥」學習。中央美術學院開辦由蘇聯專家主持教學的油畫訓練班亦因此應運而生。通過中蘇美術界高層領導一個時期內的互訪和醞釀，蘇聯最終在1955年2月指派莫斯科蘇里科夫美術學院油畫系教授、史達林文藝獎金獲得者馬克西莫夫到中央美術學院主持教學，並兼任中央美院顧問。我估計連他自己也沒有意識到，他的這幾期訓練班對於中國油畫的影響會這麼巨大，並且一直延續到現在，依然是中國美術訓練的一個基本套路。

馬克西莫夫來中國時不過43歲左右，瘦瘦的，身材不高，工作非常賣力。雖然他在華的工作重點是油訓班，但他同時還兼顧北京東總布胡同的人民美術出版社創作室的業務進修，等於另有一個「校外油訓班」。建國初可供油畫教學的圖片資料比較匱乏，更看不到歐洲油畫原作，馬克西莫夫就常常通過示範讓學員們瞭解油畫的性能和表現技巧，而他嫻熟的色彩造型能力經常使擠在周邊圍觀的學員嘖嘖讚歎。在夏日驕陽下的外光寫生中，馬克西莫夫光著膀子，手持畫筆，揮汗如雨，也讓大家印象深刻。許多當事人對於馬克西莫夫很會講課這一點也記憶猶新，畫家艾中信說馬克西莫夫講課非常動聽，不僅能結合畫面問題有的放矢，

中央美院老校舍，留下
少年時多少夢想。

更能上溯到歐洲美術史上的經典作品和名家流派，這正是當時大多數中國學員所缺乏的。靳尚誼也談到，正是馬克西莫夫使他對「什麼是結構以及如何表現結構的問題」有了清楚的認識。 馬克西莫夫在北京期間經常出席有關教學會議，如全國素描教學座談會（1955）、全國油畫教學會議（1956）等等，並作重點發言，直言不諱。他曾說：「中國畫家在水彩畫方面能夠出色地處理最複雜的問題，可以僅僅一遍就把天空畫好，而不用畫第二遍；可是在油畫方面卻變得很膽怯，非常單調地在畫布上塗顏色，作品調子灰暗，顏色很髒。顯然，用油畫顏色作畫的方法還沒有掌握，還不善於表現陽光」。

　　馬克西莫夫的貢獻是肯定的，他在徐悲鴻用畢生努力推進寫實主義的基礎上，更加夯實了寫實主義在中國美術教學和創作上幾乎無可動搖的地位，這套寫實主義的教學和創作方法更通過中央美術學院而推廣到全中國的美術教育中去。他制定的教學大綱完全照搬蘇聯教學的條條框框，以至於課程比例的計算都要精確到小數點以後，近乎教條。他的這種近乎強制性的教學方法的確有立竿見影的作用，油訓班學員的創作成果表明，五十年代培養的第一代油畫高級師資已經從

技術上改變了從延安帶來的「土油畫」的面貌。馬克西莫夫還算不上蘇聯的第一流畫家，但是他的這個「專家班」，居然全面改變了中國油畫發展的方向，當時真是無人料到有這麼大的衝擊力。

我這裡有一份記錄，是馬克西莫夫的翻譯佟景韓先生回憶訓練班情況的訪談，不妨在這裡給大家看看，很有意思。採訪他的是曹慶暉先生。

曹：您第一次和馬克西莫夫見面是什麼時候？

佟：我是1956年暑假開始給馬克西莫夫作翻譯的。當時江豐同志特地通過文化部把我調到美院，我報到時文化部正在召開全國素描教學會議，於是馬上安排我翻譯，馬克西莫夫當時已坐在會場準備報告，這就是我們的第一次會面。

曹：請您回顧一下50年代美術界學習蘇聯的情況，您對此如何評價？

佟：油訓班的學員基本上都是美術院校的畢業生，實際上是研究班的性質。延安來的許多老同志基本上沒有接觸過油畫，所畫的油畫被稱為「土油畫」。當時我們對蘇聯藝術非常崇拜，中蘇關係很好，各個學校的蘇聯專家都很賣力。在蘇聯專家幫助下培養起來的一批人，在中國後來的美術、音樂、舞蹈、戲劇、電影等發展上都起了很大的作用。

後來，油訓班學員大部分都在學校任教，有的成為油畫系主任、美術學院院長，成為獨當一面的骨幹。訓練班本來是要接著辦下去的，據說要來的是列賓美院教授涅普林采夫，即《戰鬥後的休息》的作者。1958年夏天，我和文化部、學校的有關人員都到機場去接了，可是因為中蘇關係惡化，人沒有來。60年代初羅工柳先生主持的油畫研究班也培養了一批人材。不可想像，如果沒有五、六十年代這批人材，中國油畫教學的發展會這麼快。

這以後我們自己瞎搞，今天這樣搞，明天那樣搞，到文化大革命基本上是大斷裂，政治掛帥，不務正業，極左路線的破壞很大。直到粉碎「四人幫」和改革開放以後，在五、六十年代這批人的基礎上才又接上氣。像羅中立等青年畫家就是在五、六十年代那批學蘇聯的學員教育下成長起來的。

曹：關於油訓的學員現在有不同的統計，一種統計說有21人，分別是北京中央美術學院：侯一民、靳尚誼、詹建俊；馮法祀、尚滬生、張文新（參加

了部分課程）。杭州中央美術學院華東分院：汪誠一、王德威、王流秋、於長拱。瀋陽魯迅美術學院：任夢璋。南京藝術學院：陸國英。北京人民美術出版社創作工作室：武德祖。解放軍：高虹、何孔德。上海：俞雲階。四川：魏傳義。天津：秦征。武漢：袁浩、王恤珠。西安：諶北新。而一般常見的說法是18人，不知您是否瞭解其中的情況。

佟：我1956年夏天接手翻譯工作後，沒有見到尚滬生和張文新在班裡，其他的人都能對上號。

曹：您當時有沒有感覺到中國美術界對馬克西莫夫的這套教學體系有意見？

佟：沒有。當時毛主席提出「一邊倒」的政策，我們認定蘇聯的今天就是我們的明天，我們很真誠地信奉這些。可能有些從法國或其他地方學成的畫家，內心裡有不同的看法，但是我沒有聽到過。在我當時接觸的所有蘇聯專家的講學中，中國聽眾基本上是虛心求教，提出辯論或表示不一致意見的絕無僅有。

曹：能否回憶一下油畫訓練班畢業展覽的情況？馬克西莫夫回國以後的境況又如何？

佟：展覽在美院大禮堂舉行，盛況空前，江豐、吳作人、馬克西莫夫等人陪同朱德總司令參觀了一次，《人民日報》還發表了畫刊專版。吳作人在開幕儀式上說：「得天下英才而教之乃人生一樂也。」我把這句話翻譯給馬克西莫夫，他聽了很高興。1984年，我去蘇聯看望馬克西莫夫，講到他的這些學生，他說名字都記不太清楚了，就拿出那張報紙，一看畫都記起來了。他說，在中國的這兩年，是他一生的藝術創作和教學生涯中最幸福的兩年。他回國後境況不佳，我去蘇聯的時候，他已經從蘇里科夫美術學院調到了莫斯科師範學院。他老覺得中國好，這種思想跟不上蘇聯的形勢，他不像有些專家那樣緊跟，和中國的界線劃得很清楚。馬克西莫夫之所以認為中國好，主要是他接觸的這些人對他尊敬真誠。那次我去看他，跑了很多路，到鄉下別墅才找到他。回莫斯科時，他送我們到火車站，一路上高談闊論，說赫魯雪夫對中國的做法不對等等。當時蘇聯的克格勃還挺多的，我勸他說話小心點，他說，我不怕，很天真的。

曹：在蔡國強（中國旅居美國的當代藝術家，收藏了當時馬克西莫夫訓練班

的好多作品）的收藏中，有幾幅是對齊白石的速寫，能否請您回憶一下當時的情況。

佟：我陪同馬克西莫夫拜見齊白石總共有兩次。齊白石當時歲數已經很大了，但還經常在家人陪同下在家接見外賓，通常他自己從身上拿出一串鑰匙，打開櫥櫃，端出一些點心像蛋糕之類的東西招待來訪者。我們告訴他老人家，馬克西莫夫是在美院工作的蘇聯專家，想請他畫一張畫，他說：好！好！然後他就操筆作畫，一般很少能夠討論什麼問題，他給馬克西莫夫畫完以後寫的字是「白石一揮」，我告訴馬克西莫夫這「一揮」是什麼意思，馬克西莫夫說太對了。當時名義上是齊白石先生把畫送給馬克西莫夫，實際上我們學校是要付錢的，不過那時買齊白石一張畫比較便宜，也就幾十塊錢。齊白石畫畫的時候，馬克西莫夫就在一邊給齊白石畫油畫和速寫，所以那張油畫是當場畫的，馬克西莫夫走到哪兒都隨手帶著畫箱。

曹：對蔡國強策劃的馬克西莫夫收藏展，您有什麼看法？

佟：這一行動本身非常有意義。一個現代藝術的實踐者，能夠看到馬克西莫夫這個在中國50年代油畫歷程中起過積極作用的外國人的歷史價值，並進而收藏其作品，這本身說明他個人對文化藝術的興趣是廣泛而不狹窄的，由此也表明藝術家在現代觀念和藝術傳統之間的結合點，它們之間絕不會是那種截然對立的狀態。任何一件現代藝術作品或一種現代藝術行為，隨著時間的推移都會成為歷史和傳統的組成部分，能夠在追求藝術的現代性和多元化表達的同時，能夠隨著時代的變化而變化藝術的思考方式和操作方式的同時，不忘過去，不忘前人在藝術方面所經歷的過程和所積澱的價值，這是難能可貴的。蔡國強的個人展覽加上他收藏的馬克西莫夫作品展，無疑會有助於觀眾將藝術的歷史性和現代性問題聯繫起來思考。

中央美術學院因此可以說是中國美術半個世紀發展的一個觸媒，它引發的潮流，它培養出來的學生，影響了整個中國美術的發展。這是正面的作用。負面的影響，就是一家獨尊，排斥其他藝術探索，造成繪畫的單一面貌，這個問題自然是理論界討論的事情，我就不多說了。

我資歷淺，年紀也小，自然是沒有可能結識第一代那些大師的，「文化大革

中央美術學院・北京

中央美院一隅

命」剛剛結束不久，我在北京才認識了幾個元老，好像吳作人先生、古元先生，當時他們都很開心，因為「文革」對整個中國的摧殘實在太大，他們當時給我的感覺就是得到真正的解放一樣。

1988年，我剛剛從費城到洛杉磯教書的時候，林崗先生和夫人龐濤寓居洛杉磯，他們住在好萊塢附近，我去看他們，請他們去參觀美國的美術學院，林先生話少，龐濤非常熱情，講了一些林先生留蘇學習的事情給我聽，很有價值。龐濤的父親是中國現代設計教育的奠基人、中央工藝美術學院的奠基人龐薰琹先生，是我很尊敬的一位長者。她的弟弟叫龐均，原來好像是在北京美術公司當畫家，後來去了臺灣。2005年我受邀去臺灣的輔仁大學講學，龐均的女兒來見我，受他父親委託，帶了兩本他的畫冊送我。可惜沒有機會見見。

對於留蘇這批人的情況，我的瞭解比較多是從邵大箴先生和郭紹剛先生那裡得到的。邵先生是從事美術理論的專家，長期在中央美院擔任史論系的主任，著作等身，德高望重，他俄文很好，夫人奚靜之是專門研究俄羅斯和蘇聯美術史的專家，著作《俄羅斯蘇聯美術史》是唯一的一本中文專著，在臺灣的《藝術家》出版社出版，我前幾年去臺北的時候，社長何政廣先生送我一本，一路看回美

1995年4月,與范迪安
合影於中央美院老校舍
大門前。

國。從他們那裡我瞭解了不少當時留學的情況。郭紹剛先生退休前在廣州美術學
院擔任院長,我是設計系的副主任,是上下級關係,他的夫人高志是我那個系的
系幹事,女兒、兒子都是我那個系的學生,交道比較多。他是最後一批從蘇聯畢
業的留學生,從他那裡我也瞭解到一些留學的情況。這些自然不是本書的主題,
應該另外單獨談的。

　　1995年左右,靳尚誼院長帶了現在造型學院院長戴士和、籌備設計學院的
負責人張寶瑋老師到洛杉磯找我,商量成立設計學院的事情。我和他們討論了三
天,帶他們參觀了我任教的帕撒迪納的藝術中心設計學院,給他們擬出一個比
較完整的設計學院課程設置表。我協助他們建成了設計學院,他們請我去美院講
課,我在美國學院放假的時候便去了北京。靳尚誼院長聘請我當了美院的客座教
授,這樣得以認識更多的人。那幾年我去美院多,美院來訪美的人也不少,其中
很有幾位是我接待的。有一年,美院前副院長候一民先生和周令釗先生因為要為
深圳的「錦繡中華」做設計,專程來美國考察,在洛杉磯是我接待的;之後副院
長范迪安先生來加利福尼亞大學洛杉磯校區講學,我也帶他到處看看,他是從事
理論工作的,和我很談得來,他現在是中國美術館的館長,組織了好多展覽;當
時的副院長杜健先生也曾經來美國參觀,在我家住過,聊得多也成了好朋友。這
樣,和美院的交道就越來越深了。

　　我那些時候去美院講課，就住在王府井校尉營（他們有些人習慣叫那裡為「帥府園」）中央美院那棟12層的留學生樓裡面。那是90年代中期，學院裡面已經基本沒有教授宿舍，都住外面，不過學院對面不遠的煤渣胡同有棟教師的宿舍，好多年輕老師，比如戴士和、華其敏這些老師就住那裡。老教授中不少住在協和醫院對面的宿舍裡，其實條件不是很好，靳尚誼、鍾涵這些大師級的人物的家都在那裡。我記得有一次在鍾涵老師家包餃子、聊天，幾位老先生都是步行過來的，他們關係很好，好像朱乃正先生、錢紹武先生都在。

　　錢先生是雕塑大師，雕塑做得好，還寫得一手好字。以我看，他的書法水準絕對不在雕塑之下。很有趣的一位大師，有天我和杜鍵先生在美院看畫室，突然看見有個人從美院南牆翻牆跳進來，杜健先生是副院長，自然大叫：不能翻牆！結果一看，是錢先生。他連連說：不礙事，不礙事！一邊拍打著身上的灰塵。這等老頑童，怪不得佳作連連的。

　　中央美院後來搬遷到酒仙橋的718廠建築裡中轉，2000年遷入現在位於望京社區的新校舍。設計這個校舍的時候，負責設計的清華大學建築研究院院長栗德祥先生也帶著參加設計的幾個研究生來美國找過我，我陪他們去參觀過很前衛的南加州建築學院。

　　2000年，原來浙江美術學院的院長潘公凱先生調到這裡當院長，這是美院歷

↑左圖
2001年應邀參加在中央美院舉辦的國際設計教育研討會，和與會代表在美院新校區合影。
↗右圖
〈中央美術學院〉
（水彩，1953年）

史上第一次有一個不是他們體系內的人當院長，自然很新鮮。我繼續去講課，幫忙。張寶瑋老師當了設計學院的院長，後來從設計學院又分離出建築學院來，好長時間建築學院沒有正院長，由呂品晶當副院長，他們想請我回來幫忙，我舉棋不定，最終沒敢答應。後來是請來了在三藩市的Adobe Photoshop的藝術設計總監王敏當了設計學院院長，設計學院原來的副院長譚平升任美院副院長，學院形成了造型學院、設計學院、建築學院、人文學院四個院，好像在新街口還有一個城市學院，在海南島什麼地方有個海南分院。他們攤子大了，而我也因為工作越來越多，越來越繁雜，因此也就去得少一些了。2008年，教育部批復美院申報，我和建築學院的張寶瑋教授一起開始要帶四個博士生，這樣，關係又接上了。

中央美術學院應了我的一個信念：如果你喜歡一個地方，總會有機會來的。

我第一次去北京就喜歡中央美術學院，後來就產生了這麼多事情，認識了這麼多人。也成了我和北京密切關係的一個支點和平臺了。

我是做設計理論的，因此和中央工藝美術學院關係就更深了，這個學院現在合併到清華大學裡面去了，叫做清華大學美術學院，我基本每年都去講課，細節就不再囉嗦了。之外還有好多出版社、雜誌社、房地產開發公司、大企業、政府組織的關係，難以一一細說。

寫北京，雖然有種對消失的過去的悲傷，但是對未來還是基本樂觀的，倒不是因為見到多少優秀的新建築、新城市規劃而樂觀，而是我相信北京人足夠見多識廣、一定會越來越聰明地把握自己的城市，使它能夠具有舉世無雙的獨特性，使北京能夠讓人一眼就認得出是北京，是獨一無二的北京！

2008年4月1日，於洛杉磯

《巴黎手記》和《北京手記》是兩本我最近寫的有關城市的散文集，其實，說「散文」不準確，說「雜文」也不準確，這兩本書在文體上很散漫，是自己對這兩個城市的一些感想，主要涉及到城市規劃、建築和城市的文化，放在一起，好像是不太精確的城市手冊。之所以如此，是自己時常在城市裡漫遊，觸景生情，寫起來很痛快。但是寫的時候並不準備寫成一本完整的建築書，或者城市導遊之類的書，所以有文章本身很集中的內容，但是缺乏理論書的系統性。

我早些年寫了一些設計理論方面的書，多半都相當嚴肅，比較學術。這些年很想寫得輕鬆一點點，總是有感而發，隨手就寫了。因此這兩本書率意為之的成分比較重，很真實，也很隨意，我想大家會喜歡看的。

特別想通過這兩本書（當然以後還有更多的書會出來的）達到的一個希望，就是開始把自己的畫給大家看看。除了在大學教書，寫文章和評論，二十多年來，我常常會在自己的畫室、院子裡畫上幾筆。驀然回首，居然也積累起厚厚的一疊來了。這批作品，在創作的時候沒有什麼明確的目的，就是抒發當時的一種感覺，現在看看，好像日記一樣，可以回溯起自己在美國生活二十多年來思想、審美的變化歷程。有些是鋼筆畫，速寫和素描，比例最多，還有是用丙烯、油畫顏色畫在畫布上的作品，還有一批水墨畫，畫在宣紙和高麗紙上。它們對於我，好像是自己的日記一樣，天天去寫，寫好了就放在抽屜裡，或者放在車房的架子上。現在看看，裡面有一些還是很有特點、很有想法的。於是，就想一點點地拿出來讓大家看看。效果會是怎樣？我不知道，也不介意。希望有人看了喜歡，引起一些共鳴，讓我們藝術創作的內容更豐富一些，僅此而已。這樣的過程，好像是一隻小雞在蛋殼裡發育、進化了一段，最後終於破殼而出的那種感覺。在自己而言，也真有一種出殼的味道。

這兩本書一共有鋼筆畫七十多張，《巴黎手記》的圖多。《北京手記》的圖就一、二十張，本來計畫兩本都有同樣多畫，但是因為時間關係，也沒有畫出足夠的數量來，文字我自己看是直率的，鋼筆畫就只能說老老實實了。

計畫繼續寫下去，紐約、洛杉磯、上海、倫敦、香港、廣州都在計畫中，但是能夠什麼時候出版這麼多呢？我恐怕也只有隨緣了，因為畢竟是抽空寫的閒書，時間上難以保證進度啊！

2008年11月11日，於洛杉磯

國家圖書出版品預行編目資料

北京手記 / 王受之◎著
初版 -- 台北市：藝術家，2009.3 [民98]
308面：17×23公分 --

ISBN 978-986-6565-281（平裝）

1.遊記　2.旅遊文學　3.建築藝術　4.北京市

671.0969　　　　　　　　　　　　　98002019

北京手記

王受之◎ 著

發行人　何政廣
主　編　王庭玫
編　輯　謝汝萱□沈奕伶
美　編　雷雅婷
出版者　藝術家出版社
　　　　　台北市重慶南路一段147號6樓
　　　　　TEL：(02)2388-6715
　　　　　FAX：(02)2331-7096
　　　　　郵政劃撥：01044798 藝術家雜誌社帳戶

總經銷　時報文化出版企業股份有限公司
　　　　　中和市連城路134巷16號
　　　　　TEL：(02)2306-6842
南部區域代理　台南市西門路一段223巷10弄26號
　　　　　TEL：(06)2617268
　　　　　FAX：(06)2637698
製版印刷　新豪華印刷股份有限公司
初　版　2009年3月
定　價　新臺幣380元

ISBN　978-986-6565-281（平裝）